2004 中国特殊儿童教育权利报告

人民出版社

编　委　会

主　编　陈云英

编　委　王文宝　许家成　田　宝
刘继同　储朝晖　顾秀林

第二届中国特殊教育与康复论坛开幕式主席台人员（左起）：陈云英、朱小蔓、李立国、许嘉璐、陈小娅、顾明远、程凯

第二届中国特殊教育与康复论坛闭幕式主席台人员（左起）：王文宝、王爱国、陈云英、徐长发、潘镭、叶向荣、侯晶晶

第二届中国特殊教育与康复论坛部分专家合影

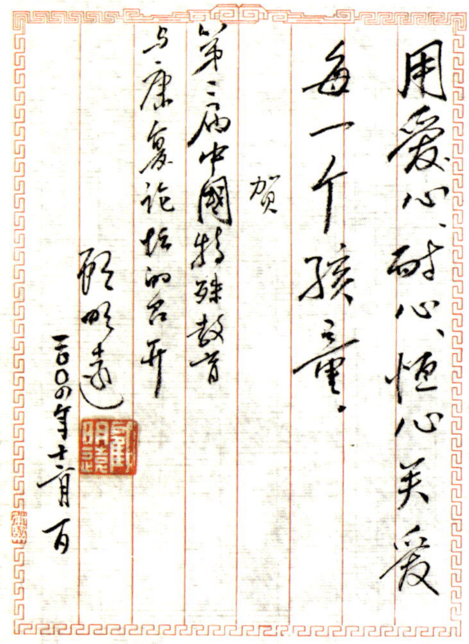

中国教育学会会长顾明远题字

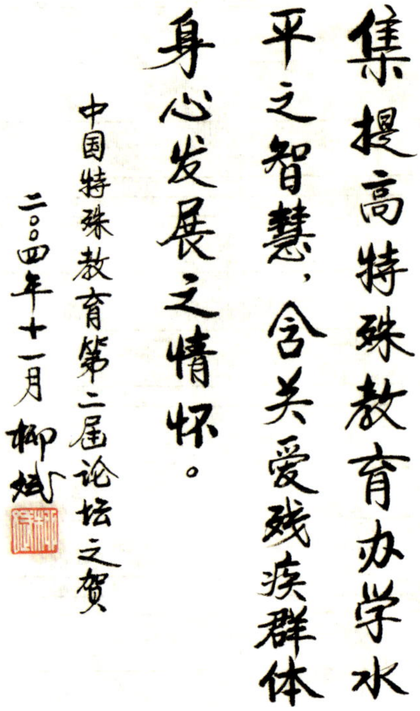

全国人大常务委员会委员柳斌题字

陈云英研究员与特殊儿童及其家长在一起

陈云英研究员与培智学校合唱队

培智学校合唱队

培智学校学生在演唱

培智学校学生表演

培智学校学生表演架子鼓

渴望知识的贫困地区学生

聋生语言训练课

盲生在上课

盲人大学生在演唱

国家级贫困县特殊教育学校学生表演

农村小学学生课外活动

目　录

处境不利儿童教育保障

序

儿童是明天的希望，儿童是社会未来的建设者，是民族文化、社会文明、国家制度的继承人。儿童的全面发展，是人类社会进步的保障，关心儿童就是关心人类的未来。为了儿童的幸福，为了社会文明的进步，为了民族文化的发扬，为了人类共同的未来，每一个国家都需要努力为儿童提供最好的教育。

今天的儿童是幸福的，由于人类民主体制建设和思想的进步，他们受到了儿童权利宣言的保护。1959 年 11 月 20 日联合国大会通过《儿童权利宣言》中就确认，“人类有责任给儿童以必需给予的最好的待遇”、“儿童应不受歧视地享有一切权利；制订法律要以儿童的最大利益为首要考虑；儿童的家长和社会、公众事务当局有责任为处在困境中的儿童排队困难并给予特殊照顾”。1989 年联合国《儿童权利公约》强调：“每个儿童无论贫富，都应受到特殊关照”。

今天的儿童也是不幸的，由于战争、疾病、贫穷、社会变迁、家庭解体，他们被迫离开家庭、离开学校，成为成年人获取物质的工具，有的做工、有的乞讨、有的沦为少年罪犯……特殊儿童是社会弱势群体中的弱势群体，更需要加倍的呵护，维护特殊儿童受教育的权利是教育改革和发展题中应有之意。《世界人权宣言》强调“人人享有受教育的权利”，宗迪恩《世界全民教育宣言》指出“每一个人——儿童、青年和成人——都应能获得旨在满足其基本学习需要的受教育机会”，中国特殊教育与康复权利论坛团结一切愿意和有能力为特殊儿童争取教育权利的单位和个人，希望最终能够实现特殊儿童平等接受教育的权利，获得平等参与社会建设的机会而献身。

以科学研究为基础，采用全社会参与的论坛方式为特殊儿童争取教育权利而奋斗的工作在 2001 年创始，当时以“中国特殊教育与康复 21 世纪论坛”

命名，并以“运用互联网的优势与特色，以促进特殊需要人群的基础教育”为研讨主题，为了持续不懈的为儿童发展而奋斗的理想还成立了全国性的专家咨询委员会。来自全国12个省市的残联、民政部门的领导和特殊教育系统的代表77人参加了这次大会。中国残疾人联合会办公厅主任程凯、联合国教科文组织全国委员会处长杜越、联合国儿童基金会 Madam Mangalagiri、国家教育部特殊教育处副处长周德茂等人都做了精彩的发言。陈云英、李慧聆、周耿等11位专家做了相关的专题报告。与会代表进行了热烈的讨论，并一致认为：这样一个开放的、自由的、学术的论坛，对于促进各地特殊教育工作者相互了解，交流经验，有着重要的积极的作用，希望这个论坛能够定期举行，把它变成一个面向全国的、常规的、高水平的、跨世纪的特殊教育学术论坛。

在过去的三年里，由于条件和资源的限制，在2002和2003年都没有机会召开论坛，2004年能够实现论坛的再次召开是在全国人大常委会、中国联合国教科文组织全委会秘书处、全国少工委的鼓励下，并且在中央教育科学研究所、中国残疾人康复协会、中国教育学会的支持下，由人民网、中国特殊教育杂志、中国特殊需要在线、中国社会工作者协会孤残儿童救助委员会、北京社会工作协会、北京全纳教育研究中心和中央教育科学研究所心理与特殊教育研究部的集体协作、资源共享、辛勤劳动下，赢得社会各界的重视与支持，最后在汇丰银行慈善基金会的资助下，形成了这部《中国特殊儿童教育权利报告》呈现给所有关心儿童发展、民族振兴、国家强盛的各界领导、专家、人士。

2004年的12月3日，第二届中国特殊教育与康复论坛在北京隆重举行，本届论坛的主题为“维护和促进中国特殊儿童教育与康复权利”。与会的领导、专家、家长、儿童、媒体代表在庆祝第13个国际残疾人日的同时，欣然聚会，共同关注四亿多18岁以下的中国儿童的命运，以几千万特殊儿童为主角，为他们、也为我们社会的健康发展共议大计，开创世纪教育的新篇章。我们期望通过在法律法规建设、政策制度调整以及社会支持保障体系、教育行政和学校管理制度、教育教学方式改革等方面进行广泛的交流、对话、分析，研讨中国特殊儿童教育权利保障方面的差距，发现、寻找、探索中国特殊儿童教育与康复权利保障的有效途径与对策，以进一步提高全社会对特殊儿童教育权利的认识、重视和支持，使国际社会确认的儿童基本权利中的主题——教育的平等权得到切实保障，帮助我们国家的未成年人成为自立、自强、自主的现代文明社会平等的一员,也为民族振兴、国家强盛开发更为丰富的人力资源。

维护和促进特殊儿童的教育权利的工作,现在才刚刚开始,我们的工作还很不足,有些观点还不成熟,有许多领域没有涉及,许多调研还没有进行,许多好的成果还没有总结,现在拿出来的仅仅表示我们全体作者的一份心意。为了继续推动这份工作,我们需要社会每个人的一份心意,一句鼓励,一条建议,一点资助,一个扶持…… 过去已经关心过我们的单位与个人,诚望坚持下去;现在开始想支持我们的,恳请帮助我们实现2006年举行的第三届中国特殊教育与康复论坛。我们衷心地希望,这是一个每两年可以向全国人大和全国政协、以及各级政府部门、社会人士汇报的中国特殊儿童教育权利进展的双年度报告。

最后,我在此谨代表我国的特殊儿童感谢所有支持我们的单位和个人,感谢许嘉璐副委员长、陈小娅副部长、李立国副部长、程凯副理事长、顾明远教授、朱小蔓教授、王嘉毅教授等,他们的讲话和报告为我们的工作增加了动力;感谢我的同事和朋友王文宝、陈如平、田宝、许家成、储朝晖、刘继同、顾秀林等专家和家长代表,他们在整个论坛操作和报告编辑的过程中,以高度的责任感和饱满的热情,全力以赴,使各项工作得以顺利完成;感谢人民出版社在百忙当中加班完成编辑出版任务;感谢汇丰银行慈善基金会的资助,使论坛的成果能够面世,为第二届中国特殊教育康复论坛划上一个满意的句号。

今后,我和我的同志们将一如既往,为维护和促进中国儿童教育权利鼓与呼!同时,也热切盼望有更多的各界有识之士不断地加入到我们的行列!

陈　云　英

中央教育科学研究所

2005年2月8日

儿童教育权利维护

❖ 特殊儿童应该享受更多的温暖、更大的关爱。这不仅仅是人类所追求的人道主义、维护人权的需要，是我国中华文化的优良传统，更是我国社会主义社会本质的要求。对包括特殊儿童在内的弱势群体关心爱护得如何，是检验一个人、一个社会、一种制度文明程度的标志之一。

❖ 维护和促进特殊儿童教育与康复权利，进而切实保障他们的生存权、发展权、受保护权、参与权等基本权利，是各级政府义不容辞的神圣责任。

❖ 维护特殊儿童的教育与康复权利，尤其需要借助法律的力量，我们在相关法律建设和执法两方面还需要进一步加强。

❖ 认真总结我们自己的实践经验，借鉴吸收世界各国和地区特殊教育立法方面的有益经验，建立具有中国特色的特殊教育法律法规体系，是一件非常重要的事情。我们一定要本着求真务实的精神，求特殊教育发展规律之真，务特殊教育发展事业之实，牢牢抓住当前的发展机遇，使残疾人教育和康复事业为全面建设小康社会做出独特的贡献。

❖ 民政部启动的"残疾孤儿手术康复明天计划"为我国城乡各类社会福利机构中0至18岁具有手术适应症的残疾孤儿进行手术矫治和康复，使其完全恢复或部分恢复身体功能，为他们回归社会、家庭创造条件。这是推动儿童福利事业发展、创造残疾孤儿美好明天的重大举措，是改变受助儿童一生命运的大事，也是造福民族和国家的大事。

❖ 我国每年新增残疾儿童20多万，还缺乏有效的早发现、早干预的监控机制，残疾人的生存和发展问题还面临很大的挑战。

加强特殊教育法规建设，维护特殊儿童教育权利*

全国人大常委会　许嘉璐

维护特殊儿童的教育与康复权利，需要社会各方面的共同努力。中国政府历来十分重视维护与促进特殊儿童的教育和康复权利。胡锦涛总书记和温家宝总理更是十分关心弱势群体人群的生活与困难，多次批示或者亲自解决有关的实际问题，这说明政府对解决弱势群体的问题态度明确，意志坚定。

维护特殊儿童的教育与康复权利，尤其需要借助法律的力量，我国的宪法、教育法、未成年人保护法、残疾人保障法、义务教育法、高等教育法、职业教育法等都有专门的条款保障特殊儿童受教育的权利。国务院及地方人民政府还制定了各个法律相应的实施细则、办法，以及《残疾人教育条例》、《特殊学校暂行规程》等规章，进一步明确了维护特殊儿童教育和康复权利的具体措施，从而建立了特殊儿童教育与康复权利保障的法规政策体系。但是，我们在相关法律建设和执法两方面还需要进一步加强。

在法律法规的建设方面，我们还有一定的差距。到现在为止，我们还没有专门的维护特殊儿童教育和康复权利的法律，我们只是把相关的精神体现在各相关法律的条文中，这固然也是一种法律的保护。但是，一方面这些条文随着社会生活的发展，需要进一步调查研究，需要进行修订；另外一方面，它的力度就远不如将相关的条文精神集中起来制定一部专门的综合性法律，这也是世界上众多国家的经验。比如我们的近邻日本、韩国，都已经制定了这样的法律。

在法律法规的执行方面，我国各级教育、卫生、民政、残联、新闻以及其他部门和团体共同协作，在维护各种特殊儿童，除了肢体残疾和智能残疾的儿童之外，还有包括贫困儿童、受艾滋病困扰的儿童、进城务工家庭的儿童，以及父母出外打工留在农村的儿童，等等，都做出了巨大的努力，取得了明显的成效。但是在现实生活当中，特别需要关照、爱护

---

* 2004年12月3日在第二届中国特殊教育与康复论坛开幕式上的讲话。

的残疾儿童的教育与康复权利，还没有得到更广泛的、更有力的维护。因此，在这方面的工作还有待进一步做深、做细。我相信，通过我们大家的共同努力，一定会在不远的将来，为中国儿童的特殊教育与康复权利提供更为有力的保障。

进入新的世纪，中央提出了“科学发展观”这一具有里程碑意义的伟大命题。科学发展观，其关键在于“以人为本”，也就是“人”是发展的出发点和最终的归宿；在于“协调发展”，也就是科学辩证地处理人和自然以及人和人之间的关系。维护特殊儿童教育与康复权利，正是科学发展观中不可或缺的一环。我相信，只要我们本着“三个代表”重要思想和科学发展观的理念，认真、踏实地工作，我们的立法与执法工作就一定能跟上时代的步伐。

今天到会的大多是特殊儿童教育与康复的实际工作者，或者是这方面的研究专家。你们最了解实际情况，知道我们现在的工作中存在哪些实际问题，又热心于维护特殊儿童的教育与康复权利，希望大家通过这次论坛，把这方面好的意见和建议提出来，以推动这方面的立法和执法的工作。

儿童是祖国的明天，是人类的未来，也是父母的希望；同时，儿童又是大自然中的幼苗，需要社会的百般关怀与呵护。特殊儿童则是儿童这一弱势群体中的弱势群体，他们无论是由于先天还是后天，也无论是肢体残疾还是智力障碍，都是父母的心头肉，都是祖国的儿孙，都应该享受人间的温暖、社会的关爱。应该说，他们应该享受更多的温暖、更大的关爱。这不仅仅是人类所追求的人道主义、维护人权的需要，也是我们中华文化的优良传统，更是我国社会主义社会的本质要求。对包括特殊儿童在内的弱势群体关心爱护得如何，是检验一个人、一个社会、一种制度文明程度的标志之一。我相信，随着我国经济实力的增长，随着我国文明程度的提高，我国的特殊儿童会得到越来越周到、细致的呵护，他们将生活得越来越幸福。

建设具有中国特色的教育法制，促进特殊教育事业发展*

国家教育部　陈小娅

1992 年 10 月 14 日，联合国第 47 届大会通过决议，确定每年 12 月 3 日为"国际残疾人日"，要求世界各国政府和有关组织采取更积极、更广泛的行动与措施，以期建立一个"人人共享的社会"。"国际残疾人日"的确立，表明世界范围内残疾人事业已日益被引起广泛关注，不同种族的人们都逐渐形成一个共识：残疾人事业是人道主义的事业，是一项崇高而又光荣的事业，是人类进步的事业。

本届论坛以"倡导人道主义，落实法律法规，维护和促进特殊儿童教育权利"作为主题，来自各个方面的专家、学者从不同角度总结和交流保障特殊儿童受教育权利的经验，探讨进一步完善我国特殊教育、法律法规的措施和办法，这对促进建设具有中国特色的教育法制、促进特殊教育事业及其整个残疾人事业的发展，促进全社会对特殊儿童教育权利的关心和支持，都将起到积极的推动作用。

尊老、慈幼、扶弱、助残是中华民族历来倡导的传统美德。两千多年前，我国古代学者就提到了"鳏寡孤独废疾者皆有所养"的大同理想。今天，人道主义已经成为处理人际关系的基本道德规范之一，中华民族的传统美德得到进一步的弘扬，古人希冀的理想社会正在逐步变为现实。残疾人教育和康复事业的发展，残疾人对社会的充分参与，正在成为建设社会主义和谐社会的重要内容。

我们党和国家一贯高度重视残疾人教育事业，通过积极发展特殊教育事业来切实保障包括特殊儿童在内的所有残疾人受教育的权利。特别是改革开放以来，我国在残疾人教育立法方面速度之快、数量之多，也是前所未有的。不仅教育法、义务教育法、职业教育法、高等教育法、教师法等诸多教育法律中有对特殊教育的专门条款和规定，而且在残疾人保障法、残疾人教育条例中特别明确了残疾人教育的政府职责、发展方针、教育目的、形

---

* 2004 年 12 月 3 日在第二届中国特殊教育与康复论坛开幕式上的讲话。

式、师资、辅助手段等。教育部也相应制定、颁发了一系列特殊教育的行政规章。正是由于我们坚持了依法保障、依法管理特殊教育，近20多年来我国特殊教育事业呈现出全面、持续、健康、协调的发展态势，取得了举世公认的巨大成绩。这也说明了依法治教方针的重要性、必要性。

党的十六大以来，中央确立了全面、持续、协调可持续的科学发展观，突出了实施科教兴国战略和人才兴国战略的重要战略地位，国家确定把基础教育摆在优先地位，并对特殊教育予以了特殊的关心和支持。最近，国务院残工委召开全国扶助贫困残疾人工作会议，结合当前形势对发展残疾人教育康复事业进行了新的部署。残疾儿童少年是一个弱势群体，特殊教育的发展是教育发展、社会发展的一个重要标志和窗口，既是时代的要求、现代化建设的要求，也是建设社会主义和谐社会的要求。我们必须按照全面建设小康社会的目标要求，谋划残疾人教育康复事业的全局，按照形成比较完善的现代国民教育体系、构建终身教育体系、形成学习型社会、促进人的全面发展等要求，规划残疾人教育康复事业未来的发展，任重而道远。

随着我国特殊教育和世界特殊教育的发展，从理论和实践上都对我国特殊教育的法制建设提出了许多需要研究的新课题。从宏观上讲，如何发展与经济繁荣和社会进步相协调的特殊教育，如何实施与教育、特别是与基础教育发展相适应的特殊教育，如何建设与中华民族伟大复兴相匹配的特殊教育。从实施层面上讲，如何通过立法规范特殊儿童的教育安置程序，从而使行政部门在儿童家庭、学校、地方教育行政部门等方面能够正确地评定特殊儿童，恰当地选择特殊儿童受教育的形式；如何确定稳定的经费保障体制，使残疾儿童特别是贫困地区的残疾儿童能够享受良好的优质教育；如何完善普通学校随班就读的支持保障体系，使在普通学校学习的残疾学生能够留得住、学得好；如何制定符合国情的特殊教育教师和专业人员的任职标准；如何进一步明确残疾儿童家长在特殊教育中的责任、义务和权利，使残疾儿童的学校教育、家庭教育和社会教育更好地融为一体，等等。诸如此类问题的解决，都需要进一步健全我们的法律法规，需要以法律法规作为我们发展特殊教育的依据。通过认真总结我们自己的实践经验，借鉴吸收世界各国和地区特殊教育立法方面的有益经验，建立具有中国特色的特殊教育法律法规体系，是一件非常重要的事情。我们一定要本着求真务实的精神，求特殊教育发展规律之真，务特殊教育发展事业之实，牢牢抓住当前的发展机遇，使残疾人教育和康复事业为全面建设小康社会作出独特的贡献。这既是我们的责任，也是我们的光荣。

发展儿童福利事业，保障特殊儿童教育与康复权利*

国家民政部　李立国

二十一世纪全球经济一体化的趋势以及现代信息科学技术的迅速发展，使我国的特殊教育与康复事业面临着新的机遇和挑战。我国进入新世纪新阶段全面建设小康社会的进程，为特殊教育与康复事业提供了新的动力和条件。维护和促进特殊儿童教育与康复权利，进而切实保障他们的生存权、发展权、受保护权、参与权等基本权利，是各级政府义不容辞的神圣责任。民政部门承担着指导残疾人权益保障和残疾孤儿、弃婴的养护、教育、康复等重要职责。近年来，我们在"三个代表"重要思想的指导下，贯彻以人为本的科学发展观，在促进社会福利机构中残疾儿童的教育和康复发展以及为社会上有需求的残疾儿童家庭提供特教康复方面做了一些有成效的工作，取得了一定的成绩。

第一，研究制定并逐步完善发展孤残儿童特殊教育事业的政策法规。近年来，我们相继出台了《关于加快实现社会福利社会化的意见》、《关于进一步发展孤残儿童福利事业的通知》、《社会福利机构管理暂行办法》、《儿童社会福利机构基本规范》、《家庭寄养管理暂行办法》等一系列政策规定，其中都对儿童福利机构和社区福利机构开展特殊教育与康复工作提出了具体要求，明确规定了孤残儿童特殊教育机构和特教人员应该享受的优惠政策和特殊待遇，从根本上保证了儿童福利机构中绝大多数孤残儿童能够接受特殊教育。

第二，加大对特殊教育事业的投入，支持社会各界开展多种形式的特殊教育。近年来，本着源于社会、用于社会的宗旨，民政部及各级民政部门用社会福利彩票所筹集的彩票公益金，加大了对特教事业的资助份额和力度。2002 年，民政部掌握的本级社会福利彩票公益金投入 160 万元用于资助福利机构中的特殊教育事业。2003 年，投入 200 万元。2004 年则历史性地达到投入 600 万元。同时，各类孤残儿童福利机构都从孤残儿童的切身利益和实际需要出发，在机构内举办了不同类型的特教班，如学前教育班、弱智儿

* 2004 年 12 月 3 日在第二届中国特殊教育与康复论坛开幕式上的讲话。

童教育班、聋儿语训班、盲童文化教育班、生活技能辅导班、脑瘫儿童引导式教育培训班等，为孤残儿童回归社会，进入普通学校和特殊教育学校奠定了良好的基础。

第三，充分利用自身资源优势，向社区残疾儿童家庭辐射，全面推进社会福利社会化，各类儿童福利机构利用自身特殊儿童教育和康复手段的专业化水平，教育康复理念日益同国际先进水平接轨等优势，积极向所在社区辐射，举办社区残疾儿童特教班、残疾儿童家长培训班，有的还建立家庭式的特教点，为残疾儿童家庭分忧解难，使一些无法进入特殊教育学校的残疾儿童获得了接受教育和康复的机会，得到了残疾儿童家长的普遍欢迎和社会的高度赞誉。

第四，启动了"残疾孤儿手术康复明天计划"。该计划旨在为我国城乡各类社会福利机构中0至18岁具有手术适应症的残疾孤儿进行手术矫治和康复，使其完全恢复或部分恢复身体功能，为他们回归社会、家庭创造条件。这是民政部推动儿童福利事业发展，创造残疾孤儿美好明天的重大举措，是改变受助儿童一生命运的大事，也是造福民族和国家的大事。"明天计划"的目标是，从今年起连续三年确保为2万8千名，力争为3万名残疾孤儿有效实施手术矫治和康复。从今年起，民政部每年从部本级彩票公益金中拿出1亿元，各省从省级彩票公益金、地方财政和社会捐赠等渠道筹集1亿元，三年共筹措6亿元，用于实施明天计划所需的手术经费和相关费用。目前，"明天计划"整体开局良好，残疾孤儿的手术康复进展顺利，已完成手术1507例，手术质量较高，社会各界给予了高度评价和热烈响应。

第五，促进相关立法，保障特殊教育和康复事业。为进一步促进我国残疾人事业的发展和保障残疾人权益，同时促进我国的特殊教育和康复事业的发展，国家民政部和中国残联积极向全国人大、国务院法制办进行汇报，于今年正式启动了《残疾人保障法》的修改工作。为此，民政部和中国残联联合国家有关部门成立了修法工作领导小组，并于11月9日召开了领导小组第一次会议。在这次修法工作中，我们将进一步强调残疾儿童的教育和康复的重要性，并在修法过程中借鉴该领域科技、医疗、信息技术和理念发展的新成果，全面促进与提升特殊教育和康复事业的水平，注重数量和质量的协调发展，力争从法律的角度为发展这项事业提供强有力的保障。同时，我们还积极参与了团中央、妇儿工委和关工委关于《未成年保护法》的修订工作，从专项立法的角度更好地适应形势与任务的发展要求，推动残疾儿童特教与康复事业的健康发展。

本届中国特殊教育和康复论坛为我们提供了一个很好的分析形势、交流经验、研究理论的机会，对于特殊教育与康复事业的发展，将会起到积极的促进作用。党的十六届四中全会提出了构建社会主义和谐社会的目标，为加快发展我国特殊教育和康复事业提供了良好的机遇。民政部门将一如既往地重视和关注特殊儿童的教育及康复工作，支持社会各界共同发展特殊教育与康复事业，为特殊儿童服务，为他们长大后参与国家建设和社会生活奠定良好的基础，作出我们应有的贡献。

全社会都来关心残疾儿童的康复与教育权利

中国残疾人联合会　程　凯

我们党和政府历来十分关心残疾人，支持残疾人事业。中国残联作为国家批准、法律确定的代表六千万残疾人利益管理残疾人事务的全国统一组织，成立十多年以来，一直致力于发展残疾人事业，保障残疾人的人权，创造良好的社会环境，使残疾人以平等的地位、均等的机会充分参与社会生活，共享物质文化成果。十多年来，我们在残疾人的康复、教育、就业、社会保障、文化生活等方面不断地改善残疾人的状况，使上千万的残疾人不同程度地提高了参与社会的能力。中国残联积极推动并直接参与了一系列改善残疾人教育和状况的行动与措施，主要有以下几个方面：

一、推动制定法律法规。1990 年颁布的《中华人民共和国残疾人保障法》，对残疾人的康复、教育等方面明确了国家和社会的责任和残疾人的权益。这部法律从 90 年到现在已经实施 14 年了，最近由民政部、公安部等十个部门成立了《残疾人保障法》修改领导小组，正式启动了《残疾人保障法》修改工作，这标志着我国将在依法治国的道路中进一步用法律手段来保障残疾人的康复和教育等多方面权利。

二、配合实施国家计划。从 1988 年到现在，国家先后实施了四个发展残疾人事业的计划，将残疾人的康复、教育作为重要内容提出了明确的目标，残疾人的教育、康复状况也得到了明显改善。

三、进行相关调查。中国残联配合国家统计局、卫生部、民政部等部门，在 1987 年进行了我国首次残疾人抽样调查，基本摸清了当时的残疾人状况；对国家制定相关法律法规和国家计划提供了科学的依据。2001 年，中国残联、卫生部、公安部、国家统计局、联合国儿基会，又对我国 0 到 6 岁的残疾儿童进行了调查，掌握了残疾儿童的发病率、康复率和康复现状，为残疾儿童实现康复、教育权利奠定了基础。最近，经国务院批准，中国残联、民政部、卫生部、国家统计局等 16 个部委团体联合启动了第二次残疾人抽样调查，相信通过第二次残疾人抽样调查，会进一步摸清残疾儿童的教育和康复状况，为制定未来的发展战略,完善保障残疾人的法律法规提供基础。

四、实施重点工程。在政府有关部门和社会的大力支持下,这些年来,我们通过参与希望工程、春蕾计划,倡导扶残助学春雨行动等,以及“长江新里程计划”等一系列重点工程,大大推动了残疾儿童在康复、教育方面权利的实现。

五、大力弘扬人道主义,营造理解、关心、帮助、支持残疾人的社会环境。近十多年来,在党和政府的支持下,我国关心和帮助残疾人的社会环境日益浓厚,残疾人参与、共享的环境也日益改善,这为我们国家残疾人事业的发展和残疾儿童状况的改善提供了越来越好的环境。十几年来,随着国家的进步,经济的发展,残疾人的状况有了明显的改善,共有990万残疾人,其中包括三分之一以上的残疾儿童,得到了不同程度的康复,残疾儿童的入学率由1987年不足6%提高到2000年的70%以上。残疾儿童的学前教育、义务教育、职业教育、高等教育的教育链已基本形成。特别是我们在1987年以后倡导的几项抢救式的工程,使我国的残疾儿童状况有了明显的改善。这里举三个方面的个案:第一个是我们国家的聋儿康复事业,大家都知道,中国0到6岁的聋儿158万,这是最新统计的数据,每年新增23万,中国残联对聋儿进行了抢救式的听力语言康复训练,1988年以来陆续建立并完善了中央和地方各级聋儿康复机构1700多个,对21万聋儿进行了培养和培训,培养了5万名家长,康复质量逐年提高。这21万聋儿中进入普幼普小的孩子接近20%,十聋九哑的历史状况已经发生了根本的转变,同时通过广泛的宣传,普及了防聋治聋的知识,大大改善了听力残疾的治疗。第二个是肢体残疾的治疗,我们实施了37万例手术,并且进行了及时的矫形器适配和康复训练,大大改善了这些儿童的生存、教育和参与生活的能力。第三个是智力残疾儿童,中国有智力残疾儿童将近500万,由于缺碘或者其他遗传因素,我国智力残疾儿童新生的势头没有得到根本扭转。十多年来,中国残联和有关部门已经对9194万名新婚育龄妇女、0到2岁的婴幼儿服用碘油丸,预防了这些情况的发生,并且进行了必要的康复训练,提高了他们参与社会的能力,大大减轻了家长和社会的负担。历届中央领导多次对残疾人事业予以批示和指示,2004年10月12日温家宝总理又有批示,我国有6000万残疾人,要高度重视康复事业。2004年10月25日,国务院又召开了扶助贫困残疾人的工作会议,回良玉副总理参加会议并作了重要讲话,指出要高度重视残疾人事业,加快对残疾人的就业、康复、教育的支持力度,使6000万残疾人和全国人民一道共同奔赴全面小康社会。国际社会对中国的残疾人事业也一直给予高度评价。这些年来,中国积极参与国际残疾人运动和联合国的残疾人工作,获得了联合国和国际社会的高度评价,特别是2003年底,邓朴方主席获得了联合国人权奖,在国际社会引起了强烈的反响。

尽管我们取得了很大的成绩,但是与残疾人的教育、康复的需求相比差距依然很大,已经有康复需求的残疾人获得康复服务的机会还不到残疾人的30%,另外我国每年新增残疾儿童20多万,还缺乏有效的早发现、早干预的监控机制,残疾人的生存和发展问题还面临很大的挑战。但是我们相信,在党和政府的关心支持下,在法律的保障与社会各界的支持下,残疾儿童教育和康复的权利必将得到更大的改善。

社会教育功能构建

❖ 特殊教育应该是我国现代国民教育体系中的重要组成部分。发展特殊教育,除了政府要投入外,要发动全社会来奉献爱心。残疾人是我们的兄弟姐妹,他们比普通人有更多的困难,我们普通人有责任、有义务帮助他们。这不是出于怜悯,更不是恩赐,这是全社会的责任,也是每一个公民的责任。

❖ 全纳教育理念的重要性日益凸显,与全民教育如同一张纸的两面,可以殊途而同归。

❖ 特殊需要儿童权利的法规体系建设,其目标是:以各类有特殊需要的学生为对象,从政府支持行动准则的确立、管理体制的理顺到学校机构的建设规范、家庭社区的协同配合,从各类学生检测分类的科学性、早期评估和干预的可行性、教育安置的合理性、康复训练的有效性、职业培训的系统性、家庭—学校—社会转衔的平稳性到全纳教育课程开发的丰富性、多样性和教育教学措施的针对性,从经费投入的确定性、设施设备的实用性、资源利用与开拓的策略性、社会福利的体制性到师资培养培训的规范性等诸多方面,都作出科学、系统、完整、具体、可操作、可评估、可监测的规定。

❖ 将符合中国国情的全纳教育理念用于各类有特殊需要的儿童,为他们提供可行、有效、渐进、多样、自主和优质的教育,从而体现社会正义和平等。

❖ 支持教育是以提高生活质量为目的,通过各种支持为残疾儿童提供有效的教育。这是一种孕育于中国社会土壤之中,吸纳着国际最新理念的,源于随班就读而高于随班就读的特殊教育理论与实践模式。

❖ 社会结构转型产生新的困境儿童,引发有关儿童福利公共政策新的问题。儿童最高利益就是国家最高利益,国家与儿童的关系是国家与社会关系的基础。儿童福利政策框架与儿童福利服务体系的实质与精髓是科学合理地确定儿童的需要,最优配置社会资源和创造平等生活机会。

❖ 在全社会的通力合作下,相信维权和自强如同彩凤的双飞翼,将托举着我国的残疾人工作,不断实现新的超越!

特殊教育应是现代国民教育体系中的重要部分

中国教育学会　顾明远

党的十六大提出了全面建设小康社会的宏伟目标。为达到这个目标，除了发展经济，改善政治，还要大力发展教育，提高全国人民的素质。在受教育的人群中有上千万的生理上有残疾的儿童少年，他们的教育值得我们大家来关注。中华人民共和国建立以后，特别是改革开放以来，党和政府一直很重视对特殊儿童的教育，创建了许多特殊学校，如聋哑人学校、盲童学校、培智学校等。但由于我国还处于社会主义初级阶段，经济还不够富裕，所以对残疾儿童的教育，从总体上讲，投入是不足的。随着我国经济的高速发展，对这个群体的教育应该重视起来。使他们接受与普道人一样的教育，不仅是我国宪法所赋予他们的权利，也是全面建设小康社会的重要目标。只有全国人民，包括有残疾的人群，都提高了素质，都具有较高的生存和发展能力，才能全面建成小康社会。

首先，我们要对特殊教育有一个正确的认识。所谓特殊教育的特殊，是指这部分受教育者在生理的或者心理的某个方面有缺陷，阻碍着他的发展，特殊教育就是来帮助他排除阻碍他发展的障碍，使他得到与普通人一样的发展。残疾儿童并非所有智能都丧失，他们往往丧失一部分器官的功能。通过教育我们可以弥补他的缺陷，或者使他的损伤的器官功能得到部分的恢复，或者培养其他器官的功能来弥补某种器官功能的不足。因此，教育的目的是与普通儿童一样的，就是促进儿童的身心健康的发展。只是他们需要更多的爱护和帮助。因此，特殊教育不是歧视教育，不是另一样的教育。当然，在教育内容上和方法上需要根据残疾儿童的特殊情况采用不同的方式，但目的是促进他们的发展。特殊教育还要向他们传授知识和技能，使他们绝大多数人能回归主流社会，成长为一个自力更生、能为社会做出贡献的人才。

特殊教育的任务是帮助有残疾的儿童回归主流社会。这需要二个重要条件：一是残疾的儿童要有自信、有能力回归社会；二是社会上的普通人要尊重他们，帮助他们。这两方面都需要通过教育来实现。因此，特殊教育的任务首先要帮助他们建立自信心、自尊心、自强心。残疾大多是天生的，或者在幼年因事故或用药物不当而引发的。儿童自己没有责任，更没有选择。但发展的道路是可以自己选择的。教育首先要帮助他们树立发展的自信心。有了自信心他就会自我发奋图强。这样的实例是很多的，外国有海伦·凯勒，我国有张海迪为我们做出了榜样。对于正常儿童，我们要教育他们有爱心，懂得尊重残疾儿童，帮助他们，爱护他们。这种教育不仅会影响到对有残疾的同伴关系，还能培养他们爱心、同情心这样一些人类最基本的品质。

世界各国都十分重视特殊教育，许多国家都制定法律，规定残疾人受教育的权利和方式。当前，特殊教育界流行"回归主流"的教育思潮。所谓回归主流，是指让残疾儿童在最少受限制的环境中接受教育，要设置各种类型的特殊教育形式，制订个别化教育方案，以满足残疾程度各异的特殊儿童的不同需要；要使绝大多数残疾儿童尽可能在普通学校或普通班中与正常儿童一起学习，改变以设特殊学校为主、把残疾儿童与正常儿童分开的传统教育方式，达到使残疾儿童从小就能在普通社会中学习、生活，回到主流教育的目的。例如，日本就规定，不单独设立特殊学校，让他们去普通的学校学习。同时规定，只要有2名残疾儿童（他们称障碍儿童），学校就要设立养护班，后来有些地方根据家长的要求，只要有1名障碍儿童，学校就要有养护班并配备养护教师。我曾经参观过日本德岛鸣门市林崎小学的养护班，那里有4名弱智儿童，有2名老师。校长告诉我们，"回归主流"是障碍儿童教育发展的方向。障碍儿童与正常儿童在一起，可以培养他们与正常人一样的生活。同时，可以使正常儿童理解障碍儿童并帮助他们。他说，一般儿童平时很难遇到障碍儿童，学校里有了这个养护班，可以使正常儿童能够接触障碍儿童，理解他们的需要，帮助他们，将来在社会上再遇到有障碍的人就能理解他们。这种眼界是远大的，特殊教育不仅是帮助障碍儿童成长发展，而且考虑到正常儿童与他们的关系，正常人和残疾人的关系。

因此，大力发展特殊教育已经摆到我们的议事日程上。特殊教育应该是我国现代国民教育体系中的重要组成部分。我国是人口大国，残疾人有几千万人，其中残疾儿童也有好几百万，相当于一个人口少的国家。给他们提供教育，是宪法给予他们的权利，也是建设和谐社会的必需。发展特殊教育，除了政府要投入外，还要发动全社会来奉献爱心。残疾人是我们的兄弟姐妹，他们比普通人有更多的困难，我们普通人有责任、有义务帮助他们。这不是出于怜悯，更不是恩赐，这是全社会的责任，也是每一个公民的责任。

改革开放以来，特殊教育事业有了很大的发展。但是，还不能满足所有残疾儿童的要求，还需要全社会的关注，增加特殊教育的投入。同时特殊教育本身也还需要进行改革创新。根据我国当前的实际情况，完全采取"回归主流"的方式，把残疾儿童放在普通学校学习，还缺乏必要的条件。主要是我们缺乏特殊教育的师资，不可能像日本那样在普通学校里设立养扩班。但"全纳教育"、"回归主流"都是当前世界教育的新理念，我们需要以这种新的教育理念来指导我们的特殊教育，让残疾儿童尽量与健康儿童接触，有条件的话，最好让他们在一起学习。这样，既培养了残疾儿童的自信心和自尊心，又教育了健康儿童对残疾同伴的关心和爱护。

要发展特殊教育，就要为特殊教育培养师资。特殊教育的人才培养和科学研究就显得十分重要。师范院校应该重视特殊教育的研究和师资培养。我国大学里的第一个特殊教育专业就是我在北京师范大学担任副校长期间于1985年建立的，同时还成立了特殊教育研究中心。近二十年来我们已经培养了数百名具有学士、硕士学位的毕业生。现在全国已经有多个师范大学建立了特殊教育专业。这是十分可喜的事。但是还很不够，特殊教育的师资还非常缺乏。我们要宣传特殊教育的重要性，大家来关心这个社会最弱势的群体，有更多的优秀青年来向他们献出爱心。特殊教育的教师是最可敬的老师，他们要比一般普通学校的教师辛苦多少倍。他们要懂得儿童生理、心理发展的规律，懂得矫正、帮助残疾儿童的方法和技能。他们还需要有坚强的心理品质，有爱心，有信心，有耐心，运用先进的教育理念帮助残疾儿童克服障碍，获得较好的发展。因此，如果说，教师是最可敬重的人，那么，特殊教育的教师则是最最可敬、最最可爱的人！

论政府在维护特殊儿童教育权利中的主导地位

中央教育科学研究所　陈云英

联合国在为“联合国残疾人10年(1983—1992)”所发表的《关于残疾人的世界行动纲领》(联合国,1984)的第77条指出:“一般说来,预防缺陷、伤残康复以及使残疾人融入社会的各种服务、设施和社会行动,是与政府和社会是否愿意依据其能力向处境不利的群体分配资源、收入和提供服务有密切的关系。”这里提出了一个很重要的关于政府执政能力建设的命题。这个命题可以分解为两个研究问题:其一、我们的政府和社会是不是愿意把资源、利益和各项服务提供给最需要帮助的特殊儿童?其二、我们的政府和社会有多少能力把资源、利益和各项服务提供给最需要帮助的特殊儿童?我们根据这两个问题并以特殊需要儿童的教育和康复权利的落实情况进行研究,结果却显示出一个很耐人寻味的反证——我国的各个省级政府在为特殊儿童教育权利上意愿较低,且能力不足,据此可以管窥地方政府执政能力建设之一斑。

一、地方政府执政能力——以特殊教育为例

在2005年2月8日的“中国网”里检索到由国家统计局网络信息管理协调小组办公室所公布的大陆31个省、市、自治区的地方国民经济和社会统计发展公报中,北京、上海、天津、河南、湖南、安徽、海南7个省市已经有资料公布;对这7个省市所公布的2000—2004年5年的资料中教育事业归属于社会事业的一部分或把教育和科学技术自成一部分表述。分析的结果显示:

(一)上海市、安徽省、湖南省、海南省的连续5年的公报中没有提到特殊教育或与之相关的内容。北京、天津、河南省提到特殊教育,但在5年的公报中,只有1年的报告有1句特殊教育。

(二)只有河南省在教育事业的文字段里出现特殊教育。河南省在5年的公报中仅

有2004年的教育与科学技术中的教育部分提到"特殊教育招生0.27万人,在校生1.91万人"。

(三)北京、天津两市都把特殊教育放在社会事业的残疾人事业的文字段里表述。北京市在5年的公报中仅有2003年社会事业里的教育没有提到特殊教育,而是在社会事业的残疾人事业中写有"特殊教育体系更加完善。残疾儿童少年九年义务教育入学率达到97.5%,城区达到100%,155名残疾考生被高校录取,实现了残疾人成人大学单考单招"。天津市在5年的公报中仅有2004年提到特殊教育,但不在社会事业的教育部分,而是在残疾人事业中提到"特殊教育招生200人,在校生2600人"。

在各地政府的工作中特殊教育放在一个什么地位?政府如果做好的工作为什么不加以公布?如果没有公布是不是政府没有做到,故而避而不提?如此反复推敲思考的结果,让人不由自主地联想到各地政府并没有把特殊教育列入每年的国民经济和社会发展的规划里。各地政府为什么没有把特殊教育列入每年的国民经济和社会发展的规划里呢?我国的宪法和有关法律法规不是一再重申教育对儿童的重要性吗?我们可以根据这些资料得出省市政府不愿意为特殊儿童提供教育吗?我们可以认为省市政府还没有能力为特殊儿童提供教育吗?

二、维护特殊儿童的教育权利在国际社会里既是难点,也是热点问题

儿童是明天的希望,儿童是社会未来的建设者,是民族文化、社会文明、国家制度的继承人。儿童的全面发展,是人类社会进步的保障,关心儿童就是关心人类的未来。为了儿童个人的幸福,为了社会文明的进步,为了民族文化的发扬,为了人类共同的未来,每一个国家需要努力为儿童提供最好的教育。儿童在社会发展中的重要地位以及教育是儿童人权的核心问题在国际上早有共识。

(一)国际社会不遗余力保护儿童权利

今天的儿童是幸福的,由于人类民主体制建设和思想的进步,他们受到了儿童权利宣言的保护。1959年11月20日联合国大会通过《儿童权利宣言》中就确认,"人类有责任给儿童以必需给予的最好的待遇"、"儿童应不受歧视地享有一切权利;制订法律要以儿童的最大利益为首要考虑;儿童的家长和社会、公众事务当局有责任为处在困境中的儿童排除困难并给予特殊照顾"。1989年联合国《儿童权利公约》强调:"每个儿童无论贫富,都应受到特殊关照"。儿童在成年人主导的的社会是弱势群体,特殊儿童更是社会弱势群体中的弱势群体,需要真实并坚定地维护他们的需要,维护特殊儿童受教育的权利是教

育改革和社会发展的题中应有之意。1948 年通过的《世界人权宣言》强调“人人享有受教育的权利”，宗迪恩《世界全民教育宣言》指出“每一个人——儿童、青年和成人——都应能获得旨在满足其基本学习需要的受教育机会”。联合国《儿童权利公约》的通过，在维护儿童权利方面迈出了重要的步伐，世界各国首脑在 1991 年举行的会议中，一致保证要改善儿童的状况，国际社会也指出要在 21 世纪前十年，把世界建设成为一个禁止向儿童施暴的和平世界。

（二）战争和贫困威胁儿童生存、发展与教育

今天的儿童又是不幸的，由于战争、疾病、贫穷、社会变迁、家庭解体，他们被迫离开家庭、离开学校，成为成年人获取物质和利益的工具，有的做工、有的乞讨、有的沦为少年罪犯……当今世界的儿童，每天都看到和听到有些国家和地区的同龄人在遭受战争与冲突伤害的报道。每天在世界各地发生的冲突、暴力和战争，使儿童们失去了在安全的环境中受到尊重、享受和平共处美好生活的权利，甚至使一部分儿童被杀戮和残害。据维护暴力牺牲品组织报道：过去 10 年在世界各地发生的军事冲突中，3000 万儿童遭到了不同程度和形式的伤害。在发生的各种冲突中，200 万儿童丧生，100 多万儿童失去了双亲，600 万儿童受伤或致残，1200 万儿童无家可归，流浪街头，1000 万儿童患精神分裂症和其他病症。国际劳工组织在其报告中也指出：在世界各地有 2450 万 5 岁—17 岁的童工，其中 840 万 10 岁以下的童男童女成为人口走私犯、奴隶主的牺牲品，更有 200 万儿童沦为专门制作淫秽下流图片的道具。

世界各地儿童除了饱尝战争之患外，贫困也使大量儿童陷于生存困境。据联合国儿童基金会报道：在世界上生活的每 4 个儿童中就有 1 个儿童生活在贫困线以下，在发展中国家则是 3 个儿童中有 1 个儿童生活在贫困线以下，全世界每 12 个儿童中就有 1 个儿童在五岁之前因为贫穷而在疾病不治下死亡。每天世界上有 3 亿儿童在饥饿中度日；有 1.3 亿儿童没有上过学，其中女孩占 60%。此外，世界上有 5000 多万儿童没有户口，他们作为社会成员的资格被剥夺，使他们丧失像其他孩子一样享有免费受教育和卫生保健的权利，甚至被终身剥夺了所有的社会权利。这些没有户籍的孩子很容易被不法分子利用，从而成为人口走私犯和非法集团的牺牲品。

（三）推行全纳教育实现特殊儿童的教育权利

1994 年，在联合国教科文组织和西班牙政府的支持下，在萨拉曼卡召开了“世界特殊需要教育大会”，有 92 个政府和 25 个国际组织，制定并通过《萨拉曼卡宣言》和《特殊需要教育行动纲领》，倡导实行全纳教育，要求满足所有儿童的需要，无论其身体、智力、社会、情绪和语言或其他状况如何，也无论其民族、性别、年龄、种族、国家、是否有障碍、语言

和社会经济地位如何，他们都应该平等地享有受教育的权利。这其中应包括有障碍的儿童、流浪儿童和童工、落后地区儿童、少数民族儿童和处境不利或边缘群体儿童。为他们提供正规的教育和非正规的教育，调动社区里的一切可供利用的资源，有效地帮助不同需要的学习者，切实保障所有儿童的教育与康复权利，体现民主社会的公平、公正。

《萨拉曼卡宣言》向各国做出如下声明：

——每一个儿童都有受教育的基本权力，必须给予他实现和保持一可接受水平的学习之机会，

——每个儿童都有独一无二的个人特点、兴趣、能力和学习需要，

——教育体系的设计和教育方案的实施应充分考虑到这些特点与需要的广泛差异，

——有特殊教育需要者必须有机会进入普通学校，这些学校应该将他吸收在能满足其需要的、以儿童为中心的教育活动中，

——实施全纳性方针的普通学校，是反对歧视、创造欢迎残疾人的社区、建立全纳性社会和实现人人受教育的最有效途径；进而言之，他们为绝大多数的儿童提供了一种有效的教育，提高了整个教育体系的效益，并从根本上改善了教育的成本——效益比。

《萨拉曼卡宣言》号召所有政府并劝告他们：在政策和预算上为教育体制的改善提供最高优先，使之能够收纳所有的儿童，而无论其个体差异与障碍。

三、中国维护特殊儿童教育权利的努力

《中华人民共和国宪法》、《中华人民共和国残疾人保障法》、《中华人民共和国义务教育法》、《中华人民共和国未成年人保护法》都强调“残疾人的学习需要应受到特别的关注。必须采取步骤为各类残疾人提供平等的受教育机会，以作为教育制度的一个组成部分”，“各级人民政府应当将残疾人教育作为国家教育事业的组成部分，统一规划，加强领导”。

1991年《未成年人保护法》颁布。12年来，我国未成年人的受教育状况得到了明显改善。与实施未成年人保护法前相比，到2002年底，我国小学入学率由96.8%提高到98.6%，初中入学率由69.7%提高到90%，高中入学率由28.4%提高到42.8%。我国九年义务教育的总规模已达18844.14万人，全国基本普及九年义务教育的地区人口覆盖率已由1998年的73%提高到了91.22%。

国家在“九五”期间设立了“贫困地区义务教育工程”，国家专项经费连同各省的配套资金共投入209亿元，显著改善了我国贫困地区的办学条件；国家设立的“国家贫困地区义务教育助学金”，每年使100多万名因家庭困难面临失学的未成年人得到了资助。

在救助贫困儿童方面，1989年10月，中国青少年发展基金会在北京宣布实施“希望

工程”。它通过设立助学金，长期资助贫困地区因家庭经济困难失学的孩子重返校园，并为一些贫困乡村新建、修缮校舍，购置教具、文具和书籍等；通过“百万爱心行动”、“1（家）+1 助学行动”等活动，广泛动员全社会的力量来帮助贫困地区的失学儿童重返校园。到 1995 年底，“希望工程”已筹集资金 6.9 亿元，资助 125 万失学儿童继续其小学学习，并资助建设了 2000 多所希望小学。从 1989 年开始，中国儿童少年基金会实施了“春蕾计划”，设立帮助女童入学的专项基金，对贫困地区的女童实施免费初等义务教育。

2003 年残疾人教育工作进一步发展，残疾人的素质与和平参与社会的能力进一步得到了提高，残疾人接受教育的权利得到了更好地保障。截止到 2003 年底，全国特殊教育学校已发展到 1655 所，普通学校附设特教班已发展到 3154 个，在校的视力、听力言语和智力三类残疾学生达到 57.7 万人。各地积极开展扶残助学工作，不断建立和完善残疾儿童少年助学制度。2003 年“扶残助学”项目资助了 6886 名贫困残疾儿童少年就学，“中西部地区盲童入学”项目资助了 3300 名残疾儿童就学，除此之外，各地还采取多种形式资助了 88645 名贫困残疾儿童。

四、维护特殊儿童教育权利的问题

中国政府一直把儿童教育置于整个教育事业发展的优先地位。在政府和全社会的共同努力下，近年来，中国的儿童教育事业有了很大发展，但仍存在着一些问题。一些农村和流动人口中未成年人失学辍学问题还比较严重；各类处境不利儿童的教育状况令人担忧，残疾儿童的教育得不到保障，暴力侵害儿童案件屡有发生；社会不良文化对未成年人的不良影响实际存在，未成年人犯罪依然是一个严重的社会问题。

（一）贫困制约儿童教育权利的实现

目前中国贫困地区学生失辍学现象仍然较为严重，女童失辍学率高于男童。全国有 400 多个县尚未普及九年义务教育，基本集中在贫困地区。我国农村基础教育薄弱，如何保障农村未成年人的受教育权利，一直是工作的重点和难点。据《中国青年报》报道，根据东北师范大学农村教育研究所对辽宁、吉林、黑龙江、河南、山东、湖北 6 省 14 县的 17 所农村初级中学进行的一份调查显示，学生平均辍学率超过 40%，其中初二学生流失最多。农村初中生实际辍学率远高于国家控制的 3% 的标准，一些地区的实际辍学率高达 40%。这些地区学生流失并非特别贫困，而多半是因为厌学。“30%—40% 的辍学率是下面公认的。上面一检查，下面就得作假，把流失的学生再找回来，顶个名，谎报辍学率。”吉林省双辽市某偏远村庄的一位老师对记者说。据他了解，农村偏远一点的学校，辍学率有50%；离城近的，怎么也有20%—30%；平均下来有40%。

（二）各类处境不利儿童的教育权利需要关注

由于国家对社会福利事业投入不足，社会福利设施简陋，对孤儿、弃婴、流浪儿应有的社会救助不能到位，流动儿童的卫生保健、教育等权利没有得到完全落实。流动儿童是随着“民工潮”而发生的。从20世纪80年代开始，中国农民从农村进入城市打工，这种流动人口已由最初的200万增加到2003年的1.3亿。他们的子女或者在家乡出生而被带到城市，或在城市出生而继续留在城市。因为流动性大、卫生部门经费短缺等问题，流动儿童计划免疫率较低，容易造成传染病的流行。中国儿童中心数据显示，上海2001年1—10月发生麻疹暴发34起，暴发病例130例，均为外来流动人口。而流动儿童贫血、佝偻病、营养不良、生长发育迟缓等营养性疾病明显高于城市儿童。该中心2002年至2003年对中国九个城市的抽样调查显示，流动儿童义务教育年龄段中近9.3%处于失、辍学状态，近半数适龄儿童不能及时入学。不能适龄入学的问题表现得尤为突出，6周岁流动儿童未入学的比例高达46.9%。

（三）残疾儿童受教育权利的保障仍有待加强

截止到2003年底，全国未入学适龄残疾儿童少年总数306474人，其中视力残疾43127人，听力言语残54226人，智力残疾87972人，肢体残疾66433人，精神残疾17178人，多重残疾37538人。残疾人是社会中的一个特殊群体，而残疾儿童则是这个特殊群体中最需要得到关怀的。他们小小年纪就遭遇命运的无常捉弄。这种重负，当然不仅仅是无辜的孩子身上才有，他们的父母也同样背负着沉甸甸的压力而疲惫、劳累乃至不断重复地倍感失望，甚至可能最终走向绝望。

面对残疾儿童，即使是最能干的父母也需要帮助。而如果社会大环境中对残疾儿童的保护的相关措施缺失，政策和资金投入的不统一，保健、康复、教育和社会支持系统之间缺乏交流和合作，造成了给予残疾儿童及其家庭的帮助不能到位。我们不能说，关怀残疾儿童仅仅是父母的事情，这其实也是政府和公众的共同责任。如果一个残疾儿童家庭的痛苦只是由儿童及其父母来承担而没有相应的机构来援助，那么社会保障体系中对儿童的基本健康与保健、对困境中的儿童的特殊保护力量还是薄弱的；儿童福利机构供养、教育、康复的功能还不够完善；我们的社会还有很多工作要做。联合国亚太经社会在第二个“亚太残疾人十年”活动中强调，要“为亚洲及太平洋残疾人努力缔造一个包容、无障碍和以权利为本的社会。”无障碍不仅指城市建设的无障碍，也指建立一个沟通的无障碍、信息交流无障碍，以及获取知识、满足特殊需要无障碍的社会环境。

（四）不良文化对未成年人的危害不容低估

网络文化市场隐患犹存，走私、盗版音像制品活动还很猖獗，以青少年学生为读者对象的有害卡通画册和淫秽“口袋本”图书屡禁不止。未成年人违法犯罪依然突出。

未成年人犯罪呈上升趋势，并呈现涉财型犯罪比例大、团伙犯罪突出、低龄化趋势明显、闲散未成年人犯罪严重、作案手段成人化和智能化等特点。1998 年至 2002 年，全国法院共审判未成年犯 215248 名，且呈逐年上升趋势。据一些省、市未成年犯管教所反映，少年犯中有 70% 以上受到过不良文化的影响。从学校方面来看，厌学、逃学、辍学导致学生最终走上犯罪道路。不良的家庭教育主要有放任型、溺爱型和粗暴型家庭。

未成年人司法保护体系还不健全。少年法庭存在机构和人员不稳定的问题，有的基层少年法庭名不副实。除北京、上海等经济较为发达的大城市外，对未成年被告人的法律援助多数难以落实。自 1984 年至 1994 年底，全国法院系统建立少年法庭 3000 多个，审判人员有 1 万名左右。后因多方面原因被减至 2500 多个和 7 千余名。

五、政府行动维护特殊儿童教育权利

（一）依法行政、依法治教、提高政府为人民提供教育的能力

根据 2004 年修改的中华人民共和国宪法第三十三条规定“国家尊重和保障人权。”“中华人民共和国公民在法律面前一律平等。”“任何公民享有宪法和法律规定的权利，同时必须履行宪法和法律规定的义务。”第四十六条“中华人民共和国公民有受教育的权利和义务。”“国家培养青年、少年、儿童在品德、智力、体质等方面全面发展。”第四十五条“国家和社会帮助安排盲、聋、哑和其他有残疾的公民的劳动、生活和教育。”在宪法里确定每个公民在法律面前是平等的，儿童也是公民，他们应该不会因为残疾或处境不利而得到不平等的待遇；和成年人一样，儿童的人权也需要受到尊重和保障，尤其是他们接受教育的权利，他们全面发展的需要；他们因为残疾或不利的地位而应该受到更加细致的帮助。我们在法制建设上还应该更上一层楼，积极制定“特殊儿童教育促进法”、“残疾人教育法”、“公民教育权利保障法”等系列法律及其配套法规、实施细则，把“依法治教、立法为教”作为执政能力建设的重要内容，加以推广。

（二）提高对特殊教育的性质、目的及其在国民经济和社会发展中的作用认识

首先，教育是人权的一部分，根据 1948 年世界人权宣言第二十六条，教育是每个人的权利，“人人都有受教育的权利，教育应当免费，至少在初级和基本阶段应如此。初级教育应属义务性质。技术和职业教育应普遍设立。高等教育应根据成绩而对一切人平等

开放。”其次，不能把教育简单地理解为它就是入学率和升学率等教育评价指标的很小的一部分，要充分认识教育的远大理想与最终目的——“教育的目的在于充分发展人的个性并加强对人权和基本自由的尊重。”虽然随着社会文明的进步，整个社会对待残疾儿童的认识也进步了许多。但仍然存在许多对残疾儿童的误解和歧视，特殊学校的教育经费总是不足，其办学条件较差。普通学校又不愿接收残疾学生随班就读。种种误解和歧视就导致了残疾儿童在受教育权利上的不平等待遇。

各种各类的特殊儿童因为种种原因无法像其他儿童一样享受到教育平等权利。这些儿童并不是生来就不会学习，而是生来就具有教育人权的。他们被成人社会所创造的种种歧视而被冷落在社会的边缘。儿童是社会的相对弱势群体，需要全社会的细心呵护。帮助他们是我们每一个人义不容辞的责任，通过维护和促进其受教育的权利，帮助他们自强、自立，成为现代文明社会中平等的一员。

流动儿童辍学、失学问题也反映出中国目前在教育和社会体制上存在着问题。中国现行义务教育体制明确规定，适龄儿童少年应在户口所在地接受九年义务教育，所需教育经费由当地政府负责筹措，当地政府也只对本地学龄儿童少年的普及九年义务教育负责，没有义务也不会去管外来儿童的教育问题。

中国的社会体制使流动到城市的农村人口被当作廉价劳动力，不被当作城市社会的一员，因此，他们在城市里的种种社会性需求都被无意甚至有意地忽视。这种现状完整地复制了中国城乡之间的不平等关系，也损害了基础教育义务性、公平性、完整性的原则。

（三）政府有效执政，落实特殊儿童的教育权利

1. 提高领导干部对普及义务教育重要性的认识，完善各项法律规章制度，逐一落实国家法律：教育法、义务教育法、未成年人保护法、残疾人保障法，残疾人教育条例等相关法律的规定，制定实施细则，把实现儿童教育权利作为政府依法执政、依法治教的成绩考核内容。

2. 加大义务教育经费的投入，特别是增加其在国内生产总值中所占的比例，保证实施义务教育的基本需要；进一步落实各级政府承担义务教育投入的责任，要提高教育经费的使用效益。

3. 规范教育资金的投入和使用机制。教育经费均摊在每个儿童身上本来就不足，特别是在农村，农村中小学公用经费普遍不足。国家规定学生缴纳的杂费应全额用于公用经费，不足部分由县级财政预算内安排，但在一些经济欠发达地区，不仅财政预算内基本没有安排公用经费，连杂费收入也常被挪用于发放教师津贴、补贴和改造危房、偿还债务等。

4. 加强宣传力度，提高全社会对特殊儿童的关注程度，形成对特殊儿童的正确认识。

5. 加强对特殊未成年人群体的保护，积极探索新形势下更好地救助和教育流浪儿童、残孤儿童以及帮教、安置刑释、解教、失足未成年人的新路子。

6. 加强对文化事业的领导，增强积极文化因素对儿童的影响。采取积极有效的扶持政策和措施，引导博物馆、图书馆、影剧院、体育馆等公共文化场所对未成年人开放，并实行优惠。

7. 充分重视社区在未成年人保护工作中的作用，积极探索社区矫正未成年人不良行为的有效方式，不断完善社区教育、管理和服务未成年人的工作机制，实现家庭、学校、社会保护和预防工作在社区的整合。

参考资料

1. 陈云英等译《全纳教育共享手册》，华夏出版社，2004 年。
2. 陈云英等著《中国特殊教育学基础》，教育科学出版社，2004 年。
3. 陈云英《全纳教育的元型》，《中国特殊教育》，2003 年第 2 期。
4. 陈云英《建构特殊教育理论》，《中国特殊教育》，2003 年第 1 期。
5. 陈云英《在中国发展全纳性教育》，《中国特殊教育》，1997 年第 2 期。
6. 教育部《中华人民共和国教育法律集》，外文出版社，1999 年。
7. 全国人大常委会办公厅《纪念全国人民代表大会成立 50 周年》文集。
8. 赵中建编《教育的使命—面向二十一世纪的教育宣言和行动纲领》，教育科学出版社，1996 年。
9. 项自成、郭成伟《残疾人维权法律知识手册》，中国法制出版社，2001 年。
10. 中国特殊需要在线 www. specialneeds. org. cn ， www. cosn. net
11. 人民网 www. people. com. cn
12. 中国网 www. china. com
13. 新华网 www. xinhuanet. com
14. 教育部 www. moe. edu. cn
15. 中国残疾人联合会 www. cdpf. org. cn
16. 中国人权网 www. humanrights-china. org. cn
17. Manual on Right-based Education

建立和完善法规体系，推动全纳教育进程

中央教育科学研究所　王文宝

传统上的特殊教育指的是残疾人的教育，其范围从盲、聋扩大到弱智，我国目前特殊教育学校及随班就读的对象主要为这三类学生。但自1993年《哈尔滨宣言》和1994年《萨拉曼卡宣言》发表以来，国际社会关于全纳教育的理论与实践不断深化，受到越来越多的人的赞同；我国的特殊教育学校招收的对象也逐渐扩大到脑瘫、自闭症、严重情绪障碍、学习障碍、言语或语言障碍等类型的学生。其他类型的有特殊需要儿童的教育权利也日益受到重视，如：贫困家庭子女、女童、进城务工人员子女、农村留守儿童、孤残儿童、寄养儿童、流浪儿童、艾滋病儿童、服刑人员儿童、有罪错的儿童，以及边远落后地区儿童、少数民族儿童、超常儿童，等等，不仅有专家学者进行研究，而且有些方面已由国务院及有关部门制定和发布了规章、采取了措施，如：《流动儿童少年就学暂行办法》（国家教委、公安部，1998年3月2日），《未成年犯管教所管理规定》（司法部，1999年12月18日），《禁止使用童工规定》（国务院，2002年10月1日），《家庭寄养管理暂行办法》（民政部，2003年10月29日），以及贫困地区义务教育工程、希望工程、春蕾计划等。特殊教育与普通教育的渗透、融合，已是大势所趋，使我们的教育呈现出一种崭新的壮丽图景。因此，全纳教育理念的重要性日益凸显，与全民教育如同一张纸的两面，可以殊途而同归。

改革开放以来，我国的特殊教育事业取得了迅速的发展，但相对于其他教育领域却明显处于边缘地位，其规模、质量都处于较低水平。随着社会经济的加速转型，随着人权保障意识的加强和人权事业的进展，同时随着世界特殊教育的发展，我们有必要对我国特殊教育事业发展进行深层次的思考，对其中一些重大问题如特殊教育法规建设、特殊教育管理体制、特殊教育科研水平和教育教学质量做出积极探索，为在落实科学发展观、全面建设小康社会的进程中做出应有的贡献。其中法规建设具有国家强制力的保障作用，尤其要引起我们的重视。

我们现有的法规建设对于特殊教育的支持力度明显不足，其主要表现在：

1. 规定用词空泛，原则性表述多而操作性不强。如：《残疾人保障法》第二十一条〔办学渠道〕规定："国家举办残疾人教育机构，并鼓励社会力量办学，捐资助学。"《残疾人教育条例》第四十四条规定："残疾人教育经费由各级人民政府负责筹措，予以保证，并随着教育事业费的增加而逐步增加。县级以上各级人民政府可以根据需要，设立专项补助款，用于发展残疾人教育。地方各级人民政府用于义务教育的财政拨款和征收的教育费附加，应当有一定比例用于发展残疾儿童、少年义务教育。"类似"鼓励"、"逐步"、"可以根据需要"、"一定比例"这样弹性的、模糊的规定，必然造成实际工作中的随意性和管理监督力度上的缺失。甚至有些条文长期没有得到执行，如：《残疾人教育条例》第三十七条"国家实行残疾人教育教师资格证书制度，具体办法由国务院教育行政部门会同国务院其他有关行政部门制定。"已经过了 10 年，迄今只有个别地方对特殊教育教师资格做了一些探索和实践，严重制约和影响了特殊教育教师的培养、培训和特殊教育师资质量的提高以及特殊教育教师队伍的稳定。

2. 理念落后，不能切实有效地维护特殊需要儿童的权利。如：《残疾人保障法》第二条〔定义·类别·标准〕规定："残疾人是指在心理、生理、人体结构上，某种组织、功能丧失或者不正常，全部或者部分丧失以正常方式从事某种活动能力的人。残疾人包括视力残疾、听力残疾、言语残疾、肢体残疾、智力残疾、精神残疾、多重残疾和其他残疾的人。残疾标准由国务院规定。"这样的分类比较笼统，已经落后于科学研究的进展和教育发展的实际，不利于对各类特殊需要儿童进行科学的检测、筛查，不利于有针对性地提供教育和康复等方面的服务。另外，据 2005 年 1 月召开的中国小公民道德建设暨全国"双合格"家庭教育宣传实践活动领导小组第四次会议资料，目前我国儿童行为问题检出率在 6% 至 22% 之间。北京地区的抽查显示，1993 年儿童行为问题患病率为 10.9%，2003 年则增加到 18.2%。而中国关心下一代工作委员会提供的资料显示，在我国 17 岁以下的儿童中，至少有 3000 万人受到各种情绪障碍和行为问题的困扰，患病呈明显上升趋势。这些儿童的教育与康复权利的维护也要求有更有力的法规保障。

3. 法规缺陷，后果严重。这方面最典型的是《义务教育法》。《义务教育法》是我国教育发展史上的一座里程碑式的重要法律，它及其实施细则的发布对于我国义务教育的发展起到了巨大的作用。但是，它在第十一条规定："父母或者其他监护人必须使适龄的子女或者被监护人按时入学，接受规定年限的义务教育。适龄儿童、少年因疾病或者特殊情况，需要延缓入学或者免予入学的，由儿童、少年的父母或者其他监护人提出申请，经当地人民政府批准。"其实施细则第十二条规定："适龄儿童、少年需免学、缓学的，由其父母或者其他监护人提出申请，经县级以上教育主管部门或者乡级人民政府批准。因身体原因申请免学、缓学的，应当附具县级以上教育主管部门指定的医疗机构的证明。"这里有关"免学"的规定就是通常所说的"依法免学"，那些"依法免学"的儿童不计入当地义务教育普及统计的基数，他们的教育安置、康复训练、职业培训、社会福利等方面的需求没有法律的保障、得不到相应的救济。这种做法的后果是非常严重的，它恰恰排除了那些最最需要特殊照顾的群体，对我国特殊教育的发展产生了严重的负面影响。与此相关，我国一些不发达的地区特殊教育发展缓慢，甚至长期处于空白状态，迄今尚有400多个按规定应该建设特殊学校的县依然没有建校；就连一些社会经济条件比较好、早就完成"两基"、普通教育质量较高的地区，对特殊教育也很忽视，特殊教育事业发展明显与其社会经济及教育发展的总体状况很不相称。

因此，我们在特殊教育法规建设方面应该加大力度、加快速度。我们一定要注意借鉴国际经验，吸收最新科技成果，采纳新的教育理念。在这个方面，英国全纳教育理论与实践的探索，日本完备的法律体系，美国特教的立法精神，韩国振兴特教事业的力度，加拿大责权规定的明晰，都是举世公认的。另外，俄罗斯、丹麦、新加坡等国和我国的香港、台湾地区也有好的做法值得我们借鉴。

在此，我们特别应该特别关注影响广泛而深远的美国特殊教育立法精神，其主要内容是：1. 零拒绝（Zero reject）不管其残疾的类型和程度如何，不能有一个孩子被拒绝在各类学校所提供的合适教育之外。2. 非歧视性评估（Nondiscriminatory evaluation）对特殊需要儿童的评估过程必须是公平的、不带任何歧视性质的。3. 合适程序（Due process）每一个家庭和学校都可以行使宪法所赋予的合适程序的权力。当他们在有关孩子的教育问题上产生分歧的时候，比如家长不同意孩子的教育安置场所，他们可以请求调解或进入诉讼程序。4. 最少受限制的环境（Least restrictive environment）每一个残疾孩子，包括公立学校和私立学校以及其它机构的残疾孩子，必须在最大程度上和非残疾的同伴在一起接受教育。只有当在普通班级各种补偿措施和服务不能取得满意的效果的情况下，孩子才可以被安置到特殊班、特殊学校或其他隔离性质的机构。5. 个别化教育计划（Individualized education program）为每一个接受特殊教育和相关服务的残疾人提供一份书面的个别化教育计划。在法律的实施细则中，详细规定了个别化教育计划的范围、内容、参与人员、设计程序等有关内容。

在修订、完善法规方面，近期应该修订、完善的法规应该有《教育法》、《义务教育法》、《残疾人保障法》、《未成年人保护法》、《残疾人教育条例》、《特殊教育学校暂行规程》等。从第二届中国特殊教育与康复论坛上，我们欣喜地得知，有关部门已经将《义务教育法》、《残疾人保障法》、《未成年人保护法》列入修订日程，我们各类有特殊需要的儿童教育权利有望得到更有效的维护。

与此同时，我们应该以"三个代表"重要思想和科学发展观为指导，从维护人权、保障社会公正、促进和谐社会形成、实现教育平等的高度，根据宪法、教育法等法律，加快研究、制定新的综合性的《特殊教育法》或《特殊需要儿童权利保障法》及其配套法规，并重视法律实施细则及其它法规及行政文件的修订和制订，其目标应该达到：以各类有特殊需要的学生为对象，从政府支持行动准则的确立、管理体制的理顺到学校机构的建设规范、家庭社区的协同配合，从各类学生检测分类的科学性、早期评估和干预的可行性、教育安置的合理性、康复训练的有效性、职业培训的系统性、家庭—学校—社会转衔的平稳性到全纳教育课程开发的丰富性、多样性和教育教学措施的针对性，从经费投入的确定性、设施设备的实用性、资源利用与开拓的策略性、社会福利的体制性到师资培养培训的规范性等诸多方面，都作出科学、系统、完整、具体、可操作、可评估、可监测的规定，从而建立起完善的保障特殊需要儿童权利的法规体系。

除法律修订和制定外，我们一定要加大执法督查的力度，以使法规的内容真正得到贯彻，切实维护和促进特殊需要儿童的权利，推动我国全纳教育的进程，开创我国教育事业发展的新局面。

参考文献

1. 昝飞、刘春玲：中日特殊教育比较与思考，《中国特殊教育》2001 年第 1 期。
2. 郝晓岑：我国特殊教育法制建设的回顾与反思，《中国特殊教育》2003 年第 6 期。
3. 汪海萍：美国特殊教育印象及其思考，《中国特殊教育》2004 年第 1 期。
4. 肖非：美国特殊教育立法的发展——历史的视角，《中国特殊教育》2004 年第 3 期。
5. 王文宝：随班就读工作支持保障体系试验工作调研——以河南省为例，《中国特殊教育》2004 年第 8 期。
6. 苏雪云：加拿大特殊教育立法与实践，《中国特殊教育》2004 年第 12 期。
7. 陈云英等译：全纳教育共享手册，华夏出版社，2004 年。
8. 陈云英等著：中国特殊教育学基础，教育科学出版社，2004 年。
9. 中国特殊需要在线 www. specialneeds. org. cn ，www. cosn. net
10. 教育部 www. moe. edu. cn
11. 人民网 www. people. com. cn
12. 新华网 www. xinhuanet. com

中国全纳教育理念的适用与运作

中央教育科学研究所　储朝晖

兴起于20世纪90年代的全纳教育逐渐在理论与实践方面受到越来越多的人关注，然而由于对这一理念的诠释各异，对这一理念的适用未能明晰边界，对这一理念的运作缺乏全方位、深层次的探讨，以至在实施中遇到各种问题。为解决这些问题，本文以中国教育的实际情况为背景围绕这三点加以讨论。

一、全纳教育理念辨析

要准确理解全纳教育理念，首先要弄清这一理念的源头。一般论者将1990年的“世界全民教育大会”作为全纳教育理念的缠身的预备，1994年联合国世界特殊教育会议于西班牙的萨拉曼卡市举行所公布的《萨拉曼卡宣言》(Salamanca Statement)作为明确提出“全纳教育”(Inclusive Education)的思想开端。该宣言的要点如下：

1. 每个儿童都有接受教育的基本权利，我们必须为他们提供学习机会，让他们达到一个可以接受的知识水平，并维持学习素质；
2. 每个儿童都有自己的特质、兴趣、能力及学习需要；
3. 设计和实施教育制度的同时，必须考虑这些儿童的多元化特质及需要；
4. 设立具有同合取向的常规学校，是消除歧视、创造和谐社区、建立包容的社会及达至全民教育的最有效途径。这些学校能为大多数儿童提供有效的教育，最终能改善整个教育制度的成本效益。

准确地说这一理念在中国有着久远的根基，孔子所说的“有教无类”，陶行知所倡导的“爱满天下”、“全民教育(education for all)”，“来者不拒，不来者送上门去”，以及他看到有特殊才能的穷孩子“因没有得到培养的机会而枯萎了”，“阔人们”挑选难童作干儿子时“麻子不要，癞痢不要，缺嘴不要”，并当着孩子的面羞辱他们，而产生创办育才学校的动机①。这些都是当时没有用“全纳”一词表述的“全纳教育”理念，并且从中可以看出不能“全纳”的原因自古即主要由于经济、社会地位、智能三大差异造成。

所以对全纳教育理念的理解不应只是对文字概念的解析，而应结合现实教育实践中亟待解决的实际问题加以理解。依据本人在20余省进行的教育田野调查显示，自20世纪80年代实行开放政策后，学生的家庭背景（贫富、社会地位）差距拉大，教师因学生的性别、成绩、智力、性格、体形、家庭背景等而对学生区别对待的情形越来越严重；另一方面计划经济体制所遗留下的教育资源分配严重失衡，重点学校与非重点学校之间的差距有增无减。在这样的实践背景下，所谓“全纳教育”，就不应只是针对特殊儿童的，不应仅仅理解为将残疾或有特殊教育需要的儿童安排到主流学校中，实施“一体化”教育，也不应简单、机械地认为全纳教育就是要所有儿童都应在相同的学校中学习，而应是指教育应当满足所有儿童的需求，每一所普通学校必须有责任和条件接收服务区内的所有儿童入学，并无条件地为这些儿童都能受到自身发展所需的教育提供保障。

这样的理解也与世界其他国家对全纳教育的理解相一致，如英国的托尼·布思认为：“对于全纳教育，我认为它是一个过程，是促进学生参与就近学校的文化、课程、社区活动和减少学生被排斥的过程。”“全纳教育的研究不仅仅是特殊教育，它远远超出了特殊教育的范畴。全纳教育的思想是要进行普通教育的全面改革。”②

由此看来，全纳教育的核心理念应是：教育权利平等、教育场景共同和个体发展多样化。平等即要求取消公立基础学校的等级，消除教育当中的城乡、地区、阶层、民族、性别差距，实现教育机会均等；教育场景共同即要求不分特殊学校与普通学校，个体发展多样化要求学校要根据学生不同的需求进行教学，实现教育过程均等。

二、全纳教育理念的适用

依据前文的理解方式，全纳教育理念适用于所有学校，所有儿童。这是一条基本的底线，是没有什么问题的。然而仅仅理解到这一层面又是较为肤浅的。因为现实社会中在不同学校，不同学生身上，对全纳教育理念需求的程度不同，一个没有明确针对性的理念的提出是没有多大意义的。全纳教育理念的提出必须有明确的针对性，针对那些还未能做到全纳的实际人群。在这样的基础上，有必要讨论全纳教育理念的适用问题。

在实践上，中国全纳教育较早的直接适用范围是特殊教育，特殊教育也是世界其他国

① 陶行知：《育才学校创办旨趣》，《陶行知全集》第四卷，四川教育出版社，1991：第453—454页。

② 黄志成：《全纳教育之研究——访英国全纳教育专家托尼·布思》，《全球教育展望》2001，(2).

家实施全纳教育的重要范围。2000年7月24—28日在英国曼彻斯特大学召开的第五届国际特殊教育大会明确将“容纳被排斥者”作为主题,其主要关注对象仍然是残疾人以及在目前由于各种原因具有学习障碍的人。无疑,在相当长的时期里,特殊教育仍然是全纳教育适用并需特别关注的范围。

而在中国教育实践当中,与全纳教育理念直接相冲突的至少还应包括两个数目极为庞大的群体,一个是因贫困不能入学的群体,这种群体在本人曾调查过的一些地区竟高达70%,因贫困不能入学当中的“贫困”应是一个相对贫困的概念,比如:进城打工者的子弟交不起城市学校的学费,也属于因贫困不能入学的群体。另一个是虽已入学但由于各种原因没有得到适当发展的人的群体,这一群体包括两个类型:一种是传统意义上的“差生”、“后进生”、“学困生”、“厌学生”,他们在名义上是这个学校的一员,但实际上他们被排斥在学校的课程、氛围和教学目标、教学过程之外,很难对学校产生归属感;另一种是被不恰当的教育教学理念、方式方法、程序摧毁了的天才儿童,这种教育使天才儿童归于平庸,这两种情况都是教育没有较好地满足学生个体发展的需要,都应列为全纳教育所应关注和解决的问题范围。

造成第一个群体产生的主要社会原因是学校外部,主要通过强调所有儿童和青少年都享有均等的受教育的权利,采用政府资助以及社会救助的方式来解决。

造成第二个群体产生的主要原因是学校内部的教育教学观念、教育教学目标、课程设置、教育教学方式方法与教育教学过程。具体到中国来讲主要是单一追求应试的教育所造成。由于这是一个复杂的教育理论与社会实践相交织的问题,不可能依赖全纳教育来解决这一问题,从而导致全纳教育理念的主题泛化;而只能从社会各方面去解决问题从而为全纳教育的实施提供更为合适的条件。

上述分析显示,在中国开展全纳教育必须明确主要适用对象才会产生良好的效果,目前中国急需全纳教育理念予以关照的主要适用对象是特殊教育接收者、因贫困失学者、未得到适当发展的学生群体。

三、全纳教育的运作

全纳教育具体实施中的最大难点在于如何在“全纳”的前提下进行多样化的教育,如何促进有着较大差异的不同学生都能积极有效参与。国外的实验研究也凸显出在以社会正义、平等、全纳作为教育政策与实践中心、改善教育教学质量之间的矛盾①,有人将这一

① Julie Allan. Productive pedagogies and the challenge of inclusion [J]. British Journal of Special Education. Vol. 30. No. 4. Dec. 2003. pp175—178.

难点归结为三大挑战①:(一)对教育体制的挑战,主张普通学校转变其职能,要接纳所有的学生,特别是有特殊教育需求的学生,重构后的普通教育体制,把每一个人都看成是独特的,因而每一个人也就不特殊了,所有的人都能在就近的学校里接受他们所需要的教育。(二)对教育实践的挑战,就是用教育实践的平等与多样化来取代同一性和统一性,教育就是要以平等的方式满足人们的不同需求,必须要有多样化的课程、教学和评价来加以落实,以满足学生的各种不同的需求。(三)对教育观念的挑战,反对排斥和歧视,满足所有儿童的不同需求,教育不是要筛选人,而是要培养人,尽一切可能满足学生的不同教育需求。以上三个方面都涉及到全纳教育的运作,全纳教育在运作层面的核心理念可用陶行知曾强调的"在立足点求平等,于出头处争自由"归纳。在中国,全纳教育的运作存在以下实际问题:

首先要解决的是全纳教育与普及教育的衔接问题。普及九年制义务教育作为中国上世纪后20年的攻坚任务,现在除西藏等少数省、区、县尚未达到普及目标,或普及不巩固外,多数地区还是基本实现了普及。但是,普及不等于全纳,全纳教育在运作中由不能完全脱离普及教育,而应将普及当作其必要且现实的基础,没有普及的全纳是空洞的,只能将全纳教育当作普及教育在更高水平、更深层次上的质量提升。

其次是在实施中是选择教育当事人的自主,还是选择强制推行。无疑,选择强制推行是一种更"高效"的方式,也是普及教育所采取的方式,然而这种方式可否搬用于全纳教育,这是值得商讨的。深圳等地的一些以全纳冠名的学校出现的儿童入学难、教育难便是"强制"推行的后果。全纳教育是一种较普及教育而言需要更完备的条件、更多的心理自主空间、更亲密的师生交往等更高质量的教育,因此它本身应是在相关条件成熟基础上的受教育者、学校等各方自主选择相互接纳的结果,教育研究与行政部门所可能做的是理念的引导与必备条件的提供,不宜强制推行,不宜以全纳教育的某种方式是否推行作为衡量某一地区教育先进或落后的依据,在全纳教育学校尚不能妥善安排与教育好特殊教育对象时,不宜盲目撤并原有的特殊教育学校,更不宜将不具备全纳教育能力与功能的学校或班级随意挂上全纳学校或班级的牌子,不宜强行要求他们接受需要目前的特殊教育的学生,或强行要求家长送孩子到这种学校。

其三,全纳教育的实施所要变革的是普通教育,还是特殊教育,或是两者同时变革。其中关键在于如何通过可操作的方式保证有效地满足学生的不同需求。在中国,全纳教育的思想已逐渐被接受并正在实施,但如何实施,现今在教育理念层面并没有很好地解决这一问题。站到一个相对较高的层面来看全纳教育的实践,简而言之,就是要建立一种对各种各类学生都能加以识别与判断,并依据其特定时期的具体情况来发现和解决其问题,

① 黄志成:《全纳教育带来三大挑战》,《上海教育》2003年第2期。

促进其发展的具有对个性多样化高度容纳性的教育实体。它实际上是通过提高整个教育的可包容性来包容以前从普通教育中分化出来的特殊教育功能,用个体自主的评价标准替代全体一致的评价标准来评定个体的发展,促进个体的发展。这种提高应是对整个教育的一次根本性改造,而不只是改造特殊学校,也不只是改造几所将合并特殊学校的普通学校,而是要改造整个的教育观念与系统,对这样的改造不能过于急躁,要有长远规划,循序渐进。

其四,全纳教育的实施模式是寻求一致还是多样化。从理论上讲,全纳就不应是单一的,而应是包括非正规和非正式,可以是"随班就读",可以在普通学校中建立"unit",可以在同一个校园里依据学生的能力水平、需要层次与类型、兴趣类别建立多样化的班级,可以专门为有特殊需要的学生提供服务和帮助,可以依据当时当地的人文与地理环境创新出独特的模式,哪种形式能最佳、最大限度地满足个体的发展需要就采取哪种方式,或多种方式。由于个体特征的多样性,全纳教育必然要求开展多样化的教学。

其五,全纳教育实施中的质量与效益关系。全纳教育若只考虑到对所有学生关注的目标,在实施中就缺乏久远的动力,还应实现对所有学生的发展及时有效目标,达到促成更多学生成功与自我实现的目标。所有的儿童进入相同的学校是否可能或值得?怎样评价全纳教育的效益?以个体为分母还是以全体为分母或是兼而为分母?全纳教育是否有益于学校中的每一个儿童?为了确定优先发展的方面,教育制度怎样来评价其工作?全纳教育是否有助于提高生活质量?对于这一系列的问题都应有一个恰当的处置,才能使全纳教育从理论上的可能变为现实中的可能,才不会使"跟班就读"变成"跟班就坐"、"跟班混读"。

综上所述,全纳教育的运作必须依据可行、有效、渐进、多样化、当事人自主选择、效益与质量并重、过程及各个方面衔接顺妥的原则。在整个运作过程中,始终应当将能否有效地满足学生自主产生的不同需求作为处理各种矛盾与问题的最高准则。

以“生活质量”为导向的支持性教育*

北京联合大学特殊教育学院　许家成

自20世纪50年代以来，特殊教育理念从“正常化”(normalization)、“回归主流”(mainstreaming)、“融合教育”(integration)到20世纪末的“全纳教育”(inclusion)，这些理念引导国际特殊教育从传统的、隔离的特殊教育走向开放、现代的特殊教育。也正是在这些理念的影响下，我国特殊教育从20世纪80年代以前单一的特殊教育学校办学体制发展到今天以特殊教育学校为龙头、特殊教育班级为骨干，大量随班就读的格局。

在我国特殊教育现代化进程中起到重要作用的随班就读，如何提高自己的教育教学质量，成为我国进入新世纪面临的一个重要课题。一种新的提法或思考有助于我们深入地讨论这一课题，这就是“生活质量”(quality of life)的观点。我们运用这一观点探究一种新的特殊教育实践方式——“支持性教育”。

一、支持性教育的理念

所谓支持是指一些资源与策略，可以增进一个人(不论残障与否)的利益，帮助他从整合的工作与生活环境中获得资源、信息和关系，进而使一个人的独立性、生产性、社区整合性与满足感都得到提高。(Robert L. Schalock 2000)“支持”(support)成为现代特殊教育领域的核心概念之一，支持的最终目的在于提高一个人的生活质量。

1. 支持是资源：针对教育而言，支持涉及的资源不仅包括物质性的东西，如学校的物理环境、设施、设备、教具、学具和各种辅具，还包括信息，例如以现代计算机技术为代表的网络资源成为现代教育资源的重要组分，与此同时，各种社会公共关系、人际关系也是构成教育资源的重要部分。支持性教育将建立在丰富资源之上，并将充分利用这些资源有

* 本文为全国教育科学十五规划(教育部重点)课题《我国特殊教育社区化问题研究》的理论部分。

效改善儿童的教育效果。

2. 支持是策略：支持教育要建立一套有效的教育策略及其系统，这种策略或策略系统在于尽其可能调动学生的个人潜能和自主性、能动性，因此支持是一个积极的助人过程和方法，其显著特点在于“支持”本身是“递减”过程，与其相对应的是，支持使一个人的内力“递增”，最终使学生减少对支持的依赖，甚至达到不再需要外力的程度。

3. 支持是关系：支持在于帮助一个人在一个整合的环境中获得资源、策略和关系。支持性教育需要一个整合的教育环境，在现实社会条件下，而非隔离的环境中进行教育。因此，支持性教育发生在正常的学校、家庭和社区中。

广义的支持概念可以针对所有人群，但是我们更加关注对弱势群体，例如对残疾或有特殊教育需求儿童的“支持”。支持的观念也全面地涉及到一个人的各个方面，包括“支持性生活”、“支持性教育”和“支持性生活”。而本文将着重讨论“支持性教育”。

二、支持性教育的成果取向

特殊教育长期以来重视过程，但是支持性教育强调成果。有效的教育是有成果的教育。

1. 支持性教育重视提高学生独立性

独立性是人的本质属性之一（我们将在社区参与中涉及到人的社会性问题），因此也是教育目的所在。然而并非所有的教育实践都有助于提高一个人的独立性，不良教育（反教育）可能压抑人的独立性。例如某些不够科学的特殊教育不但没有增强而是弱化了残疾人的独立性。

2. 支持性教育培养学生生产能力

支持性教育认为社会适应能力、就业竞争力和有效率的生活是一个人生产力的客观展现。支持性教育将增进一个人，尤其是一个弱者（如残疾人）在日常社会生活实践中显著地改善了自己的基本能力、活动和功能，从而具有生产力。

3. 支持性教育鼓励学生平等参与社会生活

支持性教育在于促进一个人的社区融合，帮助一个人融入自己所生活的社会环境，建立积极的人际关系。教育过程也就是一个人社会化的过程，教会一个人如何与他人相处，适应周遭的环境。支持性教育不仅关注受教育者融入社区，参与社区活动，更注重将一个人扮演成功的社会角色视为自己的教育成效。

4. 支持性教育着眼于提高学生的满意度

满意度是一个主观性很强但十分实在的一个指标。它是上述三个方面累计效应的体现，是一个人对自己一生遭遇的感受。当一个人对自己的生活历程做综合评价时，感到自己的生活与预期（生活理想）大体一致，他会因此感到满意、愉快和幸福。反之就会有相应的失败或挫折感。支持性教育将透过支持使人具有积极的自我观念和健康心态，容忍挫折、获得成功。提升一个人的满意度可以视为支持性教育最终成效。

三、支持性教育的特征

1. 支持性教育更加重视个别化教育

支持性教育倡导以个人为中心的教育计划（personal central plan，简称 PCP）。PCP 与个别化教育计划 IEP（Individualized Educational Plan）比较，前者比后者更加强调教育必须适合个人的需求和个人特点，随时关注一个人自主的、新的发展。支持性教育从一个人的生命进程中寻求自己的教育思路。

2. 支持性教育更重视人自身的愿望

支持性教育尽最大努力协助一个人实现自己的人生梦想，而不是脱离当事人的内在愿望去规划他的生活道路。基于这种前提，支持性教育认为弱势人群同样有自己的生活理想和追求，支持性教育的目的就在于支持弱势个体去实现自己的生活理想。

3. 支持性教育尊重受教育者个人

支持性教育主张由特殊教育需求的儿童得到他人了解、尊重，充分发挥这些儿童自己的潜力和个人优点。通过有效地支持充分发挥个人的能力和长处，使一个人在社会生活中更主动、积极和幸福。

4. 支持性教育十分强调家长参与

支持性教育一方面体现儿童和家庭的权益受到尊重，同时家长将成为特殊教育最有成效的支持来源和长期稳定的支持系统。学校、教师和家长的合作，使得教育更富成效。

5. 支持性教育建立在整合的社区基础上

社区是一个人赖以生存的社会基础。支持性教育强调弱势群体与所有的常人一样具有同样标准的生活质量，与所有正常的人一样在同一文化背景下参与社区生活、完成从婴幼儿到青少年期的早期干预、义务教育和职业康复，从成人期的社区独立生活能力到支持性就业的生涯发展。支持性教育认为必须开发在社区中的许多自然支持和社会支持的资源，协助弱势人群或个体实现自己的生涯发展。

从支持性教育的特征可以看出，支持性教育是一种更重视人的内在价值和社会环境协调的新特殊教育观念。

四、从“随班就读”走向支持性教育

1. “随班就读”是“支持性教育”产生的基础

“随班就读”是指的是将有特殊教育需求的儿童安置在正常班级中接受特殊教育。随班就读是我国特殊教育与普通教育融合的初级阶段，面临着提高和发展的问题。

回顾我国随班就读的发展历程，从诸多推动随班就读工作的理由中，我们“提炼”出两个居于主导位置的理由。第一是“安置性”理由。开展随班就读的初衷是解决特殊儿童入学的问题，尤其是适合欠发达地区、农村和边远地区提高残疾儿童的入学率，降低教育经济成本。第二是“教育性”理由。有相当多的人认为随班就读教育效果比在隔离机构（或特殊教育学校）的条件下更好，更有利于学生发展。我国的发达地区，例如北京、山东、辽宁、江苏以及上海等地区，开展随班就读的主导动机是追求教育理念的先进性，教育经济成本或其他理由则放在比较次要的位置。北京市现有随班就读学生4000余人，分布在900多所中、小学，3000多个班级中。随班就读人数占全市残疾儿童少年入学总数的60%多。随班就读成为我国特殊教育安置的主要形式。

2. 支持性教育探索提高随班就读教育质量

我国十多年的随班就读经历了从数量发展到质量发展的阶段。提高随班就读的教育教学质量成为今天的重要议题。随班就读面临着从教育观念、教育机制到教学结构整体调整。这种调整同时也涉及基础教育的方方面面。我们正是在这种背景下探索如何从随班就读走向“支持性教育”的理论与实践方式。

五、“支持性教育”的实践形态

（一）学校本位的弹性教育安置形式

顾名思义，所谓“随班就读”是一种班级本位的、班自足式的教育。班主任教师在相当程度上承担了随班就读的主要任务，同时肩负着全体学生的教育任务。随班就读缺乏相关的支持系统，在课程建设、教育教学策略、方法和评估等方面还有待于进一步完善。目前概念下的随班就读虽然能“安置”有特殊教育需求的儿童，但的确难以有效地教育有着显著个别差异的学生。与班级本位的“随班就读”相比较，支持性教育是学校本位的，由学校建立支持性教育的机制，有效地支持各个班级中的学生教育。

1. 建立弹性安置系统：将学生安置在一个适合其心身发展和学习的班级，并根据实际需要，在学校范围内做班级间、年级间的必要调整。在随班就读的条件下，学生的教育安置局限在一个班级内，可以做弹性安置可能性极小。而支持性教育可以将一个学生安置在一个与其社会化程度要求一致的班级,但他可以到另外的班级学习语文,或到低一年级学习数学等等。

2. 建立资源教室或中心:过去的随班就读学校的教学资源主要来自教师个人,而支持性教育主张建立一个覆盖全校的资源中心,为随班教师提高教学资源和策略方面的支持。并与班主任与其他教师、家长共同制定个别化教育计划、实施个别补救教学等等。

3. 正常班级中的差异性教育:在弹性安置的体制中,有显著个别差异学生的教育主要依托班级。在班级的集体教学中实现差异性教育。差异性教学主要是依据个别化教育计划提出的教育目标和内容,在群体中,如团体教学和小组教学中实现多种机制的教学。我们也可以依据个别化教育计划在其他班级或采用其他教学形式来完成教学活动,还可以在资源教室安排一对一的个别补救教学。

(二)建立教育教学的支持系统

随班就读的学科教学模式导致缺乏教师协作教学机制。支持性教育在教育教学过程中以多种方式建立教学互动机制。

1. 在课程的层次上:支持性教育利用新课程提供的综合课程平台建立学科间的支持机制。将一个学生的个别化教育计划融入到综合课程中,实现在几个相关学科共同来实现这些教学目标。支持性教育重视校本课程的开发和使用。对于一些学科课程不能满足其教育需求的学生可以通过校本课程来规划学习的内容。支持性教育重视潜在课程的作用,主张在学科课程和校本课程以外,以各种有效的方式,如校园文化、社区活动、家庭生活等为学生提供适合的教学内容。

2. 教学方式上:支持性教育积极倡导协同教学,实现教师间的相互支持。课堂教学上,主教和助教的配合、学科间的协同;课堂与课外活动的相互充实、普通教室和资源教室之间的相互支持。

3. 在学生层次上:随班就读由于配合正常班级的学科教学计划和要求,采取了以教为主导机制,使学生的学习从属与教师的教学。而支持性教育根据现代教育心理学和教学观,在教与学的关系上,强调"学"是更为本质,所有的"教"应该配合学生的学习。以学生学习为主导,教师遵循学生的认知发展阶段、学生的兴趣、动机状态和学习风格,采用指导、辅导和协助促进学生学习活动,这是支持性教育在学与教的活动中的体现出来的本质特征。

4. 多专业整合:支持性教育不仅可以为学生提供社会学习、合作学习的机会,例如课堂上,学生可以有观察、模仿和示范等多种社会学习的机会,"小先生"等重要机制,而且在此基础上可以调动更多的教学资源和专业资源,如对需要的学生提供学习辅具、相关服务和专业治疗等,用更多的途径来帮助学生达成教育教学目标或实现相同的功能。

（三）建立正向行为支持系统

发展性障碍儿童存在着各种各样的行为问题，是随班就读面对的一个难题，如何有效地解决这些所谓的挑战行为，支持性教育主张建立三个水平的正向行为支持系统。

1. 建立学校的正向行为支持系统：学校的正向行为支持系统在于将原来意义上的限制性或惩罚性的纪律演变成对积极行为的期许。这样的纪律（倡导的行为准则）被认为是在所有环境中让所有教师和学生获得成功的工具。整个学校营造了一个积极向上的气氛，用一种持续、积极的纪律系统代替惩罚性的纪律系统，结果导致持续面向所有学生的正向行为支持系统。

2. 在班级水平上的行为支持：在班级中建立积极的增强性背景，让学生的良性行为在这种背景中得到积极的肯定与强化，问题行为得不到赞许，并利用好的行为替代问题行为。在建立教室的正向行为支持系统时，目标将扩展并支持学校范围的系统，以便学生能够成功地适应有关课程的、教学风格的、教室常规和环境方面的各种变化，学校、教室管理系统的一致性有利于增进学生、职员和家长之间的沟通与默契；增加所有环境中的人员在行为管理中一致性，最终目标在于增进学生、教师、相关人员和家长的预期性。

3. 建立个人水平的行为支持：针对有行为问题的学生，进行行为功能分析，用良性行为替代问题行为的功能。个别行为支持在积极的教室环境和适当的学校支持系统中将变得更为有效。在理解与合作态度的条件下，个人支持方案将得到最佳实施。个别学生的正向行为支持包括：（1）指导和教会学生使用新的技能取代问题行为，（2）做一些预先的环境安排来预防问题行为和阻止不希望的行为得到鼓励。（3）对过程进行监督与评估，并对计划进行必要的再检验。在一些情景中，支持计划也应该包括一些应急的措施以确保安全和快速脱离严重的危险情景（这是对一些危及学生和目标行为必须要求的）。

（四）建立家庭、社区支持系统

建立家庭和社区的支持系统是支持性教育不可缺少的环节，它实现了校内外教育的有机整合。

1. 建立家庭及相关自然支持系统：自然支持系统是指在整合的环境中开发出的自然支持方式。这些支持来自家庭的成员、邻居、朋友和亲戚等。他们的支持功能是多方面的，从日常社会生活到学习、就业等，是支持系统中持续和最为实用的因素。

2. 建立社会支持系统：社会支持系统包括社区中的政府、公益机构、医院、商店以及社工人员和专业人员。他们可以提供法律、政策、专业和非专业的支持与相关服务。

六、结　语

随班就读走向以“生活质量”为导向的支持性教育是我国现代特殊教育发展的一种进程。我们期望从20世纪80年代开始的我国特殊教育现代化进程,经历了“正常化”、“回归主流”、“融合教育”和“全纳教育”理念的探究,在21世纪初能通过支持性教育寻求一种更切合中国国情的新思路和新实践。

参考资料

1. 许家成:《试论大特殊教育》,中国特殊教育,1998年第2期。
2. 许家成:《智力障碍定义的新演化》,中国特殊教育,2003年第4期。
3. 北京宣武区教委:《小学随班就读个别化教育计划汇编》,2000年第9期。
4. 陈云英、华国栋:《特殊儿童的随班就读试验》,教育科学出版社,1999年。
5. Sidney W Bijou. *New Directions in Behavior Development* Context Press 1996年。
6. 许家成:《中国智力障碍者生活质量研究》,中国特殊教育,2004年第8期。
7. Robert L. Schalock. A Cross-Cultural Study of QOL Indicators Journey of AAMR, 2004年第8期。

国家与儿童:社会转型期中国儿童福利的理论与政策框架

北京大学卫生政策与管理系　刘继同

一、社会结构转型与困境儿童议题

中国正处于社会结构转型和社会现代化时期,结构性关系、总体制度框架设计和政策模式选择议题尤为紧迫。改革开放以来,中国社会进入史无前例的社会结构转型时期,社会环境、社会面貌、社会结构和社会生活发生翻天覆地的变化,深刻影响、改变人们的价值观念、生活方式和生活状况。社会结构转型与现代化是高不确定性、高结构性紧张和新旧体制交替更迭的高风险时期,社会生活中形形色色结构性、体制性和社会性矛盾日趋尖锐,社会不稳定因素急剧增多。如何推进制度创新和体制创新,实现结构均衡,顺利平稳渡过社会结构转型的高风险时期,这是政治精英和社会管理者面临的严峻挑战。社会转型呼唤现代化社会稳定与发展机制①。总体制度框架设计、制度运作机制创新与社会政策模式选择显得尤为紧迫重要,至关重要。与此同时,社会结构转型与社会现代化是一个社会利益重组和结构化社会关系调整的时期,新旧交替、千头万绪、百废待兴、错综复杂,总体制度框架设计与政策模式选择尤为重要,如何统筹规划、高瞻远瞩,充分利用人类社会发展的辉煌成就、宝贵历史经验和政策工具,洋为中用、古为今用,站在长远战略的高度,科学合理地整体设计未来的制度框架和政策框架,同样是至关重要和举足轻重的。因为越是社会结构转型、社会制度创新与社会动荡不安时,越是在社会大转变,制度大变革,结构大变迁和矛盾大暴露的时期,就越需要整体制度设计。

在社会结构转型和社会现代化过程中,中国的困境儿童和儿童福利议题尤为突出,处于公共政策和社会政策议程的中心位置,其战略性和基础性地位怎么样估计都不会过高。

---

① 刘继同:高风险社会的管理与四大社会稳定机制。长沙:湖南社会科学,2005年第1期。

改革开放以来,伴随社会结构分化程度提高,社会流动速度加快,社会分层与不平等加剧,大量进城务工农民和流动人口产生亿万流动儿童群体,形成世界上罕见的"流动儿童问题",特别是家庭功能结构角色变化和婚姻稳定性下降,婚姻自由度提高和两性关系开放性提高,城乡各类"困境儿童"大量涌现,例如弃婴、孤儿、残疾儿童、流浪儿童、贫困地区的儿童、少数民族儿童、女童、寄养儿童、艾滋病孤儿、犯罪家庭儿童、自闭症儿童和童工等,这些困境儿童和正常儿童一起,构成了格外突出的儿童发展、儿童保护和儿童福利问题。形形色色和异常严峻的儿童问题已经成为各地公共政策和社会政策议程中头等重要的议题。

二、国家与儿童的关系:儿童福利理论与政策的历史演变

国家与儿童关系经历漫长曲折发展过程。英国的国家与儿童关系基本可以划分为前工业革命时期、1601年济贫法到1870年教育法、1870—1950年英国宣布进入"福利国家"时代、1950—至今全球性的联合国儿童基金会时代。这几个阶段的划分主要是依据英国,同时参考美国和联合国儿童基金会的历史发展情况确定的。英国既是世界上首个工业化国家,又是世界上首个福利国家,还是世界上首个儿童福利国家,所以英国儿童福利价值观念、政策框架、服务体系和制度安排最具代表性,堪称典型案例。国家与儿童的关系是现代社会福利制度的历史产物,儿童福利是社会福利制度框架与社会福利政策体系最核心组成部分,是衡量社会福利现代化程度和社会文明状况的最佳指标体系。每个时代的历史背景与社会环境,儿童问题的社会价值观念与社会态度,儿童主要问题与儿童基本需要,国家角色与儿童福利政策,儿童福利服务领域与范围,儿童福利服务组织与工作机构,儿童福利服务经费与资金来源,儿童福利理论发展与儿童法律保护框架均有所不同,充分反映国家与儿童关系模式的不断发展变化,关系范围不断扩大,关系内容不断充实丰富,关系性质不断变化和日趋明确集中。儿童福利理论体系与儿童福利政策框架日趋完善状况,反映国家将儿童确定为依赖群体,将儿童纳入社会保护和为儿童提供全面照顾服务的过程,为理解儿童议题、儿童发展、儿童需要、儿童福利理论、儿童福利服务、儿童与社会的关系,为观察理解儿童福利理论体系的历史变迁轨迹,描述分析儿童福利政策框架的结构功能和儿童生活状况提供了理论视角,为开展儿童福利理论和儿童福利政策的国际比较研究提供了标准,为设计社会转型期中国的儿童福利政策框架和儿童福利服务体系提供了国际经验和参考借鉴。

人类社会诞生到前工业化革命时期,是国家与儿童关系议题孕育、萌芽和发展的初级阶段,儿童在家庭与社会生活中的优先地位、儿童的依赖性质和接受监护保护的状态、国家与社会有责任确保儿童身心健康成长等儿童福利基础理论、政策观念已经形成,国家与

儿童关系已经具有社会涵义，奠定近代国家与儿童关系框架的雏形，成为西方文明智慧重要部分。人类社会诞生以来，特别是在私有制、阶级压迫和家庭生活的奴隶社会与封建社会，原始落后的经济发展状况和物质财富匮乏的生活环境，宗教信仰的盛行和频繁的军事征服，自然决定儿童的生存发展状况不容乐观。纵使在古希腊罗马城邦国家繁荣鼎盛的黄金时代和中世纪黑暗时代，人们关于儿童问题的社会价值观念与社会态度是正面积极的，儿童是典型的依赖群体，是心智和体质发育不全的人群，应该受到监护和保护，儿童是国家的财富，代表国家的未来和民族的希望，是国家最大的政治资产和最宝贵财富。前工业革命时期儿童面临的主要问题是，最基本的日常生活条件和安全稳定的家庭生活环境，安全分娩、婴儿护理、营养食品、体质发育、健康照顾、基础教育和家庭生活等所有领域都存在诸多重大问题，儿童生存发展环境恶劣，缺乏安全有效的儿童福利服务和社会保护体系。古希腊罗马城邦国家已经承担法定监护人和社会保护人的角色，主要通过颁布法律法规和实施公民权政策保护儿童利益，儿童福利政策领域主要局限于基础教育和公民身份地位确定。儿童福利领域主要是基础教育，儿童福利对象和服务范围均比较狭窄，只有少数人能够享受。古希腊罗马城邦国家时代儿童福利服务组织主要是国家职能机构，中世纪黑暗时代主要是基督教会和地方社区组织，而且也没有专门为儿童服务的机构，已有庇护所都是综合性质的。政府承担的儿童福利经费少之又少，除基础教育外基本没有经费，而且经费来源不稳定多样。前工业革命时期的儿童福利理论是非常薄弱稀少的，儿童问题尚未成为独立和重要的问题，儿童问题并未纳入古希腊罗马城邦国家和中世纪封建领主的公共政策和社会福利政策议程，但是儿童福利思想已孕育萌芽，儿童法律保护框架与服务体系已依稀可见并初见端倪与轮廓，而且济贫法时代到十九世纪末期之前是在比古希腊罗马城邦国家文明更低的基础上起步的。

1601年济贫法颁布实施到1870年教育法颁布实施，这是现代民族主权国家与儿童关系的奠基发展时期，儿童问题首次成为“社会问题”和公共政策议题，儿童成为国家社会保护对象。虽然国家与儿童关系的范围、内容仍然是单薄脆弱十分有限，但发展方向已非常清晰。1601年伊丽莎白一世济贫法颁布实施，是英国乃至人类社会历史上具有划时代意义的重大事件，标志着现代社会救助制度与社会福利制度框架诞生，标志着国家与社会关系框架具有社会意义。换言之，工业化、城市化、社会现代化和翻天覆地的社会结构转型是当时最主要的社会背景；在农民失去土地和成为可自由出卖其劳动的人，工作场所与生活社区发生地理空间位移的背景下，儿童问题掩盖在迅猛增加的人口问题，社会关注的劳动收入和工厂生产组织问题之下，当时社会主流价值观念认为儿童照顾和社会保护应以劳动就业和自食其力的理念为基础的，但是不得使儿童劳动过度，保护儿童是国家责任，儿童福利“天经地义”是由他们父母做主，儿童健康状况与道德教育至关重要、同情儿童处境等观念在19世纪时已非常流行①。这意味各种各样，甚至是针锋相对价值观念并存、相互影响，价值观念与现实状况存在差距。当时儿童面临的主要问题是盛行的学徒契约制度，是工厂大量雇佣童工和恶劣的工作环境，是儿童成为"自由劳动者"，适龄儿童不能接受正规系统教育，儿童身心健康成长困难重重；政府为了履行对儿童的监护和保护，通过积极社会立法和直接庇护服务两种渠道发挥作用，特别是孤儿、教区学徒、贫民医院的儿童、穷人的子女和其他无法定监护人的"自由"儿童，例如1802年英国议会通过《学徒健康及道德条例》，1834年通过的《扫烟囱者及其学徒的加强管理以及烟囱和气道的安全建造条例》等，国家对工厂使用童工等问题进行积极干预；儿童保护服务范围基本分为三类，一是家庭照顾和济贫院中的照顾，二是专门的儿童庇护，三是棉纺织厂童工的保护，服务领域主要是工厂的生活环境，例如限制教区学徒的工作时间，取消童工女工夜班，每年两次粉刷工厂和宿舍，男女儿童分别住宿和基础教育等②；儿童保护服务组织主要有政府的机构（例如教区治安法官），各种民间组织和志愿机构组成；儿童福利和儿童保护尚无专门经费，但是中央、地方政府职能部门已经具有专门的办公经费，民间组织主要靠慈善募捐、公民个人捐赠、教会组织奉献和其他设社会筹款渠道维持生存；有关儿童福利的理论发展和法律保护框架有了显著进步，为随后大发展积累力量，奠定基础。

1870英国首次教育立法到1950年英国宣布建成世界上首个"福利国家"，是国家与儿童关系迅猛发展和逐渐成熟时期，儿童处于国家全面监护保护之下，儿童福利制度形成。1870年以来英国工业革命和社会转型基本完成，自由资本主义向帝国主义过渡，各类社会问题，例如贫困、疾病、污染、犯罪和秩序等暴露无遗，社会矛盾空前激化。十九世纪末期和一次世界大战前后，英国社会价值观念、思想信仰和社会态度发生根本变化，民众对公众事务的关注度显著提高，集体主义、马克思主义、费边社会主义、新自由主义、女性主义和中间道路等新型思想百家争鸣，有关贫困和国民最低生活标准的争论异常激烈，个人福利、集体福利、社会福利、普及性福利和儿童福利等价值观念成为社会共识。③ 儿童面临的主要问题已由童工转变为基础教育、营养不良和医疗卫生服务，良好社会环境，儿童依赖身份和享受国家最高保护的地位明确，各类"困境儿童"处于政策议程的优先领域。政府承担儿童保护责任和儿童福利服务供应义务的基本方式有三：一是成立卫生法、工厂法、国民身体素质恶化和公立小学儿童医疗检查及营养的联合委员会，对相关问题调查研究；二是制定儿童教育法、禁止虐待并保护儿童法（1889）、儿童保护法（1891）、儿童

---

① （英）克拉潘著，姚曾廙译：《现代英国经济史（上卷）》。北京：商务印书馆，1974年，第462、463页。

② 同上。

③ （英）W. H. B. 考特著，方廷钰等译：《简明英国经济史》。北京：商务印书馆，1992年，第312页。

法(1908)等;三是政府直接兴办儿童福利设施,如适龄儿童的免费教育,为儿童提供福利服务①。儿童福利范围空前扩大,几乎覆盖儿童生活所有领域,生育健康、家庭生活和学校服务突出。儿童福利服务主要组织首次由教会、志愿团体转变为政府和公共服务机构,国家福利机构在数量、规模、覆盖范围、服务内容、资金来源和社会影响等诸多方面均已成为儿童福利主体;儿童福利理论体系和儿童保护的法律框架、制度框架、政策框架和服务体系均已基本成熟。

1950英国宣布率先建成世界上首个“福利国家”至今是全球性联合国儿童基金会时代,儿童福利与儿童保护成为世界各国共同的奋斗目标,成为人类文明和社会进步的最高理想。二次世界大战以来,社会问题和民族活动范围超越传统的地理空间,全球性问题和人类“共同需要”显得格外突出,“国际惯例”和人类社会的共同行为规范已具有国际政策意义;战争、屠杀、革命、灾难、贫困和疾病等因素使儿童福利议题格外突出,尤其是发达国家竭尽全力将儿童福利、儿童权利和儿童保护的价值观念向发展中国家传递,弘扬儿童需要、儿童优先和最适合儿童成长的环境是家庭等观念,《儿童权利公约》是代表。儿童面临的主要问题呈现巨大的差异,发达国家的儿童福利是如何完善和更高水平的发展,但发展中国家儿童面临的基本问题众多,从安全分娩、婴幼儿护理、营养食品到基础教育,几乎所有领域都存在问题,儿童生存发展环境恶劣,儿童问题尚未成为政策议程的优先领域。世界各国政府在儿童保护、儿童福利服务领域中扮演角色与发挥作用同样存在巨大的差异,例如中国政府历来高度重视儿童福利工作,大力发展儿童福利事业,1992年国务院批准实施《九十年代中国儿童发展规划纲要》,政府在儿童福利与儿童保护事业中扮演主导性角色。世界各国在儿童福利范围与领域中同样存在巨大的差异,某些国家连基础教育都难以保障,发达国家儿童福利事业则成为社会福利与社会服务体系的核心部分,例如英国建立母婴保健和生育保险服务,为儿童提供免费营养午餐,建立免费基础教育和托儿所等儿童照顾设施,家庭福利、母亲和儿童福利、学校儿童健康和福利,以及残疾儿童的康复服务发达②。儿童福利组织在发达国家与发展中国家均呈现多样化趋势,政府、非营利组织、国际机构、商业机构和宗教组织都积极参与儿童福利事业,例如在华服务的国际NGO达211家③。儿童福利经费来源同样存在巨大的差别,发达国家普遍设有儿童福利专门机构和经费科目,许多发展中国家在经济增长模式情况下,普遍存在儿童福利资金来源缺乏和经费困境状况。儿童福利理论发展和法律保护框架状况同样出现多样化和两极分化趋势,各国间差距明显,生活在不同国家的儿童因为国家、文化、民族、种族、肤色、性别、年

① 丁建定:《从济贫到社会保险》。北京:中国社会科学出版社,2000年,第289页。

② Hall, M. P. (1966), *The Social Services of Modern England.* London: Routledge & Kegan Paul.

③ 北京公旻社会发展研究中心:《200国际NGO在中国》。北京:北京公旻社会发展研究中心,2005年。

龄、家庭、地区和宗教信仰等因素而享受截然不同的生活机会与命运，社会不平等扩大转变为国家间的不平等。

国家与儿童关系发生重大结构变迁，儿童福利理论与政策模式演变呈现出众多普遍规律和发展趋势，为设计儿童福利理论框架和儿童福利政策框架提供重要直接的参考借鉴经验。首先，儿童福利和儿童保护议题是社会结构变迁与社会现代化的历史产物，有其客观必然性，这意味凡是走上工业化、城市化和社会现代化的国家，都将面临儿童和残疾人等福利议题。国家与儿童的关系历史悠久，但其在工业化、城市化和社会现代化过程开始后获得迅猛发展，国家与儿童的关系开始具有社会福利政策涵义，国家与儿童的关系成为人们普遍关注焦点。在社会结构转型过程中，各种"困境儿童"的生活状况和保护议题显得格外尖锐突出①；其次，特定时空处境下的每个社会关于儿童需要、儿童权利和儿童福利的价值观念是不同的，但是欧美对儿童福利和儿童保护已基本形成某种社会共识，儿童福利已成为文化组成部分，发展中国家关于如何看待和对待儿童的价值观念、思维方式、意识形态和社会态度尚存问题；第三，现代民族主权国家在儿童福利、儿童保护中承担义不容辞和不可推托的主要福利责任，国家是儿童主要监护人和保护人，这是婚姻关系和生育制度的社会属性与社会责任决定的，是人口再生产、社会文化传递和社会发展的基本要求，因此儿童福利是衡量文明程度最佳指标；第四，儿童福利与儿童保护范围不断扩大，内容不断增多，水平不断提高，方式日趋多样，儿童福利服务对象也由困境儿童扩大到所有正常儿童，并以正常儿童为最主要的服务对象；第五，儿童福利组织日趋多元化，但是国家是儿童保护服务中最主要和最重要的机构，政府福利责任承担主要通过儿童福利法规、政策框架、直接服务和提供财政资金等方式表达；第六，儿童需要、儿童发展、儿童权利、儿童保护和儿童福利等涉及两性关系和婚姻家庭，涉及国家、市场、社区和家庭的关系，涉及生理学、心理学与社会学等学科，理论渊源深厚。

三、儿童福利的理论基础与理论框架

儿童福利理论渊源深厚、来源广泛，不同学者从不同学科与不同理论角度看待儿童问题，儿童福利的知识基础与理论基础雄厚，为理解儿童问题和儿童福利理论发展奠定坚实基础。私有制、家庭、阶级和国家产生以来，作为"人口、家庭"问题的儿童理论问题就应运而生，经过奴隶社会、封建社会、资本主义社会和社会主义社会形态中不同理论思想的探索研究，人们对儿童状况、儿童发展、儿童需要、儿童地位、儿童角色和儿童问题的理解认识不断深入，形成风格不同的学术传统和理论思想体系，与此同时，不同的学者从不同

① Costin, L. B. (1979), *Child Welfare: Policies and Practice*. New York: McGraw-Hill.

学科的角度观察理解儿童问题，试图探索儿童问题的规律性，例如学者从哲学、法学、历史学、心理学、社会学、人类学和社会工作等学科角度看待儿童，从不同侧面研究儿童问题，探讨儿童与家庭、儿童与国家、儿童与社会等基本社会关系模式。更为重要的是，学者从不同的理论角度观察理解、描述分析儿童发展过程中面临的各种问题，这些理论各有所长，侧重于儿童发展与儿童生活的某个领域，有助于人们理解儿童生活状况。

儿童照顾与儿童福利的国家责任理论。这是儿童福利理论中最古老和最核心理论学说。国家责任理论起源于古希腊罗马社会，发展于工业革命时期，成熟于当代"福利国家"时代。国家责任理论的基本假设和基本学说是，儿童和妇女是心智发育不全的人，无完全行为民事能力，他们需要依赖他人生活并受到保护；儿童需要成年男性的监护和保护，免受侵犯伤害；在父权主义思想下，国家成为行使父权主义权威的主要代表，因此国家成为儿童主要保护人；在福利国家时代，国家保护责任的性质发生重大结构变化，由父权主义权威仁慈式保护转变为公民权利和社会福利责任式保护，国家与儿童关系由居高临下转变为平等合作的伙伴关系。不言而喻，国家责任理论是儿童福利和社会福利制度发展的理论基础，社会影响广泛深远。

家庭结构功能角色与父母责任理论。这是影响当代儿童福利服务发展的重要理论体系，学科理论视角基本是社会学特别是家庭社会学的。这个理论是一夫一妻制家庭生活伴生物，是男女家庭劳动分工和家庭结构功能理论说明，将儿童照顾、儿童发展问题放在家庭中讨论。家庭结构功能与父母照顾责任的基本假设和理论学说是，家庭是社会生活中最基本的单位，家庭在社会生活与社会体系中发挥重要作用；家庭主要承担规范两性关系，组织社会生产和人口再生产、儿童社会教化和体现社会身份地位等基本社会功能；家庭结构是男女社会劳动分工缩影和表现形式，男主外，女主内，父亲主要承担养家糊口的责任，母亲主要承担照顾子女和料理家务的角色；儿童是家庭私有财产重要组成部分，父母对儿童享有绝对的权威；照顾子女日常生活起居，确保儿童身心健康成长，这是父母的基本责任和家庭生活基本义务。这意味当婚姻关系破裂、家庭生活崩溃、家庭生活贫困和儿童受到伤害、虐待和忽略之时，国家和社会有责任干预家庭生活，确保儿童健康成长，家庭服务和儿童福利应运而生①。毫无疑义，这种理论是当前绝大多数家庭成员和普通民众实际持有的价值观念和基本想法。

公民权利和儿童权利理论。公民权利理论起源古希腊罗马的公民权制度，发展文艺复兴和法国革命倡导的自由、平等、博爱和人权理念，完善于英国著名学者T. H. 马歇尔的理论②。公民权利和儿童权利理论的基本假设与基本理论是，所有公民都享有天赋、平等

① UNICEF,(1994), *The State of the World's Children 1994*. New York: UNCF.
② (英)T. H. 马歇尔著，刘继同译:公民权与社会阶级。北京:国外社会学,2003年。

的基本权利，无论性别、年龄、民族和宗教信仰如何；儿童是独立、自主、平等的生命主体，儿童不再被视为是父母特别是父亲的私有财产和奴隶；对儿童的关爱、照顾、教育和保护不是家庭责任，而是整个国家和全社会的基本责任，儿童有权利从家庭、国家和社会获得所需要的照顾服务；儿童有权利享受正常的生活，有权利参与关系他们切身利益的决策，有权利发展他们的潜能。显而易见，这是联合国儿童基金会和儿童工作者等积极推动倡导宣传的儿童理论①。

生命周期、人生阶段和儿童发展理论。这个理论具有浓厚的儿童生理学和心理学色彩，是医学、心理学、教育学和社会工作等专业观察理解、描述分析儿童问题的基本理论视角。不同的学者对生命周期和人生阶段的划分标准不一，划分阶段不同，有多有少，百家争鸣。例如有的人将儿童期分为四个阶段，0—1 个月为新生儿童，1 岁以下为婴儿期，又称乳儿期，1 岁—6、7 岁为幼儿期，6、7 岁—12、13 岁为学龄期。另一种划分则将 0—1 岁划分为乳儿期，1—3 岁为婴儿期，3—6、7 岁为少儿期，6、7 岁—11、12 岁为童年期，儿童发展阶段不同②。生命周期、人生阶段和儿童发展理论基本假设和基本思想是，人生由不同阶段组成，说明生命孕育、诞生、发展和衰亡过程的客观规律，儿童发展不同阶段是一个身心逐渐成熟的过程；在不同发展阶段面临不同问题，存在不同的需要，应该采取不同的干预措施和提供不同服务；只有确定儿童不同发展阶段的需要，才能最好满足儿童的基本需要，确保儿童身心健康成长。这种理论为教育工作者、社会工作者和其他社会服务者的专业服务指明了服务范围和方向，是多种人类服务领域中较受欢迎的操作化理论体系③，工具性和实践理论的色彩浓厚。

儿童需要和儿童福利理论。这是英美儿童福利事业和福利国家儿童福利服务发展的理论基础，它既是国家责任的发展完善和不断升华，又是国家责任理论的具体体现和重要补充。需要概念是西方社会福利理论中的战略概念，是理解福利制度安排和运作机制的最佳角度，需要决定谁是服务对象、福利服务范围与领域，福利服务优先次序和衡量福利服务的标准。儿童需要和儿童福利理论的基本假设和基本思想是，人类在生活的不同时期，尤其是在儿童时期需要必要的帮助和保护；需要是指人的生存、幸福、美满所必需的物质的、心理的、经济的、文化的以及社会的等方面的要求；人类的需要结构复杂，层次分明，生存和生理需要、安全和保障需要、归属和爱的需要、被尊重和自尊的需要，自我实现和全面发展的需要并存；儿童福利和社会政策决策者关注的是全社会共同需要，是儿童群体的

① (英)赫伯特.斯宾塞著，张雄武译：《社会静力学》。北京：商务印书馆，1996 年，第 77 页。

② 王思斌(主编)：《社会工作概论》。北京：高等教育出版社，1999 年，第 151 页。

③ Pickin, C. & Leger, S. S. (1993), *Assessing Health Need Using the Life Cycle Framework*. Buckingham: Open University Press.

共同需要和普遍问题；一旦某些群体需要被确定为基本需要或社会需要，那么国家和社会就有责任满足这些需要；满足需要的途径多种多样，家庭照顾、劳动就业、社区互助和国家制度化再分配是主要方式，对儿童、老人、残疾人、长期病患者和其他依赖群体而言，需要满足途径主要是国家再分配，国家再分配主要体现在以社会救助、社会保险、社会保障为基础的社会福利制度和政策中，儿童福利是社会福利制度重要组成部分，国家的福利责任主要通过儿童福利体现①。显而易见，儿童需要和儿童福利是现有的儿童福利理论中适用性、解释力较强的理论体系。

现有儿童福利理论存在诸多不足之处，迫切需要新型的、综合性的理论体系和分析框架，以全面、科学、准确地理解儿童问题，为设计更好的儿童福利政策和服务体系奠定理论基础。首先，现存儿童福利理论都是从不同学科和不同理论角度出发的，各种理论体系相互分离，缺乏有机内在联系，不利于从儿童全面发展和儿童利益最大化角度设计儿童福利政策框架；其次，现存各种理论主要是国家与儿童关系，特别是从国家和福利服务提供者的角度建构的，儿童处于被动次要的地位，儿童福利服务的主体地位和核心角色转变为客体和次要的地位，难以回答为什么和如何发展儿童福利事业问题，儿童最高利益和主人翁地位难以充分体现；第三，现存儿童福利理论关注的重点有所不同，例如国家责任理论主要关注国家责任角色，家庭结构功能主要关注父母角色和社会功能正常发挥，公民权利主要关注法律框架中的儿童权利，生命周期主要关注生命不同阶段的发展状况，儿童需要主要关注儿童群体自身需要，现在需要将这些不同关注点和分析层面整合在一起的新型、综合性和系统性儿童福利理论；第四，现有儿童福利理论关注的群体通常是“问题儿童”、各式各样的“困境儿童”和“问题家庭中的儿童”，儿童福利服务的治疗、补救倾向明显，“正常儿童”和正常生活受到忽略，这种选择性服务和补救性服务状况明显违背社会福利的价值观，违背社会公平和平等原则，理想状况是以困境儿童服务和社会保护为基础，以所有“正常儿童”的福利服务为工作重点。

新型、综合性、系统性与整合性儿童福利理论框架主要由制度背景与社区环境、家庭生活和家庭结构功能，儿童需要和儿童生活周期三部分组成，儿童生活周期和儿童需要满足是儿童福利理论框架主体和核心部分，儿童身心健康成长状况是儿童福利理论分析框架主题。为全面、准确理论儿童问题，最好方式是将儿童问题放在特定社会环境与制度框架中考虑，从制度安排和政策模式，特别是社会结构与社会关系角度考察国家与儿童关系的变迁特点，将儿童需要满足和儿童福利服务置于由制度环境、国家角色、家庭功能和儿童生命周期编织的纵横交错的社会关系网络中观察，科学合理地确定儿童生存状况和儿童福利服务的水平。不言而喻，宏观的社会结构和制度安排决定了儿童生存发展的空间

① （美）威廉姆.怀特科等著，解俊杰译：《当代世界的社会福利》。北京：法律出版社，2004年，第89页。

和可能，决定儿童需要和生活机会，决定儿童生存发展的社会基础结构和儿童福利制度框架，决定儿童的命运和福利。虽然这是最为虚化和看不见、摸不着的部分，但又是最关键、最基础和最硬性的制度部分。在经济全球化和各国相互依赖程度提高背景下，国际社会和世界体系成制度背景重要部分。在中观层面上，家庭结构功能、家庭关系质量和父母履行其社会角色的能力是第二分析层面。国内外多个经验研究均证明，家庭是迄今为止最有利儿童身心健康的场所与微观社会环境，再好的儿童福利机构也不如自然温馨的家庭生活环境，再好的儿童福利工作者也不如父母。有鉴于此，如何维持家庭结构功能的正常运转，如何确保父母有效履行其扮演的社会角色，如何及时有效地干预各式各样的家庭危机，保护帮助拯救家庭功能土崩瓦解处境中的儿童，就成为儿童福利理论研究的核心问题，成为儿童福利政策与服务体系应对的主要问题①。最后，目标儿童群体处于整个儿童福利理论框架的中心位置，是儿童福利理论框架的核心，需要特别强调的是，这里的“儿童群体”泛指所有的儿童，并非仅仅局限于各类“困境儿童”。儿童不同生命周期或阶段基本需要的满足状况，既是衡量儿童生存发展状况和儿童福利水平的唯一指标，也是衡量社会环境、国家、社区、家庭与儿童关系组合质量的最佳指标体系。理论上说，宏观的社会环境和中观的家庭生活相当大程度上决定儿童生存发展和福利状况，宏观社会环境、中观家庭功能和微观儿童群体需要吻合一致或契合程度越高，儿童福利越高。简言之，以儿童为中心的新型、综合性、系统性与整合性儿童福利理论框架可以图示如下：

图 1　以儿童为中心的综合性与整合性儿童福利理论框架

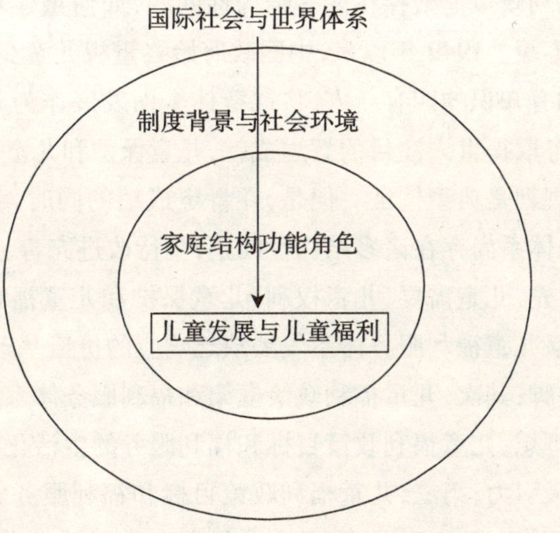

① 刘继同：儿童福利的四种典范与中国儿童福利政策模式选择。北京：青年研究，2002 年第 6 期。

四、儿童福利的政策框架与服务体系

儿童福利的理论框架决定儿童福利的政策框架,儿童福利的政策框架又决定儿童福利服务体系,决定儿童福利服务对象、范围、内容、方式、资金来源、工作队伍和行政管理体制。儿童福利理论框架核心、实质是人们关于儿童问题的观念,是人们对儿童状况的理解认识,这种价值观念和社会态度既直接决定儿童福利政策框架,又决定社会的儿童福利服务模式,因此有什么样儿童福利理论价值观念和社会态度,就必然有什么样的政策框架和服务体系。价值观念决定社会选择和行为模式,社会态度决定制度安排与政策框架。理论认识水平决定政策质量。更为重要的是,儿童福利政策框架又直接决定服务体系和福利机构的运作机制。政策框架是有关政策价值基础、政策目标、政策范围和服务领域、政策手段与工具的组合,是国家意志和最高利益的系统表达,是政府如何有效地解决特定政策议题的社会系统工程。因此,政策框架实质与精髓是清楚界定国家活动边界与范围,界定政府的社会福利责任义务,界定国家、市场、社区、家庭、儿童之间的互动关系模式,确定社会结构变迁和发展方向。这意味儿童福利政策框架就体现为社会福利制度安排、儿童福利服务体系和组织结构体系,儿童福利政策框架规定儿童福利服务价值基础、福利服务对象、福利服务范围和服务内容、福利服务机构和人员构成、儿童福利服务资金来源、儿童福利服务行政管理体制和政策法规。这意味有什么样儿童福利政策框架就有什么样的儿童福利服务体系、运作机制和管理体制。

中国现行儿童福利政策框架存在诸多结构性问题,如何重建现代儿童福利服务体系已成当务之急,刻不容缓。1949 年以来,中国政府始终重视儿童少年工作,注重培养有理想、有道德、有思想和有知识的四有新人,将德智体全面发展作为儿童身心健康成长的衡量标准,儿童福利服务取得世人注目的辉煌成就,儿童保护和儿童发展已纳入国家的公共政策议程,两个十年规划是典型例证。但是,在肯定成绩的同时,我们应注意到现行儿童福利政策框架与服务体系尚存在诸多结构性问题,亟待改进完善,为儿童身心健康成长营造良好社会环境。首先,儿童需要、儿童权利、儿童保护和儿童福利等价值观念尚未成为全社会的共同价值观,儿童福利服务体系发展缺乏响应的价值基础,许多传统观念和错误思想仍束缚人们的手脚;其次,儿童福利政策框架和福利服务体系的政策目标过分政治化和意识形态化,过于理想,儿童福利政策目标和福利服务的生活化、个性化、发展性色彩比较淡薄,对儿童缺乏吸引力;第三,儿童福利政策目标和福利服务对象主要集中于少数的"问题儿童"和部分困境儿童,绝大多数正常化儿童享受不到应有的福利服务,儿童福利服务的选择性特征明显,普及性的儿童福利服务亟待发展,以便使所有儿童少年都能够享受到家庭关爱、国家保护和社会照顾;第四,儿童福利服务范围有限,福利服务内容主要集中于道德思想教育和意识形态化宣传，形成儿童福利服务的思想道德教育和意识形态化模式，但是对儿童其他基本需要的满足问题较多，例如儿童教育、儿童营养食品与体质发育、儿童免疫接种、儿童娱乐活动场所等①；第五，现有的儿童福利服务呈现分散、分隔的特点，各种服务之间缺乏有效联系和逻辑关系；第六，儿童福利组织基本局限于国家机构和国有单位，民间组织难以进入儿童福利服务领域，从事儿童福利服务的非政府组织难以获得国家的财政资金和优惠政策待遇，发展步履艰难；第七，儿童福利机构缺乏高素质专业人员，工作队伍建设严重滞后，影响儿童福利事业发展；第八，儿童福利服务缺乏专门明确的财政资金来源渠道，中央政府和地方政府均无儿童福利事业的专门财政科目，儿童福利服务经费来源缺乏稳定性，直接影响儿童福利事业发展速度；第九，儿童福利服务管理体制多元，儿童福利服务管理分散在国家发改委、民政部、教育部、卫生部、农业部、劳动与社会保障部、妇联、青年团、工会组织和中国残疾人联合会等机构，各部门只管部分服务，形成多头管理、政出多门、推诿扯皮、效率低下和政策冲突的局面，缺乏国家层面上权威、统一和综合性的儿童福利行政管理机构，例如像美国的儿童福利局。

现代、综合性和整合性的儿童福利政策框架和服务体系至少应由社会环境、公共服务、家庭福利、儿童福利服务四部分组成，儿童福利服务内容包括医疗、教育、福利和职业技术教育等，范围覆盖儿童发展各个阶段的基本需要，确保所有儿童身心健康和幸福快乐成长。综观欧美国家的家庭和儿童福利服务体系，中国儿童福利政策框架和福利服务体系结构是：一是营造适合于儿童身心健康和幸福快乐成长的社会环境、制度背景，特别是法律保护框架，让儿童在宽松、自由、和谐环境中茁壮成长，良好社会环境有助儿童良好人格的培养塑造。在经济全球化背景下，儿童福利政策框架与儿童福利服务体系运作同样深受国际社会影响；二是繁荣发达的公共服务和市政服务体系，例如道路桥梁、交通、通讯、邮电、水电煤气和公共安全，这包括兴旺发达的社区服务体系和优美、清洁、卫生、绿色、舒适的人居环境，为儿童营造良好的生活环境，确保儿童娱乐等基本需要的有效满足，方便他们参与社会生活；三是丰富多彩的家庭服务与发达完善的家庭津贴制度，确保家庭结构功能角色正常发挥作用，即使在家庭关系破裂、家庭关系恶化、家庭功能丧失和父母角色无法正常发挥作用的情况下，多种多样的儿童福利服务，例如儿童福利院、儿童庇护所、特殊学校、中途之家、家庭寄养和家庭收养、家庭照顾中心、流浪儿童救助保护中心、残疾儿童康复训练中心等能够为各类困境儿童提供暂时性或永久性的保护性服务，确保所有儿童享有平等发展机会和福利服务。更为重要的是，国家应尽快建立家庭津贴制度，对家庭生活困难和低收入的家庭给予资助，确保贫困家庭的儿童不因贫困而受到社会排挤和歧视，不能与其他儿童一样享受基本福利。实践证明，结构功能良好的家庭即是儿童福

① 刘继同：中国儿童福利政策模式与城市流浪儿童议题。北京：青年研究，2003 年第 10 期。

利的最好保障，又是整个社会福利的社会基础；四是范围广泛和内容多样的儿童福利服务，最主要和最核心的部分有三：(1)以家庭计划、优生优育、安全分娩、母婴保健、营养食品、免疫接种和疾病预防为主要内容的卫生服务，其核心目标是确保儿童身体健康和体质发育良好。这是儿童福利服务最基础和最重要部分，因为只有健康的体魄才能有身心健康成长的可能性；(2)以基础教育、家庭教育、特殊教育、公民教育和职业技术教育为主要内容的教育服务，培养塑造合格的接班人和高素质的公民；(3)以儿童社会保护、儿童机构照顾、儿童家庭照顾和儿童日间照顾、临时托管等为主要内容的儿童福利服务体系，确保儿童在家庭功能失效或面对临时挫折困难时能得到及时帮助，以致于无家可归、流浪乞讨或生活在贫困之中，甚至蜕化变质为仇视社会或破坏社会的人。需要特别强调的是，所有儿童福利服务都应是无偿免费的，这是国家最“应该”投资的领域。关于儿童福利政策框架和儿童福利服务体系的组成部分、基本内容和相互关系可图示如下：

图2 以儿童需要满足为本的儿童福利政策框架和儿童福利服务体系

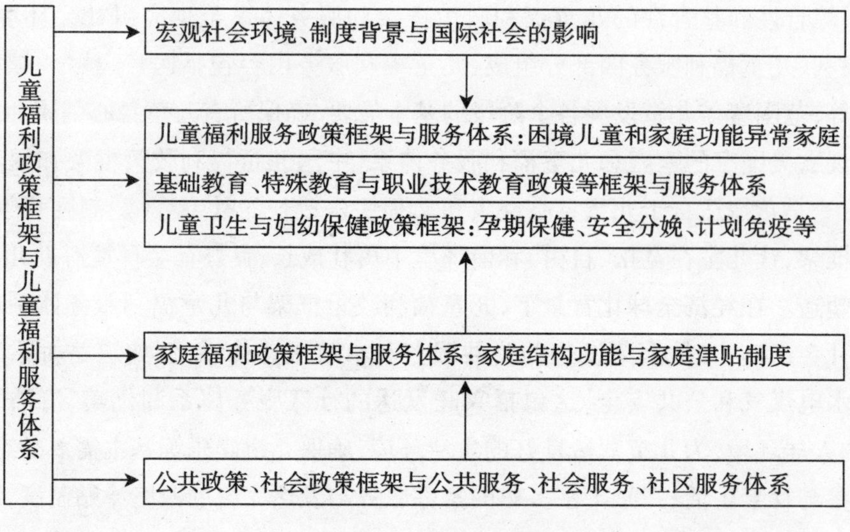

五、简要讨论与基本结论

中国是世界上儿童数量最多的国家，也是国家儿童福利责任最重的政府，还是儿童问题最突出和最迫切需要发展儿童福利服务的发展中国家。儿童的最高利益就是国家的最高利益。根据2000年第五次全国人口普查数据，0—14岁人口近3亿，占总人口比例达22.8%①。世界罕见和如此巨大的儿童数量具有多种多样和错综复杂的现实、理论、政策

① 国家统计局(编)：《中国统计年鉴2002》。北京：中国统计出版社，2002年，第95页。

和社会意义，其核心是国家成为世界范围内承担以儿童保护和儿童发展为核心的儿童福利责任最重的国家。在一个社会结构转型、社会现代化、全面建设小康社会和建构社会主义和谐社会的背景下，在以经济建设为中心和经济发展高于一切，特别是市场经济发展和一切向钱看的现实状况下，儿童福利、家庭福利和社会和谐问题越来越突出，成为公共政策和社会政策议程的优先领域，党和国家高度重视儿童问题，将儿童发展、儿童权利放在民族复兴和国家富强的战略高度，将家庭幸福、民族希望、国家未来和社会明天都寄托在亿万儿童身心健康和幸福快乐成长上。这是英明无比的战略决策，这是高瞻远瞩的社会规划，这是事关国家繁荣富强的伟大事业，必要性、重要性、紧迫性、基础性、核心性、长远性、战略性、全局性怎样强调都不会过分，因为儿童需要是社会需要和人类共同需要的核心组成部分，是国家和社会应当满足的需要，因为儿童发展是家庭发展、群体发展、社区发展、国家发展、社会发展和人类文明发展核心，因为儿童权利是公民权利、政治权利、民事权利、社会权利和人的权利体系中最基础的部分，因为儿童利益是家庭利益、国家利益、社会利益的交汇点。儿童最高利益就是国家最高利益。因为没有儿童发展与儿童福利，就没有家庭、民族、国家与社会的基础、希望、未来、明天。

儿童福利理论体系的实质与精髓是探讨国家与儿童的关系问题，是探讨国家在儿童福利事业发展中扮演角色与发挥作用的基本途径，是探讨家庭、社区、国家、社会如何最佳组合，最大化满足儿童需要和确保所有儿童身心健康、幸福快乐成长的基础问题，理论意义重大。理论是人们对社会现实世界生活的结构功能、相互关系、发展过程和客观规律的理性描述，是人们对社会组织、社会现象、社会关系、社会结构和社会制度安排本质特征的动态认识，是人们认识世界、改造世界、建构世界、预测世界和创造自己幸福美好、和谐美满生活的工具。因此理论体系发展状况决定人们认识世界、改造世界和创造幸福美好和谐美满的生活状况。儿童福利理论的功能作用和角色地位同样如此，其实质与精髓是探讨国家与儿童关系问题。国家与社会关系框架是个经典的基础理论议题，国家与儿童关系是国家与社会关系的基础，古今中外和世界各国政治精英都承认，保护儿童和确保儿童身心健康是国家最基本的责任，“国家责任”学说成为不言自明的客观真理，成为人们衡量国家政治文明和政治智慧的标准，但是目前世界各国普遍面临的关键问题是，如何科学合理、操作化界定和实施国家福利责任，儿童福利政策框架和儿童福利服务体系设计自然就具有特别重要的现实、理论与政策意义。

儿童福利政策框架和儿童福利服务体系的实质与精髓是如何科学合理确定儿童的需要，最优配置社会资源和平等生活机会，确定儿童需要与儿童福利服务的优先次序，通过国家制度化再分配、市场机制、社区互助、家庭照顾和社会保护等途径满足儿童需要，确保儿童身心健康、快乐成长，把国家最高利益和社会最高利益转变为儿童福利制度，转变为系统、综合和发展的儿童福利政策，转变为高效运作和繁荣发达的儿童福利服务体系。不言而喻，在现代文明的和谐的社会中，儿童福利政策和服务体系是社会福利制度的基础，是观察社会价值观念、社会态度、社会环境、社会关系、社会结构和政府现代化的最佳角度。更为重要的是，从生命周期、儿童需要和身心健康、全面发展的角度看，儿童医疗卫生服务、基础教育服务、儿童福利保护服务和家庭经济福利、家庭支援服务等是儿童福利服务的重点，自由宽松、优美和谐、安全有序、方便舒适社会环境和高效透明的服务政府是社会前提条件。

论维权对残疾人生命成长的重要性

——个案与反思

南京师范大学教育科学学院　侯晶晶

维权对残疾人成长的重要性不是一个新鲜的论题。在此，我谨以一个受益者的身份并基于我的生命感受致思于这一问题。

一、亲　身　个　案

我的受教育经历——基本上也可以说是我成长的经历——大致如下：1979 年我近四周岁时读小学，2004 年博士毕业，除去 1986 年因误诊瘫痪后的两年治病之外，23 年的学习过程中，头 6 年和后 6 年有缘在学校接受正规教育，中间的 11 年则是在家中度过的。从校门回家门，再到校门，我体验到受教育权和良好的教育对残疾人生命力的拯救之功，感受到没有贴着教育标签的关怀仍然是教育，而融入关怀的教育则是意蕴更丰富的教育、更具有教育性的教育。

瘫痪之初，我无时不期盼着第二天就发生奇迹，期待着我能重新蹦蹦跳跳地回到县中读书。但是，两年辗转求医之后，我的最后一线希望破灭了。11 岁的我在遭到这个突如其来的打击时，曾一度绝望，但亲情和梦想让我无法割舍，让我最终怀着不甘和无奈开始自学。身体与学业之间困难的周旋和较量，多少次使我感到几乎无路可进，终于在亲友的鼓励支持之下，在又一次的“且复忍须臾”之后，把自学过程再一次延续。难忘多少年夏天的褥疮和冬天的烫伤，难忘完不成学习计划时那些无眠的夜晚，难忘父母与我的彻夜长谈，难忘年迈的姑父抱病和我通信 10 年。6 年的中学自学，我处于很封闭的状态。我始终在家，家人的百般呵护给我以力量；但是，我的心中却始终挥之不去一种游离无着之感，一份无可名状的孤独和深深掩藏着的自卑。但无论如何，坚持自学中学课程是我与残疾做斗争的一个武器，凭借它，我的精神生命从绝望中复苏。

中学课程自学完毕，正当我为下一步能往何处去感到困惑时，我惊喜地获悉：自学考试向我这样的无法“就学”者敞开着大门,社会没有抛弃我。在家封闭8年后,第一次外出自考时,我非常焦虑和自卑。第一场考试,我简直想从考场逃出去,但绝然没想到,首次自考会以十二分的优势获得全市第一名。以此为契机,我的自信心才终于开始复苏,并在一次又一次的自考“第一”中得以重建,这才在精神上逐渐打磨出一个可以站立的自我。

参加自考赋予我生命的重建契机,读研则使我获得了生命的扩展与丰富。自学考试期间,我每年从四楼的家中出门两次,学会了通过禁水在一定时间里避免上厕所,获得了一些空间上的自由,我憧憬着返校读书。富于人文关怀精神的南京师范大学慷慨地同意给予我平等竞争的考研资格,这让我欣喜万分,永生难忘!没想到我在半年的艰苦努力之后,很幸运地以笔试、面试和总分三项第一的成绩跨入了神圣的知名学府的大门。硕士毕业同年,我有幸从英语到教育学,跨专业考上了南京师大教育科学学院国家级重点学科的博士生,考进俄罗斯教育科学院外籍院士朱小蔓教授的门下。

读硕士和博士的6年中,在母校、政府、省教育厅、残联和社会各界的关怀下,我才有机会尝试作为一个人的全面发展。就学业而言,导师和其他许多老师一直辛勤地培养我。导师朱教授有一次积劳成疾,在北京住院,我身在南京,心系导师。导师在病中仍然放心不下我,在病房里用手机指导我的博士毕业论文写作,当时她声音比较虚弱,但连续给我就几个核心问题指导了一个多小时,给我上了终身难忘的一课。在老师们的精心教导下,我5年来在省级以上学术刊物上发表了17篇论文,其中在核心和权威期刊上发表的论文6篇;另外参与翻译了两本著作,并考取了英语高级口译资格证书。通过公开评比,我有幸获得了学校的“三好研究生标兵”、“科技之星”、“优秀硕士毕业生”和“优秀博士毕业生”称号,获得团中央颁发的“中国大学生建昊奖学金”。

在工作能力和社会责任感等方面,感谢省委张连珍副书记等领导在百忙中给予我多方面的亲切关怀;母校和省、市残联赋予我一些力所能及的社会工作机会,使我得以尝试着传递我所身受的社会关怀,力争由单纯的被关怀者向兼为关怀者的双重身份转变。成长的过程中,大家对我的关爱让我倍感温暖又暗自不安:我怎样才能回报社会呢?在我获得第一笔奖学金时,我终于找到了一个表达自己心意的机会。这1000元是我有生以来的第一笔收入,我把它作为图书专用款捐给了江苏省第一少管所的服刑少年,并和他们进行了一天的交流,他们许多人流下了悔恨的泪水。博士一年级时,我实现了自己的又一个心愿:为家乡的聋哑孩子做点事情。那天我和这些孩子交流,直到他们放学,并把刚刚获得的“自强模范”600元奖金,加上自己的400元,捐给了他们的图书馆。去年八月,我正抓紧时间思考和撰写预计20万字的博士毕业论文。这时,残运会组委会通知我,想让我和濮存昕共同主持我省承办的全国第六届残运会的开幕式,届时由中央电视台直播。这种做法在全国尚属首例,我深知承担下来不仅要付出很多时间,而且还要冒一定的风险。我建议组织另外物色更合适的人选。在组织的坚持下,我毅然接受了任务。担其任,尽其责。

经过十几天的严格而辛苦的排练,我完成了组织上交给的任务,得到总导演和观众们的好评。读书期间,在党组织的培养之下,我成为了一名光荣的共产党员。通过参加"文化志愿者社会服务"等丰富多彩的组织生活,让我对社会、对人、对事、对生活,多了一份独处于斗室之中所不可能想像或模拟的理解。

人生苦短,而且没有回程。追求知识、挑战自我、关心别人、服务社会,这都是在赋予人生应有的意义、尽一个学生和公民的责任。不曾想过,我会为此得到社会的勉励和支持,1999 年以来先后被评为"安徽省十佳人物"、"江苏省十大杰出青年"、"江苏省三八红旗手",2003 年有幸被评为"全国自强模范",在人民大会堂受到了胡锦涛总书记等党和国家领导人的亲切接见。

2004 年 5 月,我的 30 万字的博士学位毕业论文——《关怀道德教育研究》顺利地通过了答辩。在学校和学院领导的关爱下,我有幸留在南师大教科院任教,开始用双语给研究生讲授"教育哲学"、"道德教育比较"等课程。作为高校教师,我知道"教师"不仅意味着稳定、积极、有价值的社会身份,其中更蕴含着神圣的社会责任。我会努力在大家的帮助下争取成为一名合格的教师,不辜负这 20 多年所有人对我的关爱。

二、反思:维权赋予自强最强大的推动力

从亲身经历中,我深切地体会到落实受教育权对残疾人生命重建与扩展的重要意义。应该说,残疾人的发展状态不仅在"短板理论"的意义上制约着社会的进步程度,而且对待残疾人的态度、观念与制度建设本身也是社会文明程度的重要指标。在古代,柏拉图设计的所谓"理想国",对残疾人其实是不折不扣的地狱。在那里,残疾人生下来就被当做废品"处理"掉,连生存权都被剥夺殆尽。随着历史的发展,残疾人被赋予越来越平等和完整的权利,而且受高等教育的权利无疑是其中非常重要的一种。令我们鼓舞的是:在我们这个文明、和谐的社会主义国度里,许多从《宪法》到各种具体的教育法规和教育政策,无不体现出对残疾人作为公民平等享有权利的重视。2003 年,教育部、卫生部和中国残联制定的《普通高等学校招生体检工作指导意见》还明确规定了残疾人平等考研的权利。这些以人为本的社会政策和教育政策不知给多少残疾朋友增添了热爱生活的勇气和以知识改变命运、成为社会主义合格接班人的坚定信心。

胡锦涛总书记在《自强之歌》的序言中从战略的高度分析了残疾人的维权工作对于残疾人个体以及对于社会主义建设事业的重要意义。他指出:"残疾人,有人的尊严和权利,有参与社会生活的愿望和能力,是建设中国特色社会主义事业的一支重要力量。我国 6000 万残疾人是一个特殊的困难群体。在我国贫困人口中,残疾人占的比重很大。满腔热情地关心残疾人,切实尊重残疾人的公民权利和人格尊严,给他们平等的地位和均等的

机会，让他们共享社会物质文化发展的成果，是我国社会主义制度的本质要求。各级党委和政府要从贯彻落实‘三个代表’重要思想的高度，重视和支持残疾人事业的发展，把残疾人事业纳入实施全面建设小康社会的规划，根据残疾人的特殊需要，在康复、教育、就业、福利、社会保障、文化生活、无障碍环境等方面制定扶助政策，采取相应措施。……社会各界要进一步发扬理解、尊重、关心、帮助残疾人的良好风尚，大力弘扬人道主义思想，进一步形成平等友爱的人际关系和团结互助的社会环境，人人动手，个个关心，努力为残疾人办好事、办实事，让残疾人切实体会到社会主义社会的温暖。……长期以来，我国广大残疾人大力培育爱国主义、集体主义、社会主义的思想，自尊自爱，自强不息，以超人的毅力和不懈的拼搏，克服常人难以想像的困难，创造了可歌可泣的业绩。广大残疾人要继续发扬自尊、自信、自强、自立精神，热爱祖国，热爱生活，积极投身全面建设小康社会的伟大实践，同全国人民一起创造我们的幸福生活和美好未来。”

作为南京市肢残协会主席，通过直接接触和间接了解，我知道：每一个残疾人的健康成长都离不开家庭、学校等相关单位、政府与社会的亲切关爱，离不开社会方方面面对残疾人平等公民权利的重视和维护。维权与社会关怀可以保障残疾人享有平等的社会权利，康复训练可以使残疾人实现一定的功能代偿。在这些有利的外部条件的鼓舞之下，残疾人也应该尽快地学会自我接纳，而不能把目光锁定在狭隘的小我之上，应该知晓“健康”这个概念含有多重意义，包括生理、心理、社会适应能力、道德水准等多元因素。我们残疾人完全可以通过进行生理功能的训练和代偿以及在心理、社会适应能力、道德水准等方面的充分发展，来全面地提高自己的健康水平；继而鼓起自信，学会自强，创造新生。实际上，五千年来自强不息一直就是中华民族文化精神的脊梁。我们的文化经典《周易》开篇即言“天行健，君子以自强不息”。我们每个华夏儿女从呱呱落地开始，就孕育在博大精深的中华文化之中，每个人身上都有与生俱来的自强不息的潜质。残疾人同样具有传承和弘扬优秀民族文化的历史责任。

成长经历告诉我，在我们这个社会主义大家庭中，个人生理上的不幸是偶然的，然而“平等、参与、共享”却是必然的。这是每个公民、包括残疾公民获得事业成功和人生幸福的沃土。全心全意为人民服务，代表人民的利益，执政为民，追求经济、社会与人的协调发展，这一直是我们的党和政府不变的执政宗旨。残疾人作为社会大家庭的一个组成部分，一直沐浴在党和政府亲切关怀的阳光之中。随着改革开放的深入和我国综合国力的增强，全社会对残疾人工作投入的人力、物力、财力不断增加，其他公民对残疾公民的理解和支持也与日俱增。

在全国许多城市，政府都拨款购买了方便轮椅上下的公交车，盲道和各种语音提示装置也更加完备，纵横全市的地铁也为电梯和轮椅坡道留出了空间……所有这一切为残疾人的出行、为残疾人充分融入社会提供了坚实的物质基础。放眼望去，残疾人的特殊教育、康复工作、按比例就业工作、文体活动和社区服务等都取得了喜人的发展。向残疾学生发放助学券、接纳残疾学生随班就读等新的特殊教育形式正在神州大地上日益推广，希望工程、手拉手活动、文化志愿者活动也惠及许多处境困难的残疾儿童。置身于这样一个充满机遇和关怀的社会环境中，无论是为了传承和发扬中华美德，还是为了学习我们身边的助残楷模；无论是为了改变自己的命运，还是为了承担自己的历史使命和社会责任，我们残疾朋友没有任何理由不更加发奋自强！

三、结语：维权与自强是托举残疾人工作不断超越的双飞翼

马克思曾经说，人不是抽象的存在，而是社会关系的总和。残疾人在不同的社会里，有不同的命运。沐浴在祖国关爱的阳光之中，我们相信：只要把胡锦涛总书记的上述指示落到实处，只要残疾朋友自己珍惜机遇、立志有所作为，绝大多数残疾朋友的智力潜能就能转化为现实的力量，更多的残疾朋友会成长为具有社会责任感和社会事务参与能力的合格公民，为祖国的社会主义建设事业做出自己应有的贡献。每一位残疾人都应该立志由单纯的被关怀者成长为具备关怀能力的合格公民，为此不懈努力，力求回馈社会。在全社会的通力合作下，相信维权和自强如同彩凤的双飞翼，将托举着我国的残疾人工作不断实现新的超越！

作者简介：侯晶晶（1975—　），女，安徽马鞍山人，南京师范大学教育科学学院讲师，博士，研究方向为教育哲学和道德教育。

残疾儿童教育康复

❖ 从带有歧视的民间称谓到科学概念，人类对智力障碍的认识不断深化。世界卫生组织提出的国际性功能、残疾和健康分类系统（ICF），表达出对残疾人群的科学认识及其对人性的尊重。

❖ 面对一群身心发展有缺陷的残疾儿童，补偿缺陷都来不及，还能进行创新教育吗？然而，教育实验结果表明，富于创新、注重实践能力的教育，不仅为残疾学生适应社会、融入主流奠定了基础，还开辟了特殊教育的新途径。

❖ 将智障者从“生物人”培养为“社会人”，应注重培养他们的生活自理能力、人际交往能力和社会适应能力。

❖“一切为了残疾学生的生存与发展”也就赢得了特殊教育的发展，特殊教育走上了从“分离”到重新回归“大教育”的必经之路。

❖ 多重残疾儿童的教育与康复将“人人受教育”的理想落实到了一群不仅看不见、同时伴随着多种残疾的盲童身上。

❖ 特殊教育让一个传统理念认为不可能接受教育的，因脑积水而患有严重智力障碍、肌体残疾、生活不能自理的残疾儿童得到了有效的康复训练。

❖ 残疾和超常两种特质并存，相互作用又会产生新的特质。对这样的儿童提供特殊教育，采用新的缺陷补偿和富有挑战相结合的教育，使他们得到最大发展。

❖ 通过学习、借鉴国内外特殊教育管理评价方法和体系，评估随班就读的效果，以此促进随班就读走向科学化和规范化，提高随班就读的教育教学质量。

❖ 通过尊重学生、超越书本、大胆创新、创设自由空间、鼓励质疑和想象、容忍学生犯错误、以孩子的眼光看待学生、师生共同成长等方式，进行教学重建，使课堂焕发生机与活力。这样的教学重建为接纳特殊儿童随班就读创造了契机。

❖ 研究聋人大学生的特点、探索聋人高等工科教育的规律，积极寻求最佳培养方案，让聋人接受高等教育。残疾人也能成为高级专业技术人才。

❖ 积极探索我国残疾人从学校到工作的过渡职业教育模式和对策，提高残疾人在社会主义市场经济条件下的就业能力。

❖ 帮助残疾儿童的家长从挫折和无助的心理中解脱出来，并具有维权意识、树立科学教育康复观念，进而积极参与，是特殊教育和康复工作的新要求。

❖ 一个身患六种疾病的新生儿从暖箱里开始了自己充满痛苦与磨难的生命进程。正是由于有了这些永不言弃的家长和特殊教育老师，他成为了一位展露出个唱音乐才能的青年，创造出了生命的奇迹。

智力落后的概念与ICF框架应用[①]

首都师范大学教育科学学院　田宝　王娜

长期以来，由于历史、文化和语言等因素的影响，加之智力落后这一现象本身的复杂性，人们对智力落后的叫法不一。在英语国家中，"智力落后"一词最早被称为 idiocy，意思是白痴，即什么都不会说，什么都不会做，什么都学不会。后来不断出现了一些新的词汇，如 mental retardation(智力落后)、mental subnormality(智力低常)、mental deficiency(智能不足)、mental defective(智力缺陷)、mental handicapped(智力障碍)、developmental disabilities(发展性无能)、general learning disabilities(一般性学习障碍)、feeble mindness(低能)。在汉语中，有傻瓜、白痴、呆子、智能不足、精神发育迟滞、精神发育不全、弱智、智力落后、智力残疾等称呼。目前，一般在法律用语中称为"智力残疾"，在学术著作中多用"智力落后"，而在教学实践工作中则多简称为"弱智"。在不同的国家，智力落后的称谓也不一样，例如美国称为"智力落后"，而在澳大利亚则称为"智力残疾"。

在过去20年中，在定义智力残疾方面有很多进展，采取多维度方法并且将"帮助需要"作为残疾定义的一种成分囊括在内，越来越与ICF框架保持一致②。追踪智力落后概念的历史，可以使我们明了其定义的几次重大变革和发展趋向。美国智力落后协会(AAMR)使用的智力落后定义是国际广泛认可和采纳的定义，通过分析 AAMR 有代表性的智力残疾概念与ICF之间的关联，有助于我们加深对国外智力残疾概念的理解，并在ICF规范下对智力残疾概念做出自己的解释。

---

① 国家攀登计划项目(95—专—09)资助；北京市重点学科资助；北京市"学习与认知"重点实验室资助。

② AIHW: Madden R & Hogan T. The definition of disability in Australia: moving towards national consistency. AIHW cat no. DIS 5. Canberra: Australian Institute of Health and Welfare, 1997.

一、智力落后的涵义

智力落后研究最早可追溯到17世纪以前的欧洲，但由于它涉及了医学、心理学、教育学、生理学和法律等多方面内容，不同的学科研究者从各自专业角度出发考察智力落后的概念，以致智力落后的定义多种多样。到目前，还没有一个被所有人都认可的定义，但大体上可以把智力落后的定义简要地分为如下几类：

（一）基于器质性缺陷为标准的定义

早期学者多将智力落后当成一种机体的器质性缺陷，即人体在解剖生理、特别是神经系统或生物化学方面的异常。

智力落后教育的创始人谢根（E. Segain）认为，白痴是由于大脑中枢神经系统的紊乱。爱尔兰（W. W. Ireland）认为白痴是出生前或心智官能发展前神经中枢发展不良或疾病所引起的智能不足或极度愚蠢的现象①。

20世纪50年代以来，有不少学者把智力落后与个体中枢神经系统的缺陷联系在一起。如鲁利亚（A. R. Luria）认为，智力落后的儿童在母亲子宫或儿童早期的时候患有严重的大脑疾病，影响了大脑的正常发育，并对儿童的智力发展产生严重影响。鲁宾什坦对智力落后儿童的定义是："由于大脑器官的损伤而引起的认知活动的持续障碍的儿童，叫做智力落后儿童。"她认为，在智力落后定义中如果只是讲到认知活动方面的特征，而没有大脑损伤的特征，那就不能把这些儿童看做是智力落后②。

（二）基于社会生活能力的定义

英国智力落后研究的权威人士特德格尔德（A. F. Tredgold）主张：量度一个人的智力是不是落后应以个体对环境的适应或独立自主的能力为依据。他对智力落后的定义是："凡对环境适应不良或不能独立自主的人，即为智力落后。"③

美国心理学家杜尔（E . A . Doll）归纳了智力落后的六个重要特征："我们认为，在陈述智力落后的定义或说明其含义时，一般认为有六个标准对一个恰当的定义是很重要的。它们是：①社会无能；②智力低常；③智力低常发生在发育时期；④在成熟时期定型；

① 肖非、王雁：《智力落后教育通论》，华夏出版社2000年版，第2页。

② C. R. 鲁宾什坦著，朴永馨译：《智力落后学生心理学》，人民教育出版社1983年版，第7—8页。

③ Tredgold, A. F. Mental Deficiency. London: Baillere, Tindall, &Fox, 1908:2

⑤起源于体质的原因;⑥无法医治。”①

(三)基于文化因素的定义

与杜尔的主张不同,美国心理学家萨拉桑(S. B. Sarason)认为,智力落后更多是文化因素造成的。他认为智力落后者的定义应该是:“凡由文化因素,如家庭、社会及经济条件差、在成长过程中又缺乏适当环境刺激,因而智力低下,但并无中枢神经系统障碍的人。”②

(四)基于智力的定义

1904 年,比纳(A. Binet)受法国教育部的委托,与来自心理、教育、医学等领域的专家们一起研究公立学校中的低能问题。他与助手西蒙于 1905 年发表了世界上第一个智力测验,从此开创了对智力进行客观、系统测量的新方法。随着智力测验的普及,以智力测验分数来定义智力落后的做法开始流行起来。

1921 年,美国智力落后协会(AAMR)第一个《智力落后术语与分类手册》发表了。该手册以智商((IQ)分数作为定义智力落后的惟一标准,并用 IQ 分数段来划分各智力落后水平,即愚鲁(moron)的 IQ 分数在 50 分—75 分之间,痴愚(imbecile)的 IQ 分数在 25 分—50 分之间,白痴(idiot)的 IQ 分数则在 25 分以下。

美国心理学家推孟(L. M. Terman)以其修订的斯坦福—比奈量表为依据,把智商在 70 分以下归为智力落后范围。推孟对智力落后的定义是:“凡是智商在 70 分以下的人,即为智力落后者。”由此可以看出,1Q 分数在智力落后的定义中占有绝对优势的地位。

(五)基于智力和适应性行为双重标准的定义

适应性行为(adaptive behavior)概念的引入,使人们对智力落后的认识进一步科学化,从而也使智力落后的定义更加完善。

美国智力落后协会 1921 年首次提出智力落后的诊断和分类系统,又分别在 1933、1941、1957、1959、1961、1973、1983、1992、2002 年先后 9 次修订。1959 年之前,对于智力落后的判断主要以智力商数为标准,从 1959 年(第 5 版)起,要求必须同时具有低 IQ 和适应行为障碍才能被诊断为智力落后。自此,对智力落后的判断均以智力发展明显落后以及社会适应行为障碍作为两个并重的标准。

---

① Doll, E. A. The Essentials of an Inclusive Concept of Mental Retardation. American Journal of Mental Deficiency, 1941, 46: 214—219.

② 茅于燕编著:《智力落后儿童早期教育手册》,人民教育出版社 2003 年版,第 5 页。

1973年,美国智力落后学会指定以格罗斯门(H. J. Grossman)为首的专业委员会对《智力落后术语与分类手册》进行了第6次修订。在新的手册中,格罗斯门给智力落后下的定义是:“智力落后指的是在发育期间表现出来的一般智力机能显著地低于平均水平,并同时存在着适应性行为的缺陷。”①

美国精神病学会于1992年出版的DSM-IV也公布了类似于AAMR的定义:(1)一般的智力功能显著低下,在个别实施的智力测验中,其智商约为70分或低于70分者(如是幼儿,仅作临床判断,不作测验)。(2)目前适应功能有缺陷或缺损(患者不符合其文化背景同年龄者应有的水平),至少表现在下列任意两项情况中:言语交流、自我照料、家庭生活、社交和人际交往技能;社区资源的利用、自我管理、学习和技能、工作、休闲、保健与安全。(3)起病于18岁之前。

目前我国常用的定义是根据1986年国务院批准由全国残疾人抽样调查领导小组印发的全国残疾人调查五类《残疾标准》中关于智力残疾的定义:“智力落后(即智力残疾)是指人的智力明显低于一般人的水平,并显示出适应行为的障碍。智力落后包括:在智力发育期间(18岁之前),由于各种有害因素导致的精神发育不全或智力迟滞;或者智力发育成熟以后,由于各种有害因素导致有智力损害或老年时的智力明显衰退。”②

从以上文献可以看出,随着智力落后定义的日趋科学和完善,其共同点也随之表现出来,即智力落后者是智力功能低下并伴有社会适应不良问题的人。但是也应该看到,智力落后的定义名称各异,涵义相去甚远,不利于学术的交流和发展。智力落后的定义需要在一个统一的框架内得到讨论。

二、智力落后的概念与ICF架框

(一)ICF架框

国际功能、残疾和健康分类(International Classification of Functioning, Disability and Health,简称ICF)③是WHO提出的国际通用的在个体和群体水平上描述和测量健康的框架,是由身体功能和结构、活动和参与、环境因素和个人因素等几种成分组成的理论性结构。“ICF的建立经过了10年的国际性努力,涉及包括中国在内的65个成员国,通过广泛的测试以及跨文化的比较研究,在术语和分类上达成了广泛的一致。在2001世界卫生

---

① Grossman HJ. A Mental on Terminology and Classification in Mental Retardation. Washington, DC: American Association on Mental Deficiency, 1973: 9.

② 全国残疾人抽样调查办公室、地震出版社编:《中国残疾人手册》,地震出版社1988年版,第12页。

③ WHO(World Health Organization). International classification of functioning, disability and healthy. Geneve: WHO, 2001a.

大会上,中国与其他190个成员国一致签署了协议,同意广泛应用ICF。"①

在ICF分类系统中,将功能界定为对身体功能、身体结构、活动和参与的一个概括性术语,它表现在个体与其所处的情景性因素(环境和个人因素)之间发生交互作用的积极方面。结构则主要是身体结构,是身体的解剖部位,如器官、肢体及其组成成分。

ICF中的活动是由个体执行一项任务或行动,代表了功能的个体方面。当个体在进行活动时可能遇到的困难,即是活动受限制,它根据完成活动时的质和量或对没有健康情况者期望的程度可以有从轻微到严重偏差的变化范围。参与是投入到一种生活情景中,代表了功能的社会方面。因为个体投入到生活情景中可能会遇到障碍,表现出参与的受限制。是否出现参与受限要通过比较个体的参与和在社会中无残疾个体所期望的参与来决定。

环境和支持也组成了ICF的一种构成成分。它是指构成个体生活背景的外部或外在世界的所有方面,并对个体的功能发生影响。环境和支持包括自然界及其特征、人造自然界、与个体有不同关系和作用的其他人员、态度和价值、社会体制和服务以及政策、规则和法律。

在ICF,残疾是指以下内容的任何一种或全部:损伤、活动受限、参与受限、受环境因素限制。损伤是指身体功能和结构明显的偏离和丧失。活动受限指个体进行活动的困难。参与受限指个体在实际生活中遇到的问题②。环境因素指生活中物理、社会和态度的环境③。所有ICF的成分都是独特并且相互关联的。一方面,个体从任何一种成分中的某个范围发生的相关消极经验被认为构成了残疾;另外一方面,残疾的经验是复杂和多维度的。个体的技能或残疾被认为是健康条件和环境以及个人因素交互作用的结果④。

(二)智力落后概念的新变化

传统上智力残疾被看做是残疾的个体特征,建立在医学或残疾统计模式之上⑤⑥。医学模式着眼于病理学并且把智力残疾看做是病理症状的表现。统计模式将智力残疾看

---

① 邱卓英:《国际功能、残疾和健康分类》研究总论[J],中国康复理论与实践,2003年第1期。

② WHO(World Health Organization). International classification of functioning , disability and healthy. Geneve: WHO, 2001a,7—10.

③ WHO(World Health Organization). International classification of functioning , disability and healthy. Geneve: WHO, 2001a ,16—17.

④ WHO(World Health Organization). International classification of functioning , disability and healthy. Geneve: WHO, 2001a ,18—19.

⑤ Heber R. A manual on terminology and classification in mental retardation. American Journal of Mental Deficiency. Monograph supplement,1959, No. 62.

⑥ Grossman F. Classification in mental retardation. Washington, DC: American Association on Mental Deficiency,1983.

做某种群体的“非正常”,着眼于将个体智力成绩同群体常模相比较,用标准化智力测验分数(IQ)来标定智力的残疾程度。这种情况从1959年才有了彻底的改变。如果说1959年AAMR为智力残疾的内涵赋予了双重标准,那么AAMR第9版、第10版的智力残疾概念与以往有质的不同。刘春玲认为:“自1992年第9版起,AAMR对适应行为进行了新的解释,同时,也提出了新的评价体系与评价标准,突出显示了其功能性的导向以及生态学的观点,强调能力、环境以及支持系统之间的相互作用,由过去的‘缺陷模式’转为‘支持模式’。第10版的定义则保持了功能性和生态学的观点并加入了对于智力落后条件的多元化的理解以及改善的变化,提出了多重分类系统并存的必要性与可能性。”①

(三)AAMR智力残疾第9版与ICF框架

1992年AAMR在《定义、分类及支持辅助系统工作手册》一书中提出:智力落后是指“现有的功能水平存在实质性限制,其特征表现为智力功能显著低于平均水平,同时伴有下列两者或两者以上限制:沟通、自我照顾、居家生活、社交技能、使用社区、自我指导、健康与安全、功能性学科能力、休闲娱乐和工作,智力落后发生于18岁以前。”

AAMR第9版定义应用的四个重要的前提是:①评价个体的文化、语言、沟通、行为方面的差异。个体的文化、种族、习俗、在家使用的语言以及非语言沟通方式等因素,只要可能构成对鉴定结果的影响,都应加以考虑。②在社区环境中与同龄人相比,存在适应技能方面的局限,并作为个体需要支持和帮助的指标。社区环境指的是家庭、邻里、学校、商场或是同龄人日常生活、居住、学习、工作和与外界互动的环境。③特定适应技能方面的局限,通常和其他适应技能方面的长处或个体其他方面的能力共存。④通过一段时间的支持辅助后,智力落后者各方面能力通常会有所改善。②

AAMR手册的第9版呈现出一些明显的特点,已实现从临床的角度定义智力残疾转到多维度定义智力残疾③。尽管第9版保留了三个重要的智力残疾定义指标:IQ得分测量的显著低智商(近似在70分到75分或以下)、适应行为困难、18岁以下,但更强调功能和环境因素,较少强调个体的缺陷。适应行为困难的概念已扩展到10个应用技术领域:交流、自我看护、家庭生活、社会技能、社区使用、自我指导、健康与安全、功能性学习、空闲和工作。AAMR第9版扩展了智力残疾概念并且避免了单纯依赖IQ测验计算智力的严

---

① 刘春玲、昝飞:智力落后定义的演变及其启示[J],中国临床康复,第8卷第3期。

② American Association on mental retardation. Mental retardation: Definition, Classification, and systems of supports, Washington, DC: Author 2002:3.

③ Luckasson R, Coulter D, Polloway E, Reiss S, Schalock R, Snell M et al.. Mental retardation: definition, classification, and systems of supports. 9th ed. Washington, DC: American Association on Mental Retardation,1992.

重程度,因为以前的智力残疾严重程度是基于IQ得分的统计分布之上。

AAMR第9版引进了一个“帮助需要强度”的新概念代替IQ得分作为严重程度的正式分类,更加强调服务提供、活动结果与功能的定义取向。这些概念上的拓展同ICF框架是一致的。ICF对于损伤的概念反映在AAMR中是“显著低于平均水平的智力功能”。“活动限制和参与限制”概念在AAMR定义中反映为“在两个以上适应技巧方面存在限制”。

(四)AAMR智力残疾第10版与ICF框架

AAMR2002年新版又把智力落后定义为“智力落后是一种障碍,其特征是智力功能以及适应行为两方面有显著的限制,表现在概念、社会和实践适应技能方面。障碍发生在18岁以前”。

AAMR第10版应用的五个前提是:①个体功能受限制须在一定社区环境和文化中考察,而不是离开其所处的环境和文化割裂地或独立地加以评定。②考虑文化和语言的多元性以及在沟通、感知、运动以及行为方面的差别,兼顾个体的多样性及其独特的反应的评价才是实际有效的评估。③对于同一个体,局限往往与长处共存。弱智人群是一个特殊的群体,他们某些方面表现为智力落后,也可能具备一些独立于其智力落后的能力,具有在某些适应技能领域的长处或者在某一适应技能的某一方面的长处。④对于个体受限进行描述的主要目的是建立所需支持的方案。⑤通过一个阶段适当的、有针对性的支持,弱智者的生活功能通常会得到改善。

与第9版相比,AAMR2002年第10版反映了智力残疾概念10年来的发展。第10版保留了第9版的核心特征,包括功能定位和强调帮助,同时还包括同智力功能、适应行为困难和发生年龄有关的三个重要定义标准。它继续强调需要帮助的强度应该作为分类系统的主要目的。

第10版包括了智力和适应行为标准偏离指标。增加的维度包括在它的理论模型之中,涉及参与、交互作用和社会角色,智力能力,适应行为(概念、社会性、应用技巧),健康和身体状况以及当时所处的情境(环境和文化)。

(五)智力落后的新界定

目前国内的智力落后定义沿用的是1986年残疾人抽样调查时使用的定义。不可否认,该定义自使用以来,对于指导我国智力残疾的实践发挥了重要作用。同时,在使用中也看到由于智力落后群体的异质性特点,在界定中也存在着一些问题。不符合国际上对智力落后内涵理解的趋势,更不利于在《国际功能、残疾和健康分类》框架下的智力残疾理论和实践的发展,因此有必要做出新的界定。

我们本着以《国际功能、残疾和健康分类》为基石、与1986年全国残疾人抽样调查“智力残疾概念”保持延续性、与AAMR、DSM-IV、ICD-10接轨、与其他行业衔接的四个原则,把智力残疾的概念重新定义为:

智力残疾是指人的智力明显低于正常人水平(智商低于70分),并显示出适应行为的障碍。此类残疾是由于神经系统结构和功能障碍,使个体活动和参与受限,需要环境提供全面、广泛、有限和间歇的支持。智力残疾包括:在智力发育期间(18岁之前),由于各种有害因素导致的精神发育不全或智力迟滞;或者智力发育成熟以后,由于各种有害因素导致的智力损害或老年时的智力明显衰退。

此外,下列智力功能障碍由于还伴随有其他功能障碍,不归入智力残疾:①学习障碍。在美国,障碍儿童教育法(Education for All Handicapped Children Act)把学习障碍定义为:“一项或以上基本心理过程的异常,涉及到理解或使用语言,说或写,并且表现出在听、说、读、写、拼或数学计算方面能力的缺陷。”②脑创伤。脑创伤(acquired brain impairment)作为一个主要术语被最广泛地应用于描述由于出生后不论原因获得的任何的脑伤害引起的智力障碍。在澳大利亚国家社区服务数据词典(National Community Services Data Dictionary)第三版中定义为:用来描述由于出生后获得的对脑的损害所引起的各种残疾。它能由事故、中风、脑肿、感染、中毒、缺氧、退化的神经学上的疾病等等情况引起。结果包括在认识的、身体的、情绪的或独立功能方面的恶化。③孤独症。同认知、人际交流、社会交往、行为(尤其是无法摆脱的、象征性的、刻板的和固执的行为)障碍有关的普遍发展障碍。④老年痴呆。严重的脑功能缺失。如记忆、理解、推理。主要的痴呆类型包括Alzheimer病、Pick病、Huntington病和Parkinson病。

作者简介:田宝(1965—),男,河北迁西人,博士后,研究方向是智力残疾、人类动机和情绪、人力资源开发与管理。

特殊儿童的创新精神与实践能力培养研究①

辽宁省基础教育教研培训中心　邹冬梅

一、创新教育对特殊教育的意义

创新教育是一个古老而又年轻的课题。江泽民同志在1995年全国科技大会上指出："创新是一个民族的灵魂，是国家兴旺发达的不竭动力。"他在全国第三次教育工作会议上又一次指出：教育是知识创新、传播和应用的主要基地，也是培养创新精神和创新人才的摇篮。教育在培育民族创新精神和培养创造人才方面肩负着特殊的使命，而教育如何才能完成这一光荣而艰巨的任务，是摆在广大教育工作者面前的新课题。1998年10月教育部拟定的《面向21世纪教育振兴行动计划》中指出："跨世纪素质教育工程"的一个重要任务是"整体推进素质教育，全民提高国民素质和民族创新能力"。特殊教育作为基础教育的一个组成部分，要不要进行创新教育？能不能进行创新教育？如何实施创新教育？这是我们当前深化特殊教育改革，全面推进素质教育时必须思考和解决的问题。

目前，我国特殊教育的对象是身心发展有缺陷的残疾儿童、少年。或许有人会说，对这群孩子补偿缺陷都来不及，还能进行什么创新教育？要回答这个问题，我们还得从创新教育的内容谈起。概括地说创新教育是指在学校教育中，对学生的创造品质和创造思维能力的培养。作为基础教育阶段的创新教育其目的主要在于培养学生的创新意识，激发学生的创造欲望，训练学生的创造思维，发掘学生的创造潜能，发展学生的创新能力，使学生具有创新精神和实践能力。特殊教育进行创新教育，也主要是以培养学生的"创新意识"、"创新能力"和"创造性思维"为核心，并不是一定要搞创造发明，培养发明家，而应该为培养和提高残疾儿童、少年综合素质打好基础。创造学认为：人人都有创造欲，人人都有创造力，人人都能进行创造性思维。只不过人的创造欲、创造性思维存在个体差异。人

① 本文为辽宁省教育科学规划"十五"研究课题——《特殊教育学校（班）培养学生创新精神与实践能力模式研究》（批号为：辽宁普教84—1）成果。

的创造欲能够被后天教育所激发,创造性思维可以被后天教育训练,创造力能够通过后天教育得以发展,因此,对学生进行创新意识、创新思维教育,是基础教育阶段创新教育的主要内容。有学者提出:我们要着眼于残疾人能够做什么,不要总是考虑他们不能做什么,从残疾学生的潜能发掘着眼。从这个意义上说,在特殊教育中开展创新教育不仅可能而且十分必要,它是培养残疾儿童、少年的一条重要途径。

长期以来,在特殊教育教学研究领域存在着这样一些问题:往往只重视语、数"主要"学科的教学,而忽视了音、体、美、职教等"副科"的教学;在课堂教学中,教师往往喜欢满堂灌,传统的"填鸭式"教学使残疾学生懒于思考;一些特殊教育学校为了使学生不出问题或少出问题,采用封闭式的管理模式,学校、课堂成为学生主要的活动场所,这些都严重阻碍了残疾学生的全面发展。特殊教育工作者必须转变教育观念,重新审视残疾学生的特殊性与优势,做到鼓励残疾学生敢于动脑、善于动脑;敢于动手、善于动手;敢于提问;扩大残疾学生的活动领域;留给残疾学生充足的学习时间,最大限度地补偿缺陷,发展能力。因为残疾学生虽然生理、心理、智力上有缺陷,学习上有障碍,但他们同样有好奇、好问等特点,教师应根据各种学科的特点,扩大残疾学生的活动空间,努力创设一个有利于思维发散的情境和氛围,为学生提供发现问题、提出问题的机会,从而启动他们的创造意识。正如陶行知先生所说:"创造需要广博的基础。"可见特殊教育开展创新教育势在必行。

在这个以创新为主旋律的时代,如果一个人没有掌握这个时代所需求的语言和技能就可能失业,成为新时代的文盲。为此,作为教育工作者,应清楚社会对人的知识水平的最低要求或基本要求,并迅速调整自己的知识结构,以适应社会经济发展的要求。因此,开展创新教育,寻求人发展的最终出路,具有重大的现实意义,对未来发展也将产生深远影响。残疾学生也有自己生存与发展的理想和目标。古今中外有许多人虽然身体残疾、有缺陷,但由于自强不息,敢于超越自己,而成绩卓著,留下熠熠光辉。如大家比较熟悉的美国的海伦·凯勒,是世界著名的盲聋作家、教育家,还有我国残疾人的楷模张海迪等。可见,残疾人有着不可估量的教育潜力,他们同样具有创新精神和实践能力。

在实际教学工作中,我们必须正确把握和处理好残疾学生的智力因素与非智力因素的辩证关系,充分调动两种因素的能动作用,这样才会使特殊学生的潜能开发卓有成效。现代学习理论告诉我们,非智力因素对于人的学习目的、态度以及能否最终学有所成至关重要。因此,应通过有效的指导学生学习,补偿和矫正学生尚在"沉睡中的能力",使学生的潜能在最少受限制的环境中得到最大限度的发展。

二、实验的理论基础

1. 陶行知的创造教育理论。他指出:处处是创造之地,天天是创造之时,人人是创造之人。这一理论同样适用于特殊教育。

2. 人本主义思想。残疾学生也是活生生的人,也拥有人的基本需要。当他们对人的基本需要得到合理满足之后,自我实现的需要就实现了。实施创新教育可以满足其成就感,树立自信心。

3. 美国教育家杜威提出的“做中学”观点对我们的启示。在学习过程中,让学生充分、自主地活动,通过学生的主动活动,激发创造欲。“做”的内容必须与社会生活相符,否则学生学到的经验就会脱离社会生活,不符合特教培养目标。

4. 目前我国正在进行的以素质教育和创新教育为指导思想的教学改革,使教师和学生的角色发生了变化,这也引起我们的深思:评价教师教学质量好与差的标准不再是学生考试成绩的高低,取而代之的是学生主体作用发挥得如何,教师也由过去的“教书匠”向课堂教学的组织者、指导者和参与者方向发展。

5. 普通教育开展创新教育的成功经验的启示。创新教育在小学、中学已经轰轰烈烈地展开,有许多做法值得特殊教育者借鉴和参考,以减少实验过程中的重复性,少走弯路。

三、实验的设计与实施

(一)研究的目标

1. 本研究旨在通过有针对性、有计划、科学有效地对来自于不同类型学校、不同残疾学生身心发展特点的比较研究,在遵循“国家课程”指导思想的前提下,开发“校本课程”,改革传统教学内容和教学组织形式,逐步探索出符合各类残疾学生发展需要的创新教育模式群,促进各类学生可持续发展能力的提高。

2. 通过实验,深刻理解特殊教育的“三维”教育目标在教育教学过程中的具体实践,同时构建以生存与潜能开发为核心的特殊教育学校创新教育研究的现代教育理念。

3. 特殊教育学校创新与实践能力研究的立足点应放在“以人为本”的高度,树立实事求是的思想,彰显各类残疾学生的个性及学习特点,为每一个学生的发展服务,不“丢掉、放弃”一个学生,让每一个学生都能得到适合其需要的教育。

(二)实验研究的基本原则

实施创新教育是特殊教育的重大改革和创新。在指导思想、教育评估等方面,必须坚持以下原则。

1. 实事求是原则。创新教育是素质教育的一个重要组成部分,是以培养人的创新精神和实践能力为基本价值趋向的一种教育。对于特殊教育学校来说,其核心是研究和解决如何培养残疾学生的创新意识、创新思维、创新能力的问题,以提高他们迎接挑战的综合能力。要充分认识残疾学生的缺陷程度,对于每一个个体来说在其原有基础上有新的发展就是创新,不能脱离学生实际谈“创新”。

2. 主体性原则。即坚持落实学生主体地位,尊重学生,信任学生,让学生主动活泼地发展。在教育教学的过程中,教师就要讲民主,变讲堂为学堂,讲学结合;变只传授知识为既传授知识又培养创新能力相结合。在教学过程中,必须建立一个民主、平等、和谐的学习环境,建立新型师生关系,给学生提供实践、探索和创新的机会。

3. 整体性原则。即系统管理、统筹规划、科学运作、追求创新教育的整体效益原则。依据这一原则,各校实施创新教育,就要围绕培养对象的需要,对办学体制、教育观念、教育模式、教育内容、教育评价、教育环境等因素进行综合改革,建立良好的创新教育运行保证机制。依据这一原则,实施创新教育就要坚持学校、家庭和社区齐抓共管,营建良好的实施创新教育的环境;依据这一原则,就要坚持全体性、全面性、主动性与创造性,使受教育者得到整体发展,成为高素质的合格公民。

4. 创新性原则。即在教育教学中,教师要创新地教,学生要创新地学,营建一个有利于创新能力培养的民主和谐的环境。坚持创新性原则,在教学方面,教师就要采用启发式、讨论式、竞赛式、研究式等教学方法,不仅传授知识,而且要教给学生知识创新的规律,教给学生获取知识的能力和方法。教师对学生的创造性要善于引导、鼓励;对学生的异常思维要善于理解和宽容,从物质上、精神上为学生提供有利于创新思维的条件。

5. 实践性原则。即坚持实践第一,教、学、做结合,让学生在实践中学,在实践中创。坚持实践性原则,就要走出课本、走出课堂、走出学校,贴近生活、贴近自然、贴近高科技。让学生在丰富多彩的创造性活动中体味创造的滋味,从中培养学生的观察与想像能力,培养发现问题、提出问题、解决问题的动手创造能力。

6. 继承和发展的原则。20世纪40年代我国的教育家陶行之先生就提出了创造教育,主张以培养人的创造能力为教育目的。随着时代的发展和人才素质的提高,今天把创新教育提到了教育发展的制高点,我们要善于借鉴前人潜心研究的优秀成果,结合特殊教育的实际有所发展和升华。

(三)研究方法

1. 研究对象

本实验是一个大规模的协作研究,共涉及省内14个市及辽河油田所辖的聋校、弱智学校、普通小学附设班参加,有近77所实验学校、157个实验班、1400多名各类残疾学生。实验对象由实验学校随机选择实验班级。在实验过程中,实验班级按照实验的总体规划和具体的操作策略组织教育教学活动,有条件的实验学校要求设立对比实验班,以此检验实验的成效。

2. 研究方法与采用的评估手段

本研究是一项促进各类特殊儿童能力形成与发展的应用研究，因此在研究方法上主要是通过教育干预和教育实践来获得研究结论。本课题依时间先后主要采用了测量法、问卷法、调查法、案例分析法、经验总结法等进行研究。总课题组根据实验的假设，制定了教育实验的具体实施方案，各实验学校根据项目方案制定具体的分课题实施方案，教师根据具体的实施方案构建各类特殊教育学校（班）创新教育模式体系。

实验的评估手段根据实验的内容分别采取了不同的测试手段，比较集中地使用了中国——韦氏儿童智力量表、比内量表、社会适应行为评估量表、瑞文量表等，以上主要是针对学生进行的。在实验过程中，做到每个学期对实验学生进行一次综合性的评估，包括考试和能力测试等，以总结实验过程中存在的应为与难为，所取得的数据为科学地开展实验工作做了精心而充分的理论与实践的准备。同时各个实验学校也开展了教师、学生以及家长的问卷调查工作。

3. 研究过程

本实验自 2001 年 10 月开始至 2004 年 10 月结束，历时 3 年，其经历的过程如下：

准备阶段（2001 年 10 月——2002 年 1 月）：控制实验相关条件，课题论证；学习有关理论，培训教师；制定实验方案与计划；原始测试等。

实施阶段（2002 年 3 月——2003 年 6 月）：实验的实际介入，完善实验方案；开展各种形式的研讨、交流、观摩活动等，对实验中期成果进行展示汇报。

总结阶段（2003 年 6 月——2004 年 10 月）：实验终结性评估；总结鉴定验收；撰写实验总结报告；推广实验成果等。

（四）实验的组织与实施

1. 注重实验过程管理，加强研究与指导。首先，建立了实验的组织机构，成立了实验顾问组、实验指导组、实验实施组，分级指导与管理。实验顾问组由辽宁师范大学特殊教育系博士生导师、教授张宁生担任；实验指导组由省、市、区教科研人员组成；实验实施组由实验学校校长、教导主任、教师组成。其次，实验中制定了规章制度确保实验顺利进行。如科研档案管理制度、教师的工作制度、总结制度、实验人员编写材料撰写论文制度等。再次，组织多种类型的研讨活动。实验期间定期召开专题研讨会、现场观摩、实验研究汇报课以及论文展评活动等。

另外，在实验过程中各实验学校注重资料的搜集与整理，为实验设置了专门的档案，积累了大量的实验跟踪纪实材料。

2. 更新观念，提高教师素质。要搞好该课题的研制工作，转变教师的教育观念至关重要。实验初期有的领导、教师普遍存在畏难情绪，认为特殊教育学校开展创新教育是不现实的，学生能学点儿知识就已经不错了。针对普遍存在的问题，各个实验学校均利用专题讲座等形式，帮助教师充分认识创新教育与特殊教育的关系，对特殊儿童开展创新教育的价值等问题开展了教育思想的大讨论。在实验过程中，广大教师逐渐明确了对特殊需要学生开展创新与实践能力培养教育的必要性和深远的教育价值、社会价值。总之，观念的转变和素质的提高为实验提供了前提条件。

3. 积极投入人力、物力、财力，为实验提供物质基础。

四、实验取得的成果

（一）不断探索各类各学科创新教育教学模式，培养学生的创新精神与实践能力

学科教学活动是开展创新教育的一个重要形式，它可以使创新教育的有关内容很好地借助于各学科的知识载体，潜移默化地传授给学生，使每个学生都能受到创新精神和实践能力的培养。为此，通过此实验要积极带领广大教师不断探索，提出并构建适合残疾学生的有效教学模式。例举如下：

1. 提出了适合聋生全面发展的教学模式。针对实验对象的特点，构建“课堂教学是基础、课外活动有渗透、环境教育相辅助、家庭教育相配合”的教学框架，提高学生的创新与实践能力。具体操作叙述如下：

（1）课堂教学是主渠道

在教学过程中，构建了“激趣、设疑、探究、解问”四步教学模式。“激趣”是教师借助录像、模型、挂图、表演等手段精心设计导言，为学生创设教学情境，激发学习兴趣；“设疑”是引导学生针对观察到的内容和自己的知识水平提出问题，确定本课的教学目标；“探究”是学生在教师指导下，结合自学提示进行自主学习和伙伴间合作学习，通过读、画、思、议真正理解课文内容，从而培养学生自学和合作互助的能力；“解问”是教师针对学生在“探究”过程中存在的问题进行讲解，组织学生讨论，解决疑难问题，完成教学目标。在运用该教学模式教学时，要做到以下几点：

第一，坚持知识传授与语言发展同步。发展聋生的语言是教学的重要任务。各学科课堂教学不仅要有知识传授的目标，还要确定语言发展的目标。如：数学学科的试题教学，不但要求学生会计算，而且能正确运用数学术语读题，能有条理、完整叙述计算过程。在教学过程中，教师要充分抓住知识的传授讲解、演示、操作等环节，让学生眼看、心想、口说、手做，调动学生的多种感官参与学习，从而深刻领会和掌握知识，促进学生语言的发展。

第二，创设情境，培养创新能力。聋生由于听力损失，他们获取信息的主要渠道是视觉。针对这一特点，在课堂教学中要充分运用录像、投影、电脑课件等为学生创设情境，将

教学内容直观形象地展示给学生，让他们在具体的语言环境中学习知识。

第三，教给学生学习方法，培养学生的实践能力。21 世纪是学习化的社会，只有具备终身学习的人，才能适应社会并创造未来。为了使残疾学生更好地适应社会的挑战，教师在教学中应有意识地注重学法渗透，培养学生主动学习的能力。

(2)课外活动有渗透

课外活动是特殊教育学校的另一重要教育阵地，活动的内容与形式将直接影响学生的思想和行为。如学校定期举行小制作、手抄报、书画竞赛等，为学生构筑施展才华，创新思维的舞台。活动中渗透创新教育，既提高了活动质量，又激发了学生创新的意识，培养了创造能力。

(3)环境教育相辅助

校园环境是一种直观性教育，它对学生思想品德、个性心理和行为习惯的养成有着潜移默化的影响。在实验中，注重环境布置对学生智力的开发，体现教育性、形象性和艺术性。学校在走廊、楼梯口悬挂礼仪规范图、名人图片，还制作了知识之窗展示板、书画作品展示板、手抄报展示板，定期更换内容，做到知识性、趣味性、实践性于一体。

(4)家庭教育相配合

家长协助是搞好创新教育的有效手段之一。在实验过程中，邀请家长到校介绍孩子在家的学习情况以及每个学生的潜在能力优势，积极发现学生的潜能，以便在教育上采取措施为学生的发展提供广泛的空间，使创新教育真正落实到“以人为本”的目标上来。

2. 针对智障学生的实际，开展学科课程统整模式的研究

提出了单元综合活动课程的构建、艺术教育课程的构建等课程模式，具体操作如下：

当前弱智教育学校的改革是摆在每个教育工作者面前的重要任务，原因在于弱智学校的教育对象发生了根本的改变，由过去的轻度学生逐渐被中、重度学生所取代。教育对象发生了质的改变，那么相应的教学组织形式、教学方式、课程教材等都要发生相应的改变，以适应学生的接受性。为此，在实验过程中，针对现有弱智学校中学生的生理和心理特点，结合弱智儿童的生活实际及与其他学科的统整关系，对现行教材进行改革与创新，使其适应创新教育的要求。

(1)单元综合主题模式的建构。提出单元主题目标，收集整理教学资源，编写单元教材，实施单元主题。每个单元主题要有利于学生的认知发展规律，符合学生的年龄特点。在实施的过程中，教师要分组分层次、引入情境、社会实践、动手操作、游戏竞赛等多种教学方式，体现了针对性、探究性、综合性和人文性等原则。以单元主题《购物好去处》中的“超市购物”为例说明实践过程。学生通过学习《开心购物》这篇语文课文了解了超市的售货性质，认识与超市有关的文字；通过常识课《超市购物》，知道超市商品的种类，掌握在超市购物的过程，学会在超市购买商品；在体育课上通过游戏《小小送货员》不仅进行

了肢体康复训练,还体验了超市员工的辛苦;在美术课上,通过观察超市里水果的形状、颜色等,学会了用水彩笔画出各种水果。在单元主题综合教学中,不仅在课堂上给学生传授知识,还有意识地把学生带到附近的超市组织学生社会实践,让学生在真实的情境中体验超市购物。在这个过程中,由于学科知识的融会贯通,开阔了学生的视野,满足了学生的需要,学生的学习兴趣和信心有了极大的提高,课堂也变得活跃起来,我们的弱智学生也变得"聪明"了。单元综合主题教学更贴近学生的生活实际,体现了特殊教育的生态性和实践功能。

(2)艺术教育教材的改革与创新。艺术教育又称审美艺术教育,是培养学生具有正确的审美意识观点和鉴赏美、追求美、创造美的能力的教育。可以通过音乐、美工和课外文艺活动,并借助于大自然和现实生活中的美来陶冶学生的心灵,树立高尚的审美情操的教育,它是弱智儿童全面发展教育中必要的组成部分。对于弱智儿童来说,如何培养和发展学生自觉主动地参与学习,培养学生的发散性思维,促进审美情感的体验,是真正体现现代艺术教育的基本特征。

第一,音乐教材。弱智儿童语言发展迟缓,尤其是低年级的学生,无论是对旋律和节奏接受都非常慢,有时甚至就是读歌。所以在低年级教材的编写过程中,适当加入一些节奏明快、朗朗上口的童谣儿歌辅助教学,训练其口语表达能力,使其感受到音乐的韵律之美;增加学生的创作热情,增设改写歌词、利用熟悉曲调唱新词等多种方式,使学生掌握音乐的节奏,体会音乐的美。

第二,美术教材。运用现代简化、抽象的图形对教材内容进行表现,优化原有教材中"示范图与学生作业在同一页中"的结构,为学生掌握知识发挥创作能力提供更大的空间。

3. 开展弱智儿童随班就读课堂创新模式研究

随班就读的课堂教学模式研究一直是特殊教育所关注的重要领域,它涉及到对两类学生的培养与教育问题,在不影响教育质量的同时随班就读学生的教育效益应该得到足够的重视。在实验的过程中,应体现个别性与普遍性的整合,努力创造一种和谐、愉悦的教育氛围,使弱智学生在教师的引导下,融入到集体的学习过程中去,并在这个过程中使两类学生的创新能力得到全面和谐的发展。我们创设了"创境生疑——探究自学——讨论释疑——练习提高"等可操作的教学模式。

(二)通过实验,学生的多种能力得到提高

1. 语言表达能力。实验前,对实验班级的学生进行"数学术语、写句子"测试,90%的聋生不能用语言表达、写句子,好一点儿的学生5分钟能写出10个句子,语句不够通顺,词汇贫乏,正确率为60%。实验一年后进行检测,上述状况发生了改变:学生对数学术语

能够用口语正确表达，叙述算理能力有很大提高，语言内容也比较丰富了，最差的学生在5分钟能写出10个句子，正确率为60%，优等生能写出15个句子，每个句子都又5个以上的词语组成，正确率为80%。

2. 观察想像力和分析解决问题的能力

实验前后对实验班级的学生进行观察想像能力、分析问题能力测试，从中发现实验初期学生观察事物不全面，把握不住事物的特点、规律，不能针对事物进行合理的想像，缺乏解决问题的能力，测试的5道生活中常见的问题，学生解答的正确率为50%。实验一年后进行测试，学生观察事物全面具体，讲究方法，而且能抓住事物的特点描述，想像也很丰富，分析解决问题的能力有明显提高，进行5道紧要关头想对策的能力测试，正确率为85%。

3. 自学能力

实验前，对实验班级学生进行自学能力调查，学生缺乏自学能力，不知道如何自学。实验后进行检测，学生的自学能力有大幅度提高，课前能主动预习，课中勇于探究。如以语文学科为例，不用老师提出要求，学生课前就能主动自学生字的音、形、义，读课文，给课文划分层次。课堂上教师把自学问题提出后，学生就会全神贯注地进行自学、讨论，学习气氛高涨，自学效果好，正确率为70%。

4. 社交能力

调查统计结果表明，通过实验，实验班级学生的社交能力得到了很大的发展，合作探究、协作共事的局面时有发生。学生敢于和正常人交往，乐于在实践中学习经验，懂得如何待人接物，如何适应社会。80%的学生克服了自卑心理，树立了自立、自强、奋发向上的人生观。

（三）建立科学系统的学生成长评价观

培养各类身心发展有特殊需要的残疾学生的最终目标应建立在学生全面发展的观念上，而不是为了一部分学生的优才教育。因此，在实验过程中，为实验学生建立了创新与实践能力养成记录袋，内容包括各种测试原始记录、个别教育计划、各种显性和隐性的能力评估记录、学生的典型作品集等。每个学期相关任课教师和家长对学生的发展做出全面的评估，以人为本，而不是以考试分数为本。

（四）实验促进了特殊教育改革，推进了素质教育，培养了一批骨干力量

近三年的实验，实验学校的校长、教师积极钻研，兢兢业业。在实验中，教师的思想素质得到了锻炼，提高了教师的教育教学能力和科研能力，从而促进了业务素质的提高。在实验中，教师掌握了教科研的基本方法，也在边实验边总结的过程中提高了理论研究的水

平。在实验过程中,教师撰写论文、设计案例等,不仅在全省会议上展示,而且在各级特殊教育杂志上公开发表,做到了人人有论文,人人有经验,大家说,搞实验锻炼人,更培养人。

五、讨论与建议

1.创新教育有利于残疾学生综合素质的培养与形成

在实践中我们认识到,文化课的学习对于残疾学生来说固然重要,但更重要的是知识的学习过程也是学生情感态度价值观的培养过程,是学生潜能开发的过程,是缺陷补偿的过程。通过有意识地对学生进行创新与实践能力的渗透,学生的各种能力会在这个过程中得到有效的培养和锻炼。

2. 创新教育使教师的教学方式和学生的学习方式发生了极大的改变

教学方式与学习方式的改变是新一轮基础教育课程改革突出重要的问题,由于特殊教育还没有进入"新课改",大多数教师还在因循守旧地进行着传统的"传道授业解惑"的教学,学生学得无精打采,不能学以致用,长此以往,特殊教育的办学得不到社会、家长、学生的认同。创新教育与实践能力培养模式研究的提出,犹如一道亮丽的彩虹,为残疾孩子的明天开辟了新的天地,课堂教学和学生的活动发生了质的变化,教师的教学逐渐发展为以学生为主,使学生在自主合作探究的氛围中轻松愉快地学习。

3. 创新教育与实践能力培养赋予特殊教育发展新的内涵

特殊教育学校的教师理解"创新教育"有其独到的见解,即:创新教育对于特殊学生来讲,就其自身的思维等有新意、有发展,而不能单纯地理解为搞发明创造才是创新,如果仅从这一方面片面地理解,特殊教育学校、尤其是弱智儿童学校就根本谈不上创新,那么学生能力的培养就无从谈起。通过该实验,特殊教育学校的教师都能从教育对象的实际出发,科学地诠释了创新教育的概念,在实践中实现了真正的创新。

4. 创新教育的课题研究是一个常新的课题

作为实验的一个周期对创新教育进行了总结与分析,但是作为研究还只能是后续工作的铺垫,还应该深入研究下去,为特殊学生的发展再铸新的平台。

总之,通过开展各类特殊教育学校(班)培养学生创新精神与实践能力培养模式课题的研究,学校的教育教学观念发生了重大的变化,培养目标由传统的记忆、模仿、再现型人才转向了具有较高素质、富于创新及实践能力型人才的培养。同时,为残疾学生减少最少受限制的环境,适应社会,融入社会主流,实现"回归主流"的美好愿望创造了条件。

智障教育的特殊性

广东省顺德启智学校　梁敏仪

"我国有相当一部分智力落后儿童学校目前还在使用普通教育的课本,但教学进度比普通小学要慢一半或一半以上",①有人认为智障儿童同普通儿童相比,在智能上有区别,将知识简单化,给予学生足够的时间是可以学会的。但智障儿童和普通儿童所学的内容是否真的没有本质上的差别?

有人认为智障学校是爱心学校,智障教育的教师是爱心教师。在智障教育领域,爱心占有重要的位置,爱心是智障教育工作者投身事业的动力。爱是做好一件事情的基础。但只有"爱"就能做好一切吗?众所周知,白衣天使需要对病人如沐春风般的关怀外,更需要精湛的医术。智障教育这一职业是否也应该同医生等职业一样,有精湛的"专业"技能?智障教育同其他领域的教育有什么不同?

针对以上问题,笔者试从人们关于智障教育特殊性的认识误区来进行分析,以探讨智障教育的本质。

一、关于智障教育特殊性的认识误区

(一)从教育目标看智障教育之特殊

智障教育的目标就是智障儿童应该被培养成什么样的人,是指人们根据自身的需要,在已认识的多种可能性中,以不同的评价标准,选择一个最佳方案,为实践提供指导性的建议。在智障教育中,我们的教育要符合儿童的需要。那么智障儿童拥有的生物基础是什么?智障儿童的需要是什么?其教育的规律又是什么?如果不对这些问题进行讨论的话,智障教育只能是一句空话。

马克思认为"人的本质并不是单个人所固有的抽象物,在其现实性上,它是一切社会

---

① 朴永馨主编:《智障教育学》,126页,福建教育出版社,1995年6月。

关系的总和"①。教育的本质是人类特有的遗传方式和交往方式,是人类自身的再生产和再创造,人类自身的再生产是指个体人的形成,直至进入社会,它包括种族的繁衍和使初生婴儿进入社会的教育,初生婴儿还不能算是真正意义上的人,只有经过一定的教育,使他们具备了人类社会中独立生存的各种能力之后,他们才算进入社会成为真正的人。智障儿童在基本生活技能、社会规范、自我意识三个方面比同龄正常儿童滞后,他无法将自身与环境、他人区分开来,具有较大的依赖性,所作的行为是随心所欲,不符合人类社会的规则或规范,即没有完成基本的社会化,自我意识还处于接近生物人的水平,只是"生物意义上的人"。所以,智障教育的出发点应当建立在"生物人"的基础上,而不是"社会人"的基础上,"社会人"是其教育的目标。

(二)从学生受教育的资源看智障教育之特殊

依据皮亚杰的理论,智障学生还处于具体动作思维阶段,②这就要求教师通过创设情境和利用真实的生活情境,让学生模仿和练习,借助学生的具体动作思维,通过情绪诱发和行为强化,习得并巩固人的基本生活经验,形成与正常人同样的反应模式。如果我们在教育过程中还是采用符号的教学,脱离智障学生思维发展阶段,信息的输入对学生是无效的。结果就是学生可能也很投入地听老师讲课,但是他们思维只是集中在老师手中的一个苹果,或是一个有趣的教具,而并非教师所讲授的内容上。

根据对智障儿童教育目标的研究,智障教育的本质是将广义教育的内容通过狭义教育的形式来实现,将在日常生活中没能完成的教育内容、要求转移到学校中来进行,使用一些专门的方法逐步完成他的社会化,使之回归社会。所以,智障教育的内容首要是使学生具有生活自理能力、与人交往能力、适应社会生活能力和自食其力能力。

(三)从现代教育的要求看智障教育之特殊

"弘扬人道主义被认为是特殊教育的一项重要任务,是特殊教育的思想基础。"③但是从教育经济学的角度考虑,现代教育是讲究投入和产出的。对智障教育投入的回报,人们同样是抱有期望的。而在现实社会中,由于人们看不到智障教育的效果或是教育效果不明显,使得智障教育常受到质疑。不仅一般的群众对于举办智障教育大为不解,就是许多领导干部也对投资"效益甚微"的智障教育持消极的态度。

是智障教育本身真的没有效益,还是我们没有寻找出取得智障教育效益的办法?从

① 马克思:《关于费尔巴哈的提纲》,《马克思恩格斯全集》,第1卷,18页,人民出版社,1972。
② 弗拉维尔著,邓赐平译:《认知发展》(第四版),华东师范大学出版社,2002年7月。
③ 葛新斌:《人道主义是特殊教育的思想基础》,《中国特殊教育》,1997年,第2期。

上面的论述中我们不难发现,智障教育本身是有效益的,通过有效的教育可以使其由单纯的消费者变为半生产者。任何一个社会都会接受一个病人,可怜他并帮助他,因为人们在他的身上看到了自己(同类)可能会出现的情况。但是,社会却绝不会接受一个有知识、有能力却没有社会规范的人。在智障教育实践过程中,我们更多的是强调爱心和耐心,而忽略了智障教育的专业要求。

(四)从特殊教育的专业特点看智障教育之特殊

1998年英国的克拉克等专家出版的《建构特殊教育理论》一书,提出了特殊教育理论是一片空白的观点。特殊教育是一门应用学科,它没有自己专业的理论,指导特殊教育的理论更多是从医学、心理学、教育学和社会学等学科引用,近代的脑科学研究和电子计算机科学的研究也被特殊教育充分的引用。这样的做法帮助特殊教育在过去的两百年中成为富有生机和发展活力的一门专业,然而,实用主义也在渐渐地影响着特殊教育作为一门学科的独立性和科学性。①

由于特殊教育理论不能够关心特殊人群的经历,不能充分理解特殊人群的需要,因此这种理论的危机必然影响到特殊教育一线教学的进行:教育目标和学生实际的脱节,教育内容和学生需要的脱节,教育效果和社会发展的脱节,特别对智障教育影响更大。智力落后儿童之间的差异性较大,单凭固定的模式和做法很难对个体间的差异进行有效关注。而我们只提供给教师具体教育和训练的技术,没有固定理论的支撑,教师很难从专业的角度对纷繁复杂的问题进行处理,也无法完成智障教育的任务。

二、智障教育特殊性的探讨

(一)开展智障教育特殊本质的研究

从智障教育整个事业考虑,智障教育的特殊就在于智障教育要对“是什么”和“应如何”进行区分和研究。由于智障儿童比较复杂,所以对其认识的过程比较漫长,智障教育的发展须以生物学、心理学和社会学等学科的先行发展为前提,我们要积极地了解和引用其他学科的研究成果,可以将社会学家、心理学家和政治家吸引到智障教育领域的研究中来。同时,对这两个问题智障教育界自身要展开讨论,之所以会出现使命不清的现象,是我们头脑中缺少问题意识造成的。要认清智障教育的特殊,我们先是对“应如何”进行思考,在此基础上研究“是什么”,再由“是什么”来指导“应如何”……形成一个不断螺旋上升的结构,推进整个智障教育事业的发展,在整个研究过程中主要是形成问题意识,形成

---

① 陈云英:《特殊教育的理论危机》,《中国特殊教育》,1999年,第1期。

百家争鸣、百花齐放的局面,对于真理的讨论将指引我们逐渐走向真理。

(二)提高对智障教育特殊性的认识

目前智障教育还没有形成自己的学科体系,这就更给我们一线工作者提供了广阔的思考和研究空间,我们可以通过自己的研究促进整个智障教育专业的建构。如何实施智障教育,是每个智障教育工作者的责任问题,这不仅是学者和专家讨论的事情,也是每一个从事智障教育工作的人所要思考的,即对智障教育本质的认识不只是被动地去接受专家的研究成果,而是主动地去研究学习。我们要了解和研究智障儿童的生物学基础是什么,要了解心理学家、社会学家和政治家对未来生活的预测是什么,了解人类自身发展的规律、教育的规律,在此基础上形成智障教育的教育前提和基础理论,形成对智障教育判断的价值标准。在目前的情况下,比较有效的做法就是在专家的带领下,学校尝试做自己的课程,这样的课程是建立在一定哲学思考的基础上,对智障儿童有一定的假设,并且教师要对这个哲学基础和假设达成共识,而不是停留在编写教材的层次。在这个过程中重要的是对教师问题意识以及研究意识的培养。

在智障教育实施的过程中,我们不应该用教育对象的特殊性所产生的人道主义要求来掩盖专业本身的特点,在智障教育中不仅要有爱心,更需要专业的精神,要利用好内、外部的资源,从思考智障儿童的本身特点出发去面对各种复杂的问题。

参考文献

1. 肖非、刘全礼著:《智力落后教育的理论与实践》,华夏出版社,1993年。
2. 张撰根著:《教育是什么》,湖北教育出版社,1998年。
3. 弗拉维尔著,邓赐平译:《认知发展》(第四版),华东师范大学出版社,2002年。
4. 朴永馨主编:《特殊教育学》,福建教育出版社,1995年。
5. 王文科主编:《特殊教育导论》,心理出版社,2002年。
6. 庞丽娟著:《婴儿心理学》,浙江教育出版社,2001年。
7. 三人行图书供应社:《人性心理学》,将门文物出版社。
8. 王志超:《智障教育的目标:促进学生的人性化发展》,《现代特殊教育》,2003年第11期。

满足需要，为智障学生获得均衡发展提供优质的教育服务

北京市宣武区特殊教育中心、宣武区培智中心学校　潘　镭

维护和促进中国特殊儿童教育与康复的权力是特殊教育学校的天职。北京宣武培智中心学校是上个世纪 80 年代初首批在首都北京成立的专门接收智力残疾学生的特殊教育学校。

办学二十多年，学校历经多次重大变化，每一次变化都争取到优秀的资源，充实和完善办学条件，扩大办学规模，拓展了办学格局。学校发生了日新月异的变化，给残疾学生带来就学的方便和发展的福音。办学的品质提高，残疾学生家庭的痛苦减轻，良好的社会影响形成，体现各级政府和领导对残疾学生成长的关心和重视，体现了我校全体教职工在四任校长的领导下艰苦奋斗、韧性实践，为特殊教育的发展辛勤耕耘而取得的重大成就。如今，学校一举成为能够满足 3—18 岁以上智力障碍儿童、学生全程学习，集训练、教育、康复、职业教育为一体的特殊教育指导中心，为全区的残障学生接受良好的教育，获得均衡发展的权利提供了保障。

回顾学校的发展历程，我们是一步一个脚印，每一步都以是否为残疾学生的发展带来好处为准则，每一步都以实实在在的学校发展为尺度，它量出了办学者们的心胸和睿智，度出了办学者们的意志和理想。

一、艰难起步，初具九年义务教育规模

20 世纪 80 年代，就在宣武天桥一带的九弯胡同（名副其实的九道弯，最宽的地方只能一辆手推车通过）的深处，来了五位教师，十几位学生。那位年纪最长者，高高大大，花白头发，一脸刚毅的样子。她就是培智学校首任校长张淑芬。她已经 62 岁，早已过了退休的年龄。但是她说，我还能干两年，给孩子们把学校的架子搭上。那位年轻的梳着两条长辫子、大眼睛的高个子教师，就是学校首任党支部书记曹英。那些孩子是她和其他几位

教师一起带来的。因为这些孩子智力发育迟滞,跟不上同学们的学习速度。学校里就专为他们开办辅读班。区里要成立这样的专门学校,他们自然就成了学校的首批师生。

九弯那三层半的小院,原来是一所幼儿园。一切都是小规模。小教室、低门窗、院子最宽的跨度不超过五米。不足半年,到了招生的时候,院里院外来满了家长和孩子。“老师,我这孩子脑子慢,收下吧!”“校长,您就高抬贵手,让孩子在这上学吧!”按照孩子们的年龄,学校一下子就招了五个教学班,七十几名轻度智力落后学生。老师不够了,从师范学校分来了第一批毕业生,还有从当时的重点学校自愿来做教师的,有从延庆等郊区调入城区的教师。教师一下子增加到十八九名,体音美各科教师全齐了,学校一下子热闹起来,一所特殊学校真的搭起了架子。夏日,房顶太薄,晒得室内外温差不大;冬天,胡同太窄,取暖用的煤块,人拉手推,师生们一簸箕一簸箕地抬到校内。居民们知道这是一所特殊学校。就对这里的孩子格外地关照。胡同里的小店铺,敞开大门,让孩子们锻炼购买副食的生活技能。孤独的老人,接待孩子们常年到家里去,给孩子们提供做家务劳动的机会。院子里一年四季欢声笑语。家长们不再忧愁,因为这里的教师对孩子特别好。到了年节,家长们主动拿来面粉和蔬菜,和老师们一起给孩子包饺子。

最令人兴奋的是,这件事被北京市社会学会福利组的老同志们知道了。她们的会长是雷洁琼先生。福利组的负责同志是桂慧君和张佩琦教授,还有原北京市妇女联合会的离休老干部张淑义等。她们同为欧美同学会成员,热心社会公共事业。她们多次走进深深的小巷,来看望师生,提出办好学校的好建议。她们看到条件简陋,孩子们的学习用品不足,于是慷慨解囊,十几位老同志拿出自己的积蓄,给孩子们买玩具、买图书。学校里的第一台脚踏缝纫机,就是他们凑钱送给孩子们的。学校的第一架电子琴,学生们第一次合奏的那几台小的凤凰琴,都出自老同志们个人的支持。教师们是含着眼泪教孩子弹唱的。她们还请来冰心老人,为学校题写了校名,制作了匾牌,端端正正地挂在大门口。

智力落后的学生学习有困难,如何才能让孩子们学得好,成了校长和教师们日思夜想的大事情。学生武某,爷爷教他数数,数一下,奖励一颗花生。孩子腻烦了,大声地反抗:我不吃花生,再也不数了。这个故事,警示着教师们不能再照老样子拿着书本教孩子们死记硬背了。张校长请来了女博士陈云英——一位年轻干练、才智超群、刚刚从美国留学归来的特殊教育学者。她来到了我们学校带来了先进的特殊教育理念,带来了港台、欧美等特殊教育的发展经验,带来了国际特殊教育发展的趋势分析。她一次又一次举行讲座,和教师们深入沟通,亲自示范。教师们在她的指导下,把十几个人的班级分成不同的组别,采集距离学生生活很近的教学内容,分解成小步子教给孩子们。帮助孩子渡过了许多学习难关,这样的学习使孩子们不再畏惧功课。

教师们向陈老师学到了如何尊重和维护孩子的学习权益,尊重学生的人格,以“自尊、自立、自强、自治”作为校训,鼓励孩子们平等地参与各种学习活动。1985 年,全国少工委大规模地发动了少先队员们广泛参加的全国少先队活动创造杯大赛。学校抓住这个能够鼓励弱智学生增强自信的活动，组织教师启发孩子们搞起各种力所能及的创造性活动。孩子们的热情参与和创造精神感动了团中央的评委们。当时的团中央少工委主任陈海燕同志说，北京的一所弱智儿童学校都参加了创造杯活动，说明活动的深入人心、对儿童的适用性和普及推广的意义是非常大的。这说明弱智学生也有创造性。通过平等竞争，学校获得了三个创造杯，成为全国获奖杯最多的学校之一。就在那个年代，教师们把弱智学生的绘画作品推荐到荷兰、丹麦、英国、美国等国际少年儿童比赛的组委会里，我们的学生每一次都载誉而归。每一次体育比赛、歌唱比赛，只要学生们可以参加，教师们就不遗余力地组织和推荐。孩子开始在这座小小的院子里尝试人生的成功和乐趣。他们不再是学习后进者、编外生、差生……

社会力量支持，专家的指导，教师们的创业精神成为建校初期办学精神的体现，四五年的光景，学校里1—9年级的学生都有了，满足了6—16岁智力残疾学生义务教育的就学需要。

二、明确办学目标，构建义务教育课程

20世纪90年代，是世界特殊教育迅速发展的时刻。国际教育界遵循联合国大会《世界人权宣言》提出的“人人都有受教育的权利”的宗旨，以特殊教育的水平作为国家实力的标志在世界发达国家和发展中国家都广为流行。“正常化运动”、“一体化教育”在世界范围内广为开展。1990年，由55个政府、20个国际组织和150个非政府组织参加并通过的《世界全民教育宣言》以及《实施全民教育的行动纲领》呼吁，特殊教育是全民教育的一个环节，“应该采取步骤向各类残疾人提供平等教育机会”，因此而产生1993年哈尔滨宣言和1994年萨拉曼卡宣言，两个宣言庄重地提出“全纳性教育”，以取代和发展“一体化教育”。全纳性教育主张将特殊教育的理论和方法引进普通学校，使残疾学生可以在普通学校就读，从小孩子起就被接纳为所有教育体系中的一员，从学校革新管理、课程、教材等方面，满足特殊儿童特殊的学习需要。在一切可能的条件下，让全体儿童在一起学习，减少阻隔和分离。

尽管我国内地特殊教育发展较晚，但是，在国际先进教育理念的引导下，我国特殊教育的发展是超越性的。刚刚从普通学校分离出来的特殊学生，随主流教育的发展趋势，开始重新回归融合。这代表着对残疾人群的尊重与公平！是为残疾学生真正得到平等的教育权利的主流和方向。中国本土化的全纳教育被聪明的教育者们很快就抓住精髓，发展为中国式的随班就读。轻度智力障碍的学生一批又一批回到普通学校，得到重新的安置。

面对这样的变化，培智中心学校迎来新的挑战。学校里只剩下那些残疾程度较重，无

法与普通学校学生一起就读的学生。孤独症、脑瘫,语言障碍严重、肢体活动极其困难的学生越来越多。他们的智力残疾程度一般都在中重程度。

对这样的孩子而言,“学什么”和“怎样学”对他们才是实际有用的吗?人们说什么的都有。学不多就少学点,学得慢就不要太快,总比什么都不学要强得多。这样的说法曾被人们认为是顺理成章的!然而,宣武培智没有这样想,更不这样做!理智使他们聪明。对不了解的事物先要正确地认识它。王文福(第二任)是一位以个人教学技能见长、具有丰富教学经验的校长,凭他的经验,教这样的学生一定要改变观念和方法。他联系专家,找来当时并不多的特殊教育书籍,组织教育讲座,聘请陈云英、朴永馨、华国栋、肖非等中国特殊教育的专家给教师们作辅导,聘请北京师范大学教育系、特殊教育系、中央教育科学研究所等研究部门的专职研究人员为教师们普及教育心理学和特殊教育学。王校长走进课堂,一个环节一个环节地带着教师们研究教法教案。教师们取得了难能可贵的共识:不管孩子们的残疾程度有多重,只要他是人,就有学习的渴望和能力。教师们的责任是以一个一个的学生为中心,为他们提供适合的课程,为他们的成长服务。

“一切为了残疾学生的生存和发展”的办学宗旨就这样诞生了!培智学校的办学目标就是要充分发挥学校的育人功能,帮助每一个身心不健全的残障学生实现个体社会化。由个人适应、家庭适应、社会适应、职业适应,最终完成弱智学生能够进入社会、适应社会生活为目标的塑造过程。

学校明确提出,个别化教学是一种以适应和发展学生的差异和个别性为主导的教学策略与教学设计,是特殊教育的灵魂和精髓。教师们把为每一个孩子制订可行的个别教育计划作为特殊教育的基本功,认真制订和贯彻执行。教师们的案头上,常常堆积着一个又一个个别计划,摞起来有一人多高。教师们把教学的课堂开到了商场、超市、公园、邮局等真实的学习环境之中。让孩子们向生活学习,积淀生存的本领。教师们撰写的教育论文《对弱智学生因材施教的实验研究》、《试论个别教育计划在分类教学管理中的作用》、《浅谈中度智力落后儿童的现场教学》、《培智学校的协同教学》等文章都获得了不同级别优秀教育论文奖,并分别在北师大《特殊教育》杂志上发表,在当时都成为特教界教学改革的热点研究问题,引起强烈的反响。

针对学生的个体间和个体内的差异,借鉴港台特殊教育的经验,学校率先在本市特殊教育系统开展了因材施教,在班内进行分组分层、个别教学、协同教学的研究。教学形式的改变促成不同学习水平的学生可以通过学习相同的内容达到不同要求,或学习不同内容实现各自不同的学习目标的目的。让学习成为残疾学生触手可及的事情,减轻心理障碍,获得平等的学习权。教师采取跨年级、跨班级、分组轮换,灵活地改变安置方式的策略解决学生的差异。打破了传统的以班级集体授课为唯一形式的教学模式,确保教学的实效性。

随着实践的深入，原有的实用语文、实用数学等学科课程越来越无法适应中重度智力障碍的学生学习了。蔡雯校长(第三任)组织教师们继续学习课程理论，研究课程改革的方向。针对中度弱智学生的认知特点和培养目标，依据国家教委委托北师大编写的“中度弱智学生教育训练纲要”所规定的教育训练目标、任务，明确地提出将课程的设置确定为沟通、认知、适应、劳动、娱乐等六个领域。这是培智学校进入新课程实践的里程碑。新课程淡化了学科性，突出了功能性、综合性和活动性。它将各教学领域的基础知识有机地融入在活动、训练之中；将实用知识与实用技能紧密结合，通过训练形成生存技能并运用到生活之中。学生在这样的学习场景中更多地获得成功，增强了自信。教师也跳出原有教学的时空局限，更加灵活和自主地开发了弱智学生的智力潜能。

在专家的指导下，教师们编写了六个领域的教育训练纲要，随后又编写了第一部《中度智力落后学生的课程纲要》。从此，校内如火如荼地开展了“中度弱智学生综合教学”的实验研究。“科研为先、教师为本”是学校走实走好办学之路的法宝。以科研为先导，着眼特教的发展方向，学校先后承担了校级、市级和国家级十几个教科研课题的研究。并自行确立两个独立的国家级课题《个别教育计划的制定和实施》、《弱智学生职业教育模式研究》，同时还承担了组织全区随班就读学校开展教育研究的区域性课题研究的任务。科研的深入提高了教师的教育教学水平。教师们获得北京市青年教师教学大赛集体一等奖，青年教师被送到国家优秀青年教师培训班培训，送到教育部组办的特殊教育研究生班深造，教师们写的教育论文和教案上百篇文章获奖。教师们制作的电子教学课件，多次获得中央教科所的最高奖项。教师专业技能得到了长足的发展。

三、两头延伸，为残疾学生就学提供全程服务

1992年、1996年是学校发展进程中具有划时代意义的时刻。就在这两个时段，学校开始谱写弱智儿童学前教育和义务教育后职业教育发展的崭新篇章。为智力障碍学生全程学习的需要拓宽了新的特殊教育领域。

特教事业发展的成就，赢得了宣武区政府和宣武区教委的高度重视。1992年，为了更好地体现对特殊教育“高看一眼，厚爱一层”的区域性文化理念，政府决定，将刚刚建好的一所普通小学的校舍交付培智学校，满足特殊教育的发展需要。要搬新家了！师生们别提多高兴。教师们自己买来地板革，铺好地面，刷好油漆。

王校长(学校顾问)和蔡校长将办学条件的改善作为求新求变的有利契机。他们组织教师们讨论学校应当如何发展。教师们不约而同地认为，弱智儿童的早期教育是空白，其重要性不言自喻。说干就干，学校在本市率先成立了早期干预班，将弱智教育的年龄提前到三岁。低幼弱智儿童来到学校就读，给学校的管理和教育都带来了新的开发任务。

学校从幼儿园调来了有爱心、有经验的幼教教师，一下子就接受了20多名接受早期干预的幼童。这些幼童在校内学习两到三年，就被送到普通学校的辅读班就读。

接着，学校又巩固和完善了宣武区聋儿语言康复中心，为了统一管理和研究，将原来辅设在普通幼儿园内的语训中心并入培智中心学校。学校还参与国际红十字会《耳聋防治》课题研究，派送教师到意大利学习语训技能，派送教师多次参加市区残联机构组织的教师培训。十几年来，学校共接收两岁到六岁听力障碍聋儿六十余名。经过艰苦的听力言语康复训练，针对聋儿的听力效果和知识能力等个体差异特点采取集体、个人等多种训练方式，研究与开发如何为聋童能够到普通学校随班就读创造条件。先后有16名聋儿回归主流学校，进入普通小学就学。并坚持对学生跟踪、观察，调整训练方式。从我校接受康复的学生刘某某，考上四十三中学的数学班学习，学习成绩保持优秀。学校的康复率超过了国家规定的20%的要求，多次通过残联的康复质量验收，并于2002年获北京市聋儿康复先进集体。聋儿语训的工作满足了宣武区聋童就近学习语言的需要。

1996年夏季，又一批学生完成了义务教育，将要离开学校了。可是，孩子们到哪去？爸爸妈妈们不走，孩子们也不走。他们聚集在院子里，真真切切地要求校长帮帮孩子，让他们再学一些劳动技能，才有可能寻找工作。校长和教师们又被感动了！孩子们的呼声、家长们的要求就是办学要解决的问题啊！为残疾学生服务是培智学校唯此为大的责任和义务。学校就是再难也不能让这些终于能够走出家庭、走进学校的孩子重新再回家中，给社会和家庭增加更大的负担。两位校长几次请缨，向教委要了学校旁边的一座小院，在我市率先办起职业培训部。首批学生就有38人，开设了烹饪、家政、金工木工和缝纫等职教专业，学校再次帮助他们摆脱了回家待业的困境。教师们又一次认识到，孩子们的职业劳动能力就是他们的就业能力和生存能力。学校制定了“宽基础，活模块，多能力”的培训模式，产教结合，产销结合，在孩子们经历了2—3年的培训后，能够具备一定的就业本领。学校参加了全国三类残疾儿童劳技教育与职业教育问题实验研究，承担了支持式职业培训的子课题研究任务，开拓了社会支持、家庭支持、同行支持的多渠道培训和就业方式，

至此，学校完成了在九年义务教育基础上的发展两端、延伸两头，以满足残疾学生康复、就学、就业的需要。学校率先在本市实现了弱智儿童三岁以后早期教育的零拒绝！率先在本市实现了大龄弱智学生职业教育的零决绝！学校还培训教师，获得对外开展特教心理咨询的资格，使我区的特殊教育能够面向各类残疾儿童。学校为人人都有平等发展自身潜能的权利和责任而尽心尽意地服务，为“人的平等”和享有完全平等的发展机会尽职尽责，为社会所追求的“人人平等”的终极目标探索奉献。学校就是为帮助有困难的残疾儿童、少年享有平等发展的权利，帮助他们改变命运，促进整个人类社会的文明进步而工作。

四、开创社区康复训练,维护所有学生的学习权益

即使这样,我们依然发现,有些孩子因为残疾程度极其严重,不具备到中心学校和孩子们一起就读的能力。学校又把这样的实际问题交予教师讨论。“我们可以送教上门”。对那些家住宣武区,不能到学校上学的残疾学生,教师们分工分责,送教上门。

1997年,在培智学校的历史上,又一座划时代的里程碑——所有残疾孩子接受义务教育零拒绝!特殊教育学校接受残疾学生就学零拒绝!这个以人为本的“人道主义”理念真正得以实现。“社会进步”,“社会主义精神文明”在首都这一首善之区、在宣武这一首都的中心城区真正得以实现!

第一批派出5名教师。康复教师首当出任,还有的是党员,是班主任,也有刚刚学好特殊教育的大学本科毕业生。这些孩子经过教师的全面筛查评估,学校将他们编入学籍,义务送教上门。他们的年龄在8—20岁,其中患有严重脑瘫4名,自闭症3名,脑积水2名,重度肢体残疾3名,共12名。教师们以中残联《智力残疾儿童系统康复训练》为大纲,结合孩子的自身障碍和缺陷,为他们“量身定做”训练计划,并吸收专业人员为孩子们进行有针对性的康复训练,召开送教上门班学生家长会,了解家长需求和孩子需求。定时间、定内容、定地点,指导家长一起共同完成康复计划。

学生贾某某,先天性脊柱裂、脑积水、下肢完全瘫痪,大小便不能自理,移动要靠人背。通过孙广宇老师的帮助,她学会了轮椅操作;在老师协调下,定期来到学校,与同龄人共同上课。她喜欢音乐和美术,在愉快的歌声与鲜艳的画笔中,她的性格开朗了很多,进行肢体康复训练的积极性也增强了。经过6年多的家庭康复训练,她学会了独立处理大小便,还能独立阅读学生刊物,能和妈妈一起到商店购物。虽然她已经被疾病夺去生命,她的妈妈说,她生命最愉快的时候,都是和老师在一起。在她弥留之际,嘴里念念不忘孙老师……高某某,严重脑瘫,原来只能缩在躺椅上咬手指,摇头笑。教师训练他从“坐”开始,到平衡、协调能力,开发他的多种感官功能。现在,门铃一响,他就会大叫:“老师来了!”几种水果放在他面前,他会自已伸手去拿想要的。最让老师想不到的是,他原来视神经萎缩,现在竟然有了光感!马某是个自闭症孩子,严重的行为问题使他不能参与集体学习,个训老师不知挨过他多少次抓打,老师总是默默地承受。经过一年多的训练,他终于被南菜园小学辅读班录取,开始了学校生活。她的妈妈也重返工作岗位,家庭负担减轻了。

在这八、九年中,教师不分寒冬酷夏地奔走于学校与孩子家中,用最真挚的情感和辛勤汗水浇灌着孩子们点滴的进步!送教上门,使教师们体验了关爱他人的价值,感到帮助他人的快乐。残疾孩子的成长牵动着宣武培智中心学校每一位教师的心。

五、全面创新、全速前进,追求特殊教育的现代化

新的世纪,宣武区政府召开了第四届特殊教育工作大会,制定了十五特殊教育的发展规划。面对全新的发展目标,学校再次调整工作思路:“科研引领、校本管理、整体推进、和谐发展”。以“具备特殊教育理念和实践,对残疾学生的生命负责,为残疾学生的生存提供全程性服务”为办学特色。

学校在追求特殊教育现代化的道路上又做了三件大事:

(一)进一步完善残障学生早期教育、义务教育、职业教育三大学习阶段的全套校本课程,重在发动全员参与,全面实施,整体推进

学校组织教师再次确认“功能性”是校本课程的核心特征,重新修订三套课程的核心理念,完善课程标准、课程纲要和课程实施方案,整合课程资源。用科研课题引领、发动所有的教师,全力以赴地投入到课程实施的过程中。

学校采取“课程统整”这个独特的课程实施方式,强力扭转因领域分野给学生带来的零碎的、切分的、阻碍学生形成能力的传统教法。把课程六大领域以“主题单元”为教学载体,经历“确立主题——分解主题目标——分解领域目标——确定班级的领域教学目标——设计班级单元教学计划——课时备课——上课”这样七个环节,完成教学任务。为学生呈现生活化的、综合性的、情境式的教学活动,促进学生边学边用边形成能力,提高学习效率。在主题教学中,引导教师在教学中类化和应用特教理论,增强专业自主性。这其中也涌现了教学骨干和优秀教师。既解决了培智学校课程实施的模式问题,又提高了教师专业理论的学习和应用,还改变了各自执教、资源冻结的单独的个体教学行为。

从学生的进步,可以看到培智学校教师课程意识的形成。这种可喜的变化表现为:每一位教师都在积极建构功能特征的领域主题教学单元;每一位教师都在积极研究课时教学对课程思想的贯彻和落实;积极采用对每个学生都有效的学习过程和评估方式;积极开发以生活、活动和环境等为中心的多条学习渠道,整合多种课程资源,为学生的学习找到更多合理性的切入点,把学习作为幸福奉送给孩子。

(二)继续扩建职训规模,增加职训专业,力推特殊教育的亮点工程

2001年是宣武特教的又一个飞跃之年。区政府利用教育资源整合的契机,将一所占地5000平米的普通小学改建为弱智学生的职业教育校舍。教师们重新审视学校的职教目标和体系,继续细化完善、概括总结职教经验,以目标体系的呈现方式,研究了大龄学生职业教育的模式体系。

教师们总结出职业教育目标模式体系：职教培养目标的模式为独立、半独立、辅助式、庇护式；职教专业设置的模式为宽基础、活模块、多层次、多能；培养职教技能的教育模式为感知——模仿——训练——应用；职业教育的就业模式为多形式、多渠道、多种类。

学校认为，在所有的目标模式之中，核心是“多层次”的问题。未来社会对就业人群的职业技能要求越来越多样化和复杂化。就智力障碍的人群来说，通过学校为其设计的职业生涯，能够找到恰当的切入点，自然地融入社会、社区、家庭，就能够得到生活质量的保障和改善。为此，在“多层次”的基点上设置学生可以适应的各种专业学习，就能充分地体现对他们的职业关怀。

在相同专业中设置多个层次的专业学习。就“烹饪专业”而言，根据不同的职业能力、性格特点、学习水平，划分出职业烹饪、家庭烹饪、家电烹饪三个层次，保证每一个学生都能学到不同层面、学生十分需要的专业技能。就“家政专业”来讲，学校设置了房间庭院清扫、家务整洁、室内休闲、家庭娱乐、生活购物、家庭康复等专业模块教学，根据学生的接受程度设计教学进度和安排学习内容。专业技能更强一些的缝纫、手编、机编、金工木工等专业，我们根据学生学习的速度、内容，观察、评估学生至于的操作能力，让孩子打通专业，广泛轮训，形成宽泛的、多种变通能力的操作技能，为学生适应就业做准备。就综合服务和职业实习来说，学校开设多种实践岗位，将实习的学生分成小组、个人、班级，在独立的、联合的、教师指导下的岗位上进行实地锻炼。学校还开设了“外加工”这一真实的职场劳动车间，教师们找来计件式的劳动任务，让学生像真正的工人一样投入生产，以此训练学生的职业品质。

“多层次”地安置学生的职业学习，就获得了学生职业能力的多样化。目前，学生在就业问题上，有的学生找到了印刷厂的装订、运输，制药厂的装盒、贴签，化工厂的包装工等工作；还有的学生在社区找到了电梯工、清洁工，在商店找到了促销员等工作。

（三）成立“宣武区特殊教育中心”，指导区域中小幼系统的特殊教育

2001 年 12 月，在宣武区召开的第四次特殊教育大会上，教委高子忠主任代表区政府宣布：在培智中心学校加挂“宣武区特殊教育中心”牌子，王永新区长亲自为特教中心揭牌，并明确了中心的四大职能和七大任务。其中职能包括：1. 对残疾学生的教育康复职能；2. 对全区特殊教育的业务管理职能； 3. 特殊教育研究、指导职能；4. 社区服务职能。任务包括：1. 对我区智残儿童和听残儿童进行早期教育康复；2. 对智残及其他残疾的儿童、少年进行九年义务教育；3. 对残疾青少年进行职业劳动技术教育；4. 指导全区中学、小学、幼儿园开展随班就读工作；5. 对社区及家庭康复训练进行指导、咨询；6. 对特殊教育师资及家长进行培训；7. 组织开展特殊教育科研活动。

中心的成立，有效挖潜和利用特教资源，形成了特殊教育的支持系统，并争取到政府

的倾斜性政策，争取到各方面办学的人力资源、物力资源及宣传等社会影响。中心还成立顾问团，聘请了17位资深的特殊教育顾问。发挥智库作用：向政府和教委领导提建设性意见；对中心校和全区的特殊教育提出建设性意见；介绍先进理念，国内外信息等。发挥辐射作用：提出随班就读课堂教学模式；研究随班就读管理策略；指导资源教室的建立。发挥指导作用：指导随读教师撰写个别教育计划；听课评课，指导并提高随读课的教学质量；指导随班就读的科研课题；指导教师撰写特殊教育论文和实验报告；介入并指导中学的随班就读工作。研究特教与普教的关系，促进特教和普教的融合。有指导，有计划，有目的地全面推进特殊教育。

我们克服人员少、时间紧、摊子大的困难，在主管科室的领导和扶持下，鼓足勇气，坚持对普通学校的干部教师进行特殊教育培训。培训的发力点：理论研讨——课题带动——课堂实践。不到两年，特教中心共组织"全纳思想"理论培训13次，参加人员计591人次。特殊教育专家、市特教中心多次到普通学校考察、听课，听取随班就读工作的汇报。

抓住机遇，扩大研究规模。正值北京教科所钱丽霞所长"全国教育科学十五规划重点课题：普通学校有特殊需要学生有效参与策略的实证研究——全纳性教育理论与实践研究"课题寻找子课题学校。"特教中心"作为课题研究的支持学校，与普通学校搭建了共同研究、相互支持的平台。在主管科室的策划下，抓住普特融合的最佳机遇期。当课题专家和特教专家宣讲学习障碍是如何发生和如何从管理策略、教学策略、教育支持策略等方面支持有特殊学习需要的学生学习时，得到了特教干部和随班就读教师的高度认同，唤醒了教师深入研究和解决问题的责任心和求知欲。小教科和中心决定，以"满足特殊需要，促进全面发展"为宣武区学习全纳思想、全面贯彻教育方针的研究课题，推进基础教育。顺势扩大研究范围，吸纳更多学校参与。中心及时印制了《全纳思想培训教材》。课题的参与学校，由原来的3所发展到25所。实验教师由原来的19人到287人，有特殊教育需要的学生由原来的20名到233人。我区成为参与人员最多、发展最快的实验区。组织公开课7次，研究课31节。每每开课，教师在分层设置教学目标，分别对待特殊需要，实施多种形式的课堂学习支持策略等都有长足的进步。去年9月，共收到课题中期实验的51篇论文、报告，并上报总课题组。

在和普校干部教师的接触中，普校校长的办学思想和教师教育思想悄然变化。他们对待有特殊需要的学生从身体接纳到学习、生活等人本的接纳，越发接近全纳思想的真谛。去年儿童节的前夕，我们在妇联、残联、民政、体育局、教委等各级政府和领导的支持下，以特奥运动为载体，进一步扩大了普特融合、健残互动的融合趋势。随班就读学校的学生和特教中心的学生共同举办了有史以来全区规模最大、参与人员最多的特奥活动。她的影响在于，普通学校的干部教师，从特奥运动给学生分层次训练和分层比赛以极特殊的奖励方式等都学习到全纳理念和特教理念。比组织专题讲座的效能更鲜活，比赛的场地成为特教手段运用的现场操作与培训。他们非常有体验地说，学校里的许多学习活动都应当按照特奥理念设计与安排就会减少阻隔，减少排斥。

我们共同认识到，没有特殊教育就不是完全意义上的素质教育。特殊教育是基础教育的重要组成部分，这是一个不容忽视的事实。创建尊重差异、满足需要的区域性教育文化是教育现代化的标志，是特殊教育从“分离”到重新回归“大教育”的必经之路，是基础教育走向内涵发展的必然趋势。我们和行政科室一起，向全区提出“四个一”的指导思想：①一个思想：满足特殊需要，促进学生发展；②一项策略：以教育科研为带动，由普通学校共同参与，创新和普及满足特殊需要的课堂学习的操作策略；③一种支持：形成“中心”和“行政领导”的合力，为全区普校教师提供培训服务和资源共享的支持；④一个理想：为普特融合，为全纳思想在区域化实现而探索奉献。

回首宣武培智学校所走过的办学之路，可以发现，她也反映了我国内地特殊教育发展的经历。她的成功，在于非常适时地借鉴了国际和港台的经验，走出了校本的成功之路；她的精到，在于她对教育理论的学习和应用恰到好处的分寸感与和谐度；她的成绩，在于几任校长团结了百多名教师，方向坚定，艰难创业，开拓进取，矢志不渝地奋斗！

“一切为了残疾学生的生存与发展”，在我们的学校中是一部又一部说不完的故事……

多重残疾儿童的教育与康复训练

浙江省温州市盲人学校　陈友彦

一、课题的提出

20世纪后半叶，世界各国特殊教育事业得到空前发展。1947年《世界人权宣言》提出了人人都有受教育的权利。许多经济文化比较发达的国家重视并实施对多重障碍儿童的训练和教育。1994年6月在西班牙萨拉曼卡召开的世界特殊需要教育大会上，重申"人人受教育"的原则，并签署了《特殊需要行动纲领》，大会声明，"每一个儿童都有受教育的基本权力，必须给予他们实现和保持——可接受水平的学习之机会"，并号召世界各国实行"全纳性教育"，达到人人受教育的目的。这种新的教育思潮，不仅促进了对一般身心障碍儿童教育的发展，也为重度残疾和多重障碍儿童的教育创造了"天时"；近些年我国经济、文化的飞速发展和各级政府对特殊教育的重视，为特殊教育的发展和深化提供了"地利"条件；多重障碍儿童及家长的渴求与我们特教工作者的事业心便构成了"人和"。中国残联主席邓朴方先生说："天时、地利、人和这几点撞在了一起，迸出火花，形成燎原之势，这就是我们眼前这番事业。"因此，对多重障碍儿童少年康复训练教育的研究课题，确已摆在我们特殊教育工作者的面前了。

关于多重障碍儿童少年教育，在选择和安排教学内容时，世界各国都注意选取贴近儿童日常生活的知识和技能。日本在教学内容安排上，也是以生活教育内容占较大比重为特色的。个别教育的思想集中反映在美国、加拿大等发达国家为特殊儿童制定的个别教育计划（简称IEP）上。个别教育计划是一种根据特殊儿童的身心发展特征和实际需要制定的，针对每个特殊儿童实施的教育方案。在教学中，教师严格按照个别教育计划和个别化教学计划对特殊儿童施教。

发达国家的办学经验给我国特殊教育事业发展带来了一定的影响。近年来，我国也有不少教师在尝试为多重障碍儿童制定个别教育计划并进行个别化教学，取得了令人可喜的成绩。1989年起,上海盲校对此做出了一些有益的探索。学校将视力障碍兼有智力障碍的多重残疾儿童单独编班进行教育训练,并在教育安置、课程内容、教育策略,特别是康复训练上做了进一步的探讨与实践,从中摸索总结了实施教育康复的有关经验。经过一段时间训练,这些多重障碍学生的精神面貌发生了很大变化,不良行为和各种缺陷得到了矫正和补偿。同时,上海盲校从实践中认识到:传统的、静态的、定势的、以学科为中心的一刀切的教育不适合多重障碍儿童,只有能适合其需要的教育,才能最大限度地激发他们的学习潜能。成都盲聋哑学校、北京盲校、浙江省盲校(杭州富阳)、青岛盲校等兄弟学校也都在对多重障碍儿童教育训练进行研究,已经取得了部分成绩。

但是,我国有关科研单位、特教学校对多重障碍儿童少年的教育训练研究还处在初始阶段,没有形成确定的教育训练的内涵,更谈不上完善的教育训练的策略和理论体系。

因此,国家教育部明确提出今后我国特殊教育的重点要逐步转移到多重障碍儿童少年的教育训练上。我国教育部特教处王洙副处长于2001年7月在上海举行的国际视障教育学会(ICEVI)东亚区会议上表示:"新世纪伊始,随着国家'十五'特殊教育目标计划的推进,对多重残疾儿童的教育将更进一步深化;盲校的教育水平也将从中得到更大的提高。"可见,视障教育学校应该加强对多重障碍儿童的训练和教育研究。如何对多重障碍儿童少年进行教育训练是一个迫切需要研究的理论与实践课题。

二、课题研究的目的和意义

现代医学领域的发展,使许多高危病情的婴儿得以生存,但是却可能留下多重障碍(或称多重残疾)。这类孩子虽为数不多,但由于残疾程度较严重而且个体间差异很大,每个多重障碍儿童都需要医学、心理学、教育学、社会学及伦理学专业人士的关注,需要更加特殊的教育措施。在我国,随着社会和教育的发展,随着义务教育法的深入实施,残疾学生及家长的教育需求逐渐提高,多重障碍儿童受教育的需求愈来愈强烈,他们不满足于现有学习条件,希望受到适合其身心发展特殊需要的教育。我国目前的特殊教育与现实多重障碍儿童的教育需求还有一段距离。

特殊教育工作者必须解放思想,转变观念,瞄准社会需求,深化体制改革,在办学模式、教材内容、课程设置等方面要深入研究。这样,才能适应形势发展的需要,提高特殊教育的办学质量和办学效益,使多重障碍儿童少年真正做到自食其力,具有立足社会生活、参与社会活动的能力,让他们活得有尊严、有自信、有目标、有质量。

三、课题研究的理论依据

马克思主义关于人的全面发展学说是本课题研究的哲学基础。行为主义学习理论、认知主义学习理论、人本主义学习理论是本课题研究的心理学依据。社会学理论、心理学理论、普通教育学理论、特殊教育学理论、全纳教育理论、最近发展区理论及素质教育理论是本课题研究的科学基础。

四、课题研究的目标

本课题的目标就是使每个多重障碍儿童少年在身心方面得到充分发展。

(一)指导思想

以邓小平理论、江泽民“三个代表”重要思想为指导,认真贯彻落实国务院关于基础教育改革与发展的决定和第三次全国特殊教育工作会议精神,坚持“一切为了孩子,为了孩子一切”的人本主义思想,发扬人道主义,努力把多重障碍儿童少年培养成为自食其力、残而有为的社会主义事业的建设者。

(二)总体目标

根据现代教育理念,运用现代教育理论,构建多重障碍儿童少年教育训练的内涵,以生存权、教育权、人格权是残疾人人权要求的具体体现为依托,以生活教育课程为核心,探索多重障碍儿童少年教育训练的途径和方法,培养多重障碍儿童少年的生活自理能力和解决实际问题的能力,使每个视障兼有其他障碍儿童少年在身心方面得到充分发展,成为自食其力、残而有为的社会主义事业的建设者。

(三)具体目标

1. 以促进学生身心发展为主,内容包括身体发展、生活自理、沟通等领域的基本技能;

2. 以生活教育为主,如沟通、实用常识、家居生活等;

3. 开设技能训练、言语训练、行为矫正、美工创作、音乐治疗、游戏治疗、身体治疗与物理治疗、感知运动统合训练、生涯辅导等视障兼有其他障碍儿童少年个别矫正与康复课程。

我们从以下六大领域对多重障碍学生进行教育训练:

领域	具 体 目 标
社会技能	通过教育与训练，使多重障碍儿童少年学习和初步掌握家庭生活技能和社区生活技能，学习一般的社交常识和技能，尽其所能的参与群体活动，适应社会生活；学习安全、卫生知识，培养良好的生活习惯和乐观的生活态度，以适应社会生活的需要。
沟通	矫正学生语言障碍，能听懂别人表达的语言信息，并运用语言表达个人思想和需求；掌握基本读写能力，运用简单文字与他人沟通。
认知	通过训练，增强多重障碍儿童少年的感知能力，在强化形象思维训练的基础上进行初步抽象思维的训练，促进其思维发展；掌握简单的实用数学知识并能运用到实际生活之中。
劳动	通过训练，提高多重障碍儿童少年自我服务的能力及基本的职业劳动技能，学习、掌握家务劳动和简单工具的使用，形成良好的劳动习惯和劳动态度，为学生走向社会，适应社会奠定基础。
运动	通过训练，补偿多重障碍儿童少年的身体机能，学习、掌握基本运动技能和自我健身的内容、方法，能积极参与群体活动，从而促进其体质健康，以适应未来社会生活和工作。
休闲	通过教育训练，使多重障碍儿童少年了解良好的休闲形式和方法，使其初步具有支配个人闲暇时间的能力，培养良好的个性，通过音乐、游戏、戏剧、律动、游艺等活动丰富其休闲内涵，提高生活质量。

（四）基本原则：

1. 坚持主体性原则。学生是活动的主体，一切活动都要在充分调动学生的积极性、主动性的前提下，通过学生自身来实施。

2. 差异性原则。视障兼有其他障碍儿童少年的基础不同、潜质不同，教师设计的活动内容、方法、形式应针对个体差异有所侧重，扬长避短。

3. 实践性原则。在实施过程中，在坚持理论与实践活动相结合，重视实践活动，通过多次反复训练，使学生逐步形成生活技能。

五、课题研究的对象、内容、方法与策略

作者所在学校使用的教材是全国九年制义务教育普通学校教材的盲文版，这套教材暂时使用于普通视障儿童，与我们研究对象不很适合。多重障碍儿童少年身上往往伴随着二重、三重甚至四重障碍，每一个学生个体都有差异，无法使用普通视障儿童的盲文版教材，即使勉强使用，效果也不是很好。因此，结合国内外一些盲校的做法，并根据本地乡土特色和本校学生的实际情况，我们决定对学生实施个别化教育（IEP）。对学生进行个

别化教育,需要不同专业、学科教师团队的参与和支持。参与课题研究的人员必须具备爱心、专心和细心。

(一)课题研究的对象:

作者所在的浙江省温州市盲人学校视障兼有其他障碍的多重障碍儿童少年11人,其中男生8名,女生3名。他们的年龄参差不齐,最小的8岁,最大的18岁。这些学生中,一级盲3人,二级盲3人;一级低视力4人,二级低视力1人。而且他们的智力发展非常落后,例如一名1997年入学的学生小Z读了五年书,生活上虽然能勉强自理,可数数却只能数到3;一名1999年入学的学生小C生活不能自理,不能控制大小便,数数只能唱数10……

安置办法:单独编实验班一个,学生7人,安置到普通盲班里4人,分别安排在4个班级。

(二)课题研究的内容:

1. 建构多重障碍儿童少年教育训练的内涵和理论;
2. 探索多重障碍儿童少年教育训练的途径和方法;
3. 研究多重障碍儿童少年教育训练的策略。

(三)课题研究的方法:

研究的主要方法是现场实验法,并辅之以下方法:

1. 行动研究法;
2. 个案分析法;
3. 调查法;
4. 观察法;
5. 测验法;
6. 经验总结法。

A、制定比较科学的评估方法

我们参考了台湾、香港和国内兄弟学校的评估方法,并结合本校的实际,对11名学生作了评估。评估方法现正在作进一步研究,并逐步完善。

B、教学方法灵活机动

由于视障兼有其他障碍的儿童少年各种能力缺乏,例如,他们在沟通过程中,不能面朝对方,同时缺乏手势、身体语言的表达;与人交谈时,他们经常会转变话题并会出现答非所问的情况。作为教师可以通过多种方式进行训练,但是无论我们采取何种方式进行训练,其最终目的都是使儿童少年能够在实际生活中进行运用,以达到立足社会生活、参与社会活动的能力,使他们活得有尊严、有自信、有目标和有质量。因此,我们教师都向着这个最终训练目标努力。我们采用班级教学、分组教学、协同活动和个别教学等教学形式,以个别教学和分组教学为主。例如教学礼貌用语,在语文课中穿插音乐、体育和数学等学科的知识,这样使学生不会感到上课的形式单一。在课间游戏中进行穿插教学。教学生穿裤子:先提供(示范)学习,正确、清楚地示范,特别强调大拇指的动作;再采取适量的口头指示,如大拇指抓紧裤腰头等。

C、教学时间合理安排

上课形式动静结合,使学生在活动之中学知识学技能,这样上课气氛较活跃,教师教得生动,学生学得轻松,学生在游戏中掌握所学内容。教学方法不单一。我们先共同完成本课堂的教学任务,时间为5—10分钟,再进行活动,教师让学生根据自己的爱好选择喜欢的活动:听音乐、玩大笼球、摆积木等,教师及时给学生进行个别辅导。如我们在2003年度的第一个学期制定的主题是“我们的学校”,不同的月份,还有相应的子主题——我们的班级、我们的学校、课程表、学校里的人、学校学习生活等。

这些主题定了之后,穿插在每个学科中进行教学,学生基本上能达到预期的目标,特别是“老师早”这个主题完成得最好。在校园内,当学生碰到老师,就会主动向老师问好。

D、医教结合

学校已经与温州医学院建立“一对一”扶助结对单位,充分体现医学与教育结合作用。我们聘请温州医学院、温州医学院附属第一医院、第二医院、眼视光医院、儿童医院的教授、医师为我校的特聘教师,指导我校多重障碍儿童少年的教育与康复训练工作。

E、教师工作组协同教学

我们还进行了教师工作组协同教学的尝试,即一门课程一学期的教学计划集体备课、讨论,一堂课的教案集体备课、讨论,课堂教学由两位教师(主教、辅教)共同配合教学,虽然多费了人力,但取得了明显的效果。

F、充分利用社区资源。

我校现租用居民小区里的一个小庭院,处于城乡结合部,有丰富的社区资源。周围有工厂、超市、商店、医院、学校、银行、邮局和农贸市场等,后面有农田,有菜园,前面有公园等。有关单位和周围居民也非常支持我校工作,我们充分利用这些有利条件对学生实地进行教育训练。

三年多的教学实践,我们根据特殊儿童的个别差异,无论是个体间的差异,或是个体内部不同能力和特性之间的差异,重视因材施教的教学原则,本着为了用而学,从学生的发展需要出发,扬长避短,因地制宜,根据本土特色,教给学生所需的知识,教会学生相应的生活知识,促进其全面发展而进行教育与康复训练研究。经多次重复强化后,取得了一定的教学效果。

参考文献

1. 何华国著:《特殊儿童心理与教育》,五南图书出版公司,1990年。
2. 郭福荣等著:《关于世界特殊教育大会的报告》,《特殊教育研究》,1994年第3期。
3. 郭小牧等著:《多重残疾儿童教育研究》,《国际视障教育学会(ICEVI)》,《东亚区会议论文集》,2001年7月。
4. 王洙著:《中国特殊教育的展望》,《现代特殊教育》,2001年第11期。
5. 刘全礼著:《个别教育计划的理论与实践》,中国妇女出版社。
6.《全国盲童个别化教育计划师资培训班资料》,《爱德基金会和浙江省盲人学校合作举办》。
7. 万明美著:《视障教育》,五南图书出版公司,2001年。
8. 彭霞光著:《视力残疾儿童的教育理论与实践》,华夏出版社,1997年。
9. 陈云英著:《中国一体化教育改革的理论与实践》,新华出版社,1997年。
10. 杞昭安著:《视觉功能评估与训练手册》,台湾师范大学特殊教育学系印行,2002年。
11. 李季平著:《触觉、听觉、视觉发展与学习》,《南京特师学报》,1989年第2期。
12. 钟经华著:《盲教育教师指南》,华夏出版社,1992年。
13. 袁东著:《视障儿童矫正与康复》,《视障教育丛书》(待出版),中国教育学会特殊教育分会与香港盲人辅导会合作项目,2002年。
14. 周苗德著:《盲童心理学》,南京特殊教育师范盲教育专业编印,1989年。
15. 林宝贵等著:《语言障碍学生辅导手册》,台湾台南师范学院印行,2000年。
16. 彭霞光著:《盲童定向行走调查表》,全国盲童个别化教育计划师资培训班材料,爱德基金会和浙江省盲人学校合作举办,2000年7月。
17. 潘德仁著:《多重障碍儿童教育》,特殊教育丛书第2辑,台湾台中私立惠明学校编印,1979年。
18. 李翠玲著:《多重障碍儿童的评量与教学》,特殊教育中心辅导丛书第68辑,台湾新竹师范学院特殊教育中心印行,2001年。
19. 杨振隆著:《启明学校学龄儿童基本生活能力指导评估表的编制与应用》,《视障教育理论与实际》,启明教育丛书第10辑,台北启明学校编印,1987年。
20. 郭为藩著:《特殊儿童的教育诊断》,台湾编译馆出版,1982年。
21. 邱渊等著:《教育评价》,华东师范大学出版社,1987年。
22. 周平等著:《论学习障碍儿童的诊断》,《现代特殊教育》,1996年第5期。
23. 杞昭安著:《视障教育的研究》,复文图书出版社印行,2001年。
24. 刘岩华著:《盲生身体姿势个别矫正研究报告》,《北京盲校教育论文选编》,1999年编印。
25. 刘岩华著:《盲生身体姿势个别矫正研究报告》,《特殊教育研究》1999年第4期。
26. 袁进兴等著:《兼有智力障碍的视残儿童低年级阶段的教育康复》,《智力落后儿童教育的研究》,华夏出版社,1999年。

27. 袁进兴等著:《努力为视力残疾学生提供合乎需要的教育》,《中国特殊教育》,1999年第3期。
28. 罗观怀著:《盲生心理障碍与心理健康教育的探讨》,全国盲童教育学术研讨会,1999年1月。
29. 罗观怀著:《广州市盲人学校实施素质教育的实践与探索》,全国盲童教育学术研讨会,1999年11月。
30. 曹正礼等著:《略谈我国多重障碍儿童的教育》,国际视障教育学会(ICEVI)中国分会第二届学术研讨会交流论文,1995年8月。
31. 吴钦岭等著:《智力落后盲童教育初探》,《智力落后儿童教育的研究》,华夏出版社1999年。

附件一 学生小Z教育康复训练目标

社会技能(包括生活自理)	作简单的自我介绍;主动与认识的人打招呼;使用基本礼貌用语;能参与集体活动;能通过声音区别他人的性别;用餐时保持适当的坐姿,饭菜不乱泼;在他人的帮助下能穿脱衣裤;学会便后洗手,讲究用厕卫生,知道自己应使用男厕所还是女厕所;能在成人帮助下洗脚、用水;到楼下倒垃圾;认识一些生活中常用品;身体不适时能向大人表示;由大人陪伴到理发店理发;能配合理发师的要求。
沟　通	能对连续两个提问作出正确反应;听故事并回答有关问题;能传达信息,叙述简单事件经过;能表达自己的情绪和想法;能认识与书写自己的名字,能正确拼读、书写音节,能认清老师所教的声母、韵母、复韵母,会读老师所教的儿歌、古诗,能拼简单的拼音;能仿写简单常用的生字。能与他人交流。
认知(包括感官知觉)	认识和辨别物体的特征:大小、长短、粗细、冷热、软硬等,并进行匹配和分类操作;能正确计算20以内数的加减法,能应用加减法对星期几的计算等。
劳　动	能整理自己的床铺,收拾自己的物品;能完成擦桌、扫地等简单劳动任务;能自己搓洗内衣裤、衬衫等衣物;在别人的帮助下使用一些简单操作的电器,如使用收音机。
运动(包括粗大动作、精细动作)	根据他人的口令做一些简单体操:广播体操《雏鹰起飞》的预备节、伸展运动、肩胸运动、体侧运动、体转运动、腹背运动、全身运动、跳跃运动、整理运动。能达到动作基本到位;分清左右、前后、上下的方位,能上、下肢同时做动作;乐于参加各种游戏活动,在球类游戏中做出单个动作,如拍球、运球等。能参与较复杂游戏并遵守游戏规则,并能组织同学参与。能说出处于正确和不正确身体姿态的感受。能定期测量和记录自己的身高、体重。
休　闲	会查看或向大人打听电视节目预报,选择自己爱看的节目;会翻看内容简单的图书,会跳绳,会涂画、剪贴等活动,会有自己的个人爱好。感受自然界和生活中的各种声音;能够通过广播、电视、磁带、CD等传媒听赏音乐;聆听歌声时能作出相应的情绪或体态反应;能听辩童声、女声和男声;聆听儿歌、童谣、进行曲和舞曲,能模唱对所听到的音乐作出反应;参与各种演唱活动;能够用自然的声音,按照节奏和曲调有表情地独唱或参与齐唱;能够背唱3~5首歌曲;辨认常见的打击乐器。能够在律动,音乐游戏等活动中与他人合作。能够运用人声模仿自然界或生活中的声音。

弱智儿童脑积水造成截瘫的残存*

北京市宣武区培智中心学校　孙广宇

脑积水是脑脊液生成或循环吸收过程发生障碍而致脑脊液量过多、压力增高，扩大了正常脑脊液所占有的空间，从而继发颅压增高、脑室扩大的总称。多见于出生后6个月的婴儿，主要表现为婴儿生后数周或数月后头颅快速进行性增大，严重者伴有大脑功能障碍，表现为肢体瘫痪、智能障碍等。导致脑积水的病因很多，常见于先天畸形如：脊柱裂，感染等。脑积水大多造成婴儿下肢不同程度的运动功能障碍，给患儿的生活带来极大不便。截瘫患儿的下肢功能能否通过补偿或代偿性的训练得以提高，从而提高患儿的运动功能是本文所要研究的内容。本文笔者着重介绍脑积水造成后遗症——截瘫后的儿童，如何针对其不同程度的残存运动功能进行康复，从而使患儿的运动功能得以改善，提高生活的自理能力。

一、研　究　对　象

贾x，女，1992年6月出生，智商61，患儿因先天脊柱裂造成脑积水致截瘫，表现为双下肢无感觉，肌肉严重萎缩，髋、膝、踝关节外翻，不能行走，需要轮椅进行转移。能独立进食、穿衣，不能独立入厕、入浴。

刘x，女，1985年3月出生，智商48，患儿因生后3个月高烧，引起脑脊液循环障碍造成脑积水致截瘫，表现为双下肢肌张力高，肌力弱，能拄拐在他人连续不间断地搀扶下行走5米，步态呈剪刀步。能独立进食、穿衣，不能独立入厕、入浴。

二、研　究　方　法

1. 采用前后测对比的方法进行研究。

---

* 2003年11月本文入选《中国残疾人康复协会第四届学术报告会论文汇编》。

2. 运动功能评定：量表均选自于兑生编译的《康复医学评价手册》。

三、研究过程

（一）脑积水后遗症—截瘫患儿现有运动功能的测评

前测中，分别对2名患儿进行了运动功能评定，主要包括：基本运动的控制能力、上、下肢运动年龄的测评、上、下肢肌力的测评、关节活动度的测评、平衡能力的评定等方面。其结果显示：

姓名	基本运动控制能力	上肢运动年龄	下肢运动年龄	上肢肌力	下肢肌力	平衡反应能力	关节活动度	步行功能	步态分析	运动系数
贾x	0级	48月	11月	三级+	0级	Ⅱ级	下肢被动活动正常	0级	无	上肢44%下肢10%
刘x	1级	27月	14月	三级+	二级+	Ⅰ级	下肢能主动运动不能达到正常范围	Ⅰ级	剪刀步态	上肢14%下肢7%

根据前测结果显示，这2名患儿存在的主要问题不同。贾x基本运动控制能力为0级；上肢运动年龄相当与4岁的幼儿，运动系数上肢为44%、下肢为10%（运动系数=运动年龄/实际年龄x100%）；下肢运动年龄相当于11月的婴儿，下肢完全瘫痪，没有任何自主运动。刘x基本运动控制能力为1级；上肢运动年龄相当于2岁3月的幼儿，运动系数上肢为14%、下肢为7%；上肢肌力较弱，下肢有残存运动功能，主要问题是下肢肌张力高，关节活动受限。

（二）脑积水后遗症—截瘫患儿残存运动功能康复的探索

1. 增强上肢肌力和肌肉耐力训练：两名患儿都为截瘫，下肢运动能力较差，因此增强她们上肢的肌力和肌肉耐力的训练以代偿其下肢功能显得尤为重要。训练中根据患儿肌力的等级不同选用相应的方法，两名患儿上肢能抗重力及弱的阻力完成全关节活动范围，因此训练主要采用抗阻训练方法。

（1）动力性训练（等张训练）

让患儿通过直接举起铁哑铃、沙袋等重物，或拉长弹簧、橡皮条、弹性物或利用自身身体重力负荷进行俯卧撑等练习以提高上肢的肌力。

(2)静力性训练(等长训练)

让患儿上肢肌肉对抗过大的阻力进行关节无运动仅维持其固定姿势的收缩,使其内部张力增加。如上肢平举哑铃固定于一个肢位:肩关节前屈90°,维持10秒后休息10秒,重复10次为一组训练,每次做10组训练,可在关节处于不同的角度下进行。

在肌力训练中要注意:一要正确掌握运动量。每次训练要引起一定程度的肌肉疲劳,以达到肌肉力量的增强,但也要避免引起肌肉的急性损伤如发生持续的疼痛,因此肌力训练应从小运动量开始,循序渐进逐步增加运动量。二要正确掌握运动间隔时间。过于频繁的训练,肌肉疲劳消除不完全易导致肌肉劳损;间隔太久,无从积累效果不显著,一般肌力训练需视运动量大小,每日或隔日进行一次,每次15—20分钟,每周不少于2次。

2. 降低下肢肌张力:降低下肢肌张力的方法很多,针对刘x情况,主要采用被动牵拉的方法。先让患儿取仰卧位,训练者坐其对面,以双腿压住患儿膝盖,双手缓慢地将患儿双腿分开,牵拉其膝腱至患儿能忍受的最大范围,然后持续按压30秒,待患儿没有疼痛感时,训练者用双手将其双脚尖向外掰,应注意的是当患儿有疼痛感时要停止牵拉,以免将肌肉拉伤。进行被动牵拉时要循序渐进,逐渐增大分腿范围,持续训练可降低患儿下肢内收肌的肌张力,每次训练时间为5—10分钟。

3. 扩大关节活动度:刘x下肢关节有一定的主动活动能力,但不能独立达到关节活动的最大范围,因此采用被动辅助活动关节的方法。以髋关节屈曲为例,患儿取仰卧位,双腿伸直,训练者跪在患儿一侧,用腿压住其左腿,防止患儿在抬右腿时膝关节弯曲;同时训练者右手压在患儿右膝盖上,左手托住其踝关节,命令患儿抬腿。在患儿膝关节要弯的时候,训练者右手给患者膝关节一个向下的压力,左手给患者一个向上抬的力,向上抬的力要大于向下压的力,辅助患儿完成髋关节屈曲的全过程。当训练者手部感到有一种抵抗力时就不要再往上抬,否则会造成患儿肌腱拉伤和骨折。其它关节的训练也大致如此,在每次训练时都要对髋、膝、踝关节的屈、伸、外旋、内旋、内收、外展进行5—6次被动辅助活动。

4. 增强腰腹肌的肌力:观察发现,刘x在长坐位时,能独立完成但不稳定,身体总向后靠,可见其腰腹肌肌力是较弱的。可以采取做仰卧起坐和搭桥活动的方法来增强其腰腹肌的力量。搭桥活动是指仰卧于床上,双膝并拢屈曲,双脚也并拢平放于床上,腹部用力向上抬,最好使臀部离开床面。做该动作可以锻炼腰腹肌,还可以练习髋关节的控制能力。

5. 运动控制能力训练:通过让患儿采取不同的肢体位置,如仰卧位、俯卧位、坐位等形式,训练者被动活动患儿肢体,将其固定在不同的体位上,让患儿尽量维持住规定的体位,以达到训练的目的。

6. 移动训练:训练的程序为坐位—跪位—立位。让患儿直接完成由坐位到立位的转移比较困难,因此采取让患儿在坐位时先转变为跪位的方法,然后再扶物站起,这样做比较容易,从而使患儿完成由坐位到站位的转移。

患儿每周到校进行2次训练,每次1小时,家长根据老师布置的训练内容每天对患儿进行40分钟以上的家庭训练。

四、研究结果与分析

表1　贾x基本运动功能前后测比较

	基本运动控制能力	上肢运动年龄	下肢运动年龄	上肢肌力	下肢肌力	平衡反应能力	关节活动度	步行功能	步态分析	运动系数
前测	0级	48月	11月	三级+	0级	Ⅱ级	下肢被动活动正常	0级	无	上肢44% 下肢10%
后测	1级	60月	11月	四级	0级	Ⅲ级	下肢被动活动正常	0级	无	上肢55% 下肢10%

表2　刘x基本运动功能前后测比较

	基本运动控制能力	上肢运动年龄	下肢运动年龄	上肢肌力	下肢肌力	平衡反应能力	关节活动度	步行功能	步态分析	运动系数
前测	1级	27月	14月	三级+	二级+	Ⅰ级	下肢能主动运动不能达到正常范围	Ⅰ级	剪刀步态	上肢14% 下肢7%
后测	Ⅱ级	36月	15月	四级	三级－	Ⅲ级	下肢能主动运动不能达到正常范围	Ⅱ级	剪刀步态	上肢18% 下肢8%

(一)残存运动功能得到补偿:由表1和表2分别看出,进行康复训练后,贾x的上肢运动年龄由4岁提高到5岁,运动系数由44%增加到55%;基本控制能力由0级提高到1级;上肢肌力由三级+增高到四级;平衡反应能力由Ⅱ级变为Ⅲ级;下肢运动年龄和运动系数没有变化。刘x的上肢运动年龄由2岁3月提高到3岁,运动系数由14%增加到18%;下肢运动年龄由1岁2月提高到1岁3月,运动系数由7%增加到8%;基本控制能力由1级提高到Ⅱ级;上肢肌力由三级+增高到四级;上肢肌力由二级+增高到三级－;平衡反应能力由Ⅰ级变为Ⅲ级;步行功能由Ⅰ级提高到Ⅱ级。说明康复训练对脑积水后遗症一截瘫儿童的效果是比较明显的。

（二）训练发现，患儿的肌力是最容易获得的。这一点与正常人是一致的。我们每个人之所以能完成一定的动作，是因为肌肉有一定的力量，可以说正常肌力是完成一切活动的基础。训练前患儿的上肢肌力较弱，基本只能抗重力和微弱阻力，基本控制能力也较差。通过有针对性的、大力度的增强肌力训练，患儿的肌力有所提高，基本能够对抗中等阻力。

（三）对于截瘫患儿，平衡能力的训练也是很重要的。平衡是人体保持体位，完成起居动作等日常生活动作的基本保证。贾 x 训练前，只能独立完成端坐位，但不稳定，外力一推就倒。经过训练，现在不仅能独立完成端坐位，外力破坏坐位姿势时能及时调整身体，保持平衡。

（四）截瘫患儿下肢肌肉力量弱，肌张力高并伴有不同程度的关节僵硬，甚至挛缩导致关节活动受限，影响了下肢关节的活动度。经过徒手肌力法训练后，腿部肌肉增强了，关节活动度也相应增大。由表 3 可以看出：髋关节活动度明显增大，膝关节活动度有所提高。

（五）经过康复训练两名患儿在某些方面进步不显著的原因：

1. 刘 x 经徒手扩大关节活动度的训练后，髋、膝关节均有进步，但其余各关节的活动度变化不显著，究其原因是康复的规律是先恢复近侧关节，远侧关节恢复的较慢。髋关节与膝、踝关节相比是近侧关节，因此恢复的较快；另一个原因是从解剖结构看，髋关节相对膝关节结构简单，而且全身主要通过骨盆来承重，在行走、坐时都需要髋关节参与，应用的几率大，因此恢复的较快。正常人的小腿活动范围只在 0—20 度之间，活动度小，变化也不明显，因此患儿恢复起来就更不明显了。由表 3 中可看出，患儿各关节的活动度都未达到正常范围，应继续对患儿进行扩大关节活动度的训练。

2. 贾 x 下肢运动功能几乎没有变化的原因是由于其瘫痪时间较长，在早期没有进行有针对性的康复训练，而造成下肢的严重肌肉萎缩和关节变形，这是功能性的病变，单纯的训练不能解决，要借助于医疗加以改善。

表 3　刘 x 下肢关节活动范围前后测比较

<table>
<tr><th colspan="2">左测活动最大范围</th><th colspan="2" rowspan="2">标准的关节活动范围</th><th colspan="2">右测活动最大范围</th></tr>
<tr><th>前测</th><th>后测</th><th>前测</th><th>后测</th></tr>
<tr><td>20</td><td>50</td><td rowspan="6">髋关节</td><td>前屈 0—90</td><td>20</td><td>60</td></tr>
<tr><td>0</td><td>0</td><td>后伸 0—15</td><td>0</td><td>0</td></tr>
<tr><td>30</td><td>60</td><td>外展 0—45</td><td>30</td><td>50</td></tr>
<tr><td>5</td><td>20</td><td>内收 0—20</td><td>15</td><td>15</td></tr>
<tr><td>5</td><td>20</td><td>内旋 0—45</td><td>5</td><td>15</td></tr>
<tr><td>10</td><td>10</td><td>外旋 0—45</td><td>5</td><td>15</td></tr>
</table>

（续表）

<table>
<tr><th colspan="2">左测活动最大范围</th><th colspan="2" rowspan="2">标准的关节活动范围</th><th colspan="2">右测活动最大范围</th></tr>
<tr><th>前测</th><th>后测</th><th>前测</th><th>后测</th></tr>
<tr><td>60</td><td>80</td><td rowspan="2">膝关节</td><td>屈曲 0—130</td><td>45</td><td>60</td></tr>
<tr><td>0</td><td>0</td><td>伸展 0</td><td>0</td><td>0</td></tr>
<tr><td>0</td><td>5</td><td rowspan="2">小腿</td><td>外旋 0—20</td><td>0</td><td>5</td></tr>
<tr><td>0</td><td>5</td><td>内旋 0—10</td><td>0</td><td>5</td></tr>
<tr><td>0</td><td>5</td><td rowspan="2">踝关节</td><td>背屈 0—20</td><td>0</td><td>5</td></tr>
<tr><td>0</td><td>10</td><td>跖屈 0—45</td><td>0</td><td>10</td></tr>
<tr><td>0</td><td>5</td><td rowspan="4">足部</td><td>外翻 0—20</td><td>0</td><td>5</td></tr>
<tr><td>0</td><td>5</td><td>内翻 0—30</td><td>0</td><td>5</td></tr>
<tr><td>0</td><td>0</td><td>外展 0—?</td><td>0</td><td>0</td></tr>
<tr><td>0</td><td>0</td><td>内收 0—?</td><td>0</td><td>10</td></tr>
</table>

五、结　　论

（一）脑积水后遗症—截瘫患儿通过康复训练，能够使其残存的运动功能得到补偿。其康复途径有：

1. 科学的评估，有助于明确患儿的运动障碍及其残存的运动功能，对于训练有指导作用。

2. 适量的训练强度及时间是功能得到提高的有利保证。每天必须保证康复训练的时间在 1 小时以上，在患儿可忍耐的范围内进行大强度的训练，持之以恒，患儿的能力才能有提高。

（二）存在问题及建议

1. 家长进行康复方法的培训和训练者与家长的配合和沟通，使家长在家庭中更有针对性地对患儿进行康复训练，达到延长训练时间，拓宽训练场所的目的，使训练效果更显效。

2. 患儿的上、下肢肌力、关节活动度、步行功能等方面还须进一步加强训练，以取得更大的疗效。

3. 给患儿增设相应的器械训练，以便更全面的康复。

参考文献

1. 于兑生编译:《康复医学评价手册》,华夏出版社,1993版

2. 中华人民共和国卫生部医政司主编:《中国康复医学诊疗规范》,华夏出版社,1998版

3. 中国国家教委与联合国儿童基金会联合项目:《特殊儿童父母指导手册丛书》,中国国际广播出版社,1996版

残障超常儿童的发现、鉴别及教育

天津体育学院教科系　李　芳

一、残障超常儿童的界定

对于超常儿童我们并不陌生,而且可以说较有研究。可是在我们的现实生活中,还有许多超常儿童的亚群体,他们与我们平常所说的标准的超常儿童形象并不十分一样,最生动的例子就是儿时的爱因斯坦。

爱因斯坦是二十世纪最伟大的科学家,26 岁时就发表了引发物理学界革命的"狭义相对论",其后提出的光量子概念及布朗运动理论,使他一跃成为学术界的巨星。1915 年他又发表了著名的《广义相对论》。这一切使人类对宇宙、空间、物质和能源等的认识发生了根本性的转变。然而令人不可思议的是如此一位惊世奇才小时候竟被认为是个"傻瓜"。因为他 4 岁时还不能说话,7 岁时还不能阅读,从小学到中学他的语文和历史一直是全班最后一名。父母一直认为他是个弱智的孩子,老师们也轻蔑地称他为"小傻瓜",发展到后来,他被迫离开了学校。如果按照当年 Terman 关于超常儿童的标准形象来衡量的话,爱因斯坦当时的表现的确像个"小傻瓜"。非常幸运的是爱因斯坦的叔叔并没有将他当成"傻瓜",在看到他这些障碍的同时,也发现了他在数学方面的天赋。在叔叔的辅导下爱因斯坦逐渐显露出他的才能,最终成为举世闻名的科学家。①

其实,类似小时候的爱因斯坦这一类的儿童,在我们的日常生活中并不少见。这些儿童的智力或能力超过正常人,但是同时又伴有某些生理或心理缺陷,我们统称之为残障超常儿童。Yewchuk 与 Lupart 在 1993 年的一项研究当中曾对残障超常者下过一个明确的定义,即"所谓残障超常者,指的是兼具有残障与超常两种特质的人而言,而无论其残障系属视觉障碍、听觉障碍、肢体残缺、情绪障碍或学习障碍者均称之"。② 在西方一般称这类儿童

---

① 宁城主编:《天才资商》,179—181 页,安徽人民出版社,1998。

② 张靖卿:《资优残障者的鉴定与教育》,载《资优教育季刊》,1995(9),22—25 页。

为“Gifted Handicapped Children”，而在我国台湾地区则称之为资赋优异障碍儿童。

古今中外的历史上出现过许多这类的人才。双目失明、撰写了两部历史著作《左氏春秋》与《国语》的左丘明；左腿残疾行走不便的世界著名数学家华罗庚；患有癔症的著名诗人顾城；患过小儿麻痹、坐在轮椅上竞选、美国历史上唯一蝉联四任总统的罗斯福；全身瘫痪且失去了语言功能的，继爱因斯坦之后最杰出的科学家史帝芬·霍金等等。这些生动的例子无一不在诉说着残障超常者的智慧和杰出贡献。

然而，像爱因斯坦一样闻名于世的残障超常者毕竟是少数，可以说他们只是些偶然成功的例子。有学者指出，这群杰出的残障者中多半有不凡的“奇遇”，其“奇遇”多为家庭提供相当的协助，或得到良师的个别指导。① 也就是说，这些人士的成功很大程度上靠机遇，而大部分的残障超常者是没有这些“奇遇”的。比如，Gambel 的一项调查就表明，在听觉障碍超常儿童中只有15%左右接受了合适的超常教育。② 所以，积极开展对残障超常儿童的研究具有非常重大的意义。它能引起世人对残障超常儿童的理解和重视，改变人们对残障人士的偏见。更重要的是，它能增强我们对残障超常儿童身心特质和教育需要的了解，使更多的残障超常儿童能及时被发掘出来，受到适合其需要与特点的恰当的教育，使他们获得最大程度的发展。此外，积极开展对残障超常儿童的研究，对整个特殊教育事业的发展来说也将是新的重大突破。

二、残障超常儿童的一般特质

在论述残障超常儿童的发现、鉴别及教育之前，我们先来看看此类儿童的身心特质，这将对我们以后的研究有重要的帮助。

关于残障超常儿童的特质，台湾及西方的许多学者都做过相关的研究。台湾学者卢台华(1986)从文献探讨中发现残障超常儿童的一般特质，包括对感兴趣的领域会专精地深入研究；较喜爱的学习方式偏向于问题解决或经验联结的方式；多半具有优异的推理、问题解决及理解能力；在某一学科或多种学科的潜能与实际成就有很大的差距；多半不快乐；对自己本身及学业成就的表现均不满意等。③ 另一位台湾学者吴昆寿(1999)则通过对台湾700多所学校进行实证调查，从7个方面总结出残障超常儿童的特质：

1. 就生理方面而言，健康状况优良、活力充沛、注意力持久、协调能力佳；较弱的是工作的持续力。

---

① 吴武典：《重视资优的残障者之教育》，载《特殊教育季刊》，1986(21)，1页。

② 卢台华：《特殊族群资优教育》，载《教育资料集刊》，1996(6)，265—283页。

③ 张靖卿：《资优残障者的鉴定与教育》，载《资优教育季刊》，1995(9)，22—25页。

2. 就心理方面而言，情绪稳定；较弱的是幽默感和挫折容忍度。

3. 就课业学习方面而言，课业成绩表现优良、对自我有高的期望，因此成就动机强；较弱的是对学习困难的应对。

4. 就人际关系而言，被同学接纳的程度颇高、能参与团体活动；较弱的是沟通能力。

5. 就自我观念而言，颇能自我了解、有较强的自尊心、能够自我接纳；较弱的是自我调适和自信心。

6. 视障、听障的超常学生，生理状况优于肢体残障的超常学生。

7. 残障超常儿童的心理、课业学习、人际关系和自我概念，不因障碍种类或障碍程度而有显著差异。①

而美国学者 Yewchuk 与 Lupart（1993）则综合美国近十年来的许多相关研究指出，残障超常儿童兼具残障儿童与超常儿童的两种特质，正向的包括超常的分析与解决问题的能力、优异的理解力、超常的毅力等；负向的包括对自身障碍的接纳度不高、人际沟通困难、具有强烈的愤怒及挫折感等。② 这两种特质在相互作用下又会产生新的特质。见表9—1。

表9—1　残障超常儿童具有的超常与残障特质交互影响情形

超常儿童特质	残障儿童特质	对残障超常儿童的影响
某些方面的优异能力	身心的障碍	能力上有很大的差异
完美主义者	成就低下	产生挫折
很高的抱负	很少被期望有所成就	形成内在冲突
超常同伴较少	残障同伴较少	社交上的困难
动机与决心强	身体上受到限制	精力沉积无法发泄
寻求独立	身体缺陷	发展出创造性解决问题的方式
敏感性高	自我贬抑	薄弱的自我观念
对未来生涯有很大的企图心	发展的途径因残障受到限制	感觉被排斥

（引自卢台华：《特殊族群资优教育》，载《教育资料集刊》，1996(6)，265—283页。）

通过上表我们可以看出在两种极端特质的相互作用下，残障超常儿童将会产生既自负又自卑的心理，为了掩饰他们的这种心理及自身的缺陷，他们常常采取生气、哭闹、自

① 吴寿昆：《资优残障学生教育现况与问题之调查研究》，载《特殊教育与复健学报》，1999(7)，1—32页。

② 卢台华：《特殊族群资优教育》，载《教育资料集刊》，1996(6)，265—283页。

责、冷漠、开玩笑、装傻、做白日梦、幻想等行为来伪装自己，挣扎在社交的不安、尴尬与羞愧中。如此一来，他们的心理往往会受到压抑，他们的学习、生活及人际关系等也会受到影响，甚至还会产生严重的情绪行为问题。因此，了解残障超常儿童的这些特质对我们的鉴定及教育有很大的帮助作用。

三、残障超常儿童的发现和鉴别

（一）残障超常儿童发现与鉴别的困难和障碍

发现与鉴别残障超常儿童并非一件易事，因为残障超常儿童具有两类特殊儿童的特征。他们的"残障"是显而易见的，而其"超常"的事实则可能隐藏不露，一般人一时间是很难发现其超常的天赋。因此人们常常"以貌取人"，对他们形成"低劣"的先入为主的刻板印象。而且人们往往也很难接受"天才"与"障碍"这两个极端并存的现象。所以，很多这类儿童都只被看作是弱势群体，并没有被发掘出来。同时还有一些残障超常儿童会运用他们的才智来掩饰他们的不利条件，这样就会使得自己在两方面都不再显得极端——障碍可能会因为智力的掩盖而不明显，而掩饰上的努力也将阻碍他们其他天赋的发展。所以这一群人往往会被忽略掉，很少有人会注意到他们的才智优势。①

即使这些残障超常儿童被发现出来，要对他们进行科学的鉴别也是评量工作的一大挑战。Yewchuck 与 Lupart（1993）曾列出鉴定残障超常儿童的四大障碍②：

1. 陈旧的观念。自特曼提出超常儿童的概念以来，在人们的印象中，超常儿童都具有智商高、学习成绩优秀、积极性高、成熟稳重等特点，他们在各方面都会表现超常。而对于残障儿童，人们往往只关注于他们的不利条件，认为他们无论在哪方面都要弱于非残障儿童。两方面的极端认识使人们很难接受残障超常儿童的存在，这就给鉴定工作带来了许多困扰和阻碍。

2. 残障本身带来的阻碍。一方面残障本身会使儿童获取信息、资源和机会的渠道受到限制，使他们的认知、语言、动作等方面的发展延迟，比如有听觉障碍的超常儿童会因听觉受限而造成语言理解及表达能力相应落后；另一方面残障也会影响儿童真实能力的表现，比如有阅读障碍的超常儿童在书面作业或考试时就会成绩平平或表现更差。所以残障本身也会给鉴定工作带来阻碍。

---

① Colleen Willand-Holt (1999), Dual Exceptionalities (ERIC Document ED430344).

② Carolyn Yewchuk; Judy L. Lupart (1993), Gifted Handicapped: A Desultory Duality. In K. A. Heller, F. J. Monks, & A. H. Passow (Eds.) *International Handbook of Research and Development of Giftedness and Talent* (PP. 709—725). Oxford, England: Pergamon Press, Inc.

3. 不恰当的鉴定方式。在鉴定残障超常儿童时很多都可以借鉴和引用非残障超常儿童的鉴定方式,但是单纯地运用非残障超常儿童的鉴定程序、项目、方法等,是无法准确评量残障超常儿童潜在能力的。比如听觉障碍儿童对口语的指令就不会产生良好的反应;视觉障碍儿童可能并不能理解他们所用词汇的意思,也可能不能完成某种操作性测验;学习障碍儿童可能口语表达非常好而书写却很困难等等。① 所以传统的针对正常人的常模标准测验的某些项目对残障超常儿童是极为不妥的,一些鉴定非残障超常儿童的方法对残障超常儿童也是不恰当的。全套照搬非残障超常儿童的鉴定方式,只会降低残障超常儿童鉴定工作的科学性和准确性。

4. 专业人员的缺乏。对于残障超常儿童的研究目前才刚起步,很多都还处于摸索阶段,所以真正熟悉残障超常儿童的特质,并能对他们进行准确鉴定的专业人员还很少。这样一来,鉴定工作的难度又大大增加了。

Whitmore、Maker(1985)与 Cline、Hegeman(2001)的研究也与上述四点基本相似。除此之外他们还认为,仅注重对障碍的评估②,对儿童的信息收集不全、儿童没有机会表现潜能③等都会成为鉴定工作的阻碍。由此可见,要准确、科学地鉴定一个残障超常儿童实非一件易事。

(二)如何发现和鉴别残障超常儿童

虽然在残障超常儿童的发现和鉴别中存在种种困难和障碍,但是我们仍然要努力做好这一项工作,因为这是我们对残障超常儿童实施恰当的教育的前提和关键。究竟如何去发现和鉴别这些残障超常儿童呢?

1. 残障超常儿童的发现

在发现过程中,家长的作用是非常重要的。家长与孩子朝夕相处,是最了解孩子的人,所以也经常是残障超常儿童的最早发现者。可能在这项工作上,家长比教师更为有效。有研究表明,幼儿园的老师只能辨别出 4.3% 的超常儿童,而同一幼儿园的孩子的家长则能正确地辨识出 61% 的超常儿童。④ 所以虽然有时候家长并不一定能够准确地知道孩子真实的潜能,但是他们确实能够正确地感觉到孩子超常的一面。只是当他们的观念

---

① Colleen Willand-Holt (1999), Dual Exceptionalities (ERIC Document ED430344).

② Starr Cline; Kathryn Hegeman (2001), Gifted Children with Disabilities. *Gifted Child Today Magazine*, 3, PP. 16—24.

③ Cindy Little (2001), A Close Look at Gifted Children with Disabilities. *Gifted Child Today Magazine*, 3, PP. 46—54.

④ [美]弗吉尼亚·Z. 埃利希著、唐世力、周卫红译:《资优与专才——天才儿童父母指南》,41 页,广西师范大学出版社,2002。

被质疑的时候,他们就会显得信心不足,而且很快就会放弃自己最初的想法。

而教师从课堂上获得的认识是不同于父母从家庭生活中获得的认识的。残障超常儿童的天赋经常会在课堂上、课外活动中、学科竞赛中表现出来,所以教师在发现过程中也起着举足轻重的作用。

此外还有一个需要被提到的发现者就是同伴。Eisenberg 及 Epstein 研究发现同伴推荐是很有价值的。因为同伴知道谁是聪明、有创造力和学习速度快的。①

那么,作为家长与教师要发现残障超常儿童应该怎样做呢?最重要的是打破传统的"超常观",不应将目光仅停留在"残障"上,而应以一种积极的眼光来看待这些儿童,应该相信和承认自己关于这些儿童天赋的直觉②。带着这种新观念,带着这种直觉仔细观察儿童的活动,才能发现残障群体中的超常者,才不至于因为冷眼而失去一个牛顿。因为讥笑而失去一个爱迪生。其次,家长与教师应学会从消极的行动中来发现残障超常儿童。因为超常儿童会以多种形式来表现他们的才赋,包括积极的和消极的行为。这些消极的方面包括注意力不集中、不安静、恶作剧、躁动症、逃学、假装生病或者干脆赤裸裸地拒绝去学校等等。而这些消极特征可能正是未被人发现的天赋智慧的线索。③ 另外,家长和教师还应尽可能为这些天赋的表现提供更多的机会和舞台,④以使他们的才能得到充分展现,发现其超常之处。因为这类儿童天赋的表现形式不象普通超常儿童一样明显,而且也可能只单一地表现在某一方面,所以各种各样的创造活动、文艺表演、参观旅游以及宽松、民主的学习环境和家庭氛围等,对他们来说都是展现才华的良好舞台。最后,家长和教师还必须对此类超常儿童的身心特征有一定的了解,这将对残障超常儿童的发现起极大的帮助作用。

2. 残障超常儿童的鉴别

(1)鉴别方法

虽然目前要对残障超常儿童进行科学、准确地鉴定与评估还存在许多困难,但是许多研究者都进行了不断地尝试和努力,总结出一些比较有效的方法,下面将介绍几种较有代表性的方法。

一谈到鉴别,人们首先想到的肯定是标准化的测验。从1907年比奈利用智力测验测

---

① 李美华译:《资赋优异障碍儿童》,载《资优教育季刊》,1992(9),25—28页。

② Starr Cline; Kathryn Hegeman (2001), Gifted Children with Disabilities. *Gifted Child Today Magazine*, 3, PP. 16—24.

③ [美]弗吉尼亚·Z. 埃利希著,唐世力、周卫红译:《资优与专才——天才儿童父母指南》,47、159页,广西师范大学出版社,2002。

④ Starr Cline; Kathryn Hegeman (2001), Gifted Children with Disabilities. *Gifted Child Today Magazine*, 3, PP. 16—24.

量个体的心理年龄开始,标准化的测验确实为我们的鉴别工作做出了很大的贡献。然而残障超常儿童在某些项目上是无法像正常儿童那样来表现的。所以有研究者就提出,虽然正常儿童的量表对鉴别残障超常儿童十分不利,但残障超常儿童与正常儿童还是有许多相似之处,这些标准化的测验还是可以作为鉴别的参考指标的,他们建议适当采用正常儿童的量表,但要除去其不利的分量表,或以其他分测验代替,同时将传统的智力测验、成就测验等与非传统的创造力、想象力、视觉/空间能力、幽默感、问题解决能力的测验等相结合,以多种测验来对残障超常儿童进行鉴别。当然,除了这些正常儿童的量表以外,还有特别为残障儿童设计的标准常模测验。比如为听觉障碍儿童设计的内布拉斯加学习性向测验(The Nebraska Test of Learning Aptitude)(Hiskey,1966)、视觉障碍者学习性向测验(The Blind Learning Aptitude Test)及图画式智力测验(The Pictorial Test of Intelligence)(French,1964)等等①。这些测验对残障超常儿童也许更适用。

但是,对残障超常儿童进行鉴别不能仅仅或大部分都依据标准化的测验。残障超常儿童身心特质的多元性决定了我们的鉴别也必须是多元的。所以许多研究者打破传统标准测验的框架,提出了新的鉴别方法。美国心理学家 Maker(1977)就提出有效鉴定残障超常儿童的另外三种途径:

①鉴定儿童的潜能,而非其已表现的能力。

②残障儿童与残障儿童本身相互比较。

③对于残障者那些能有效补偿其障碍的特质,在鉴定的评量上给予更大的比重。②

随后 Yewchuck 与 Lupart(1993)在 Maker 鉴别方法的基础上又进行了发展,提出了鉴别残障超常儿童的 8 条有效建议,目前的鉴别工作基本上都在采用他们的这些方法。

①熟悉残障超常儿童的身心特质。

②收集儿童的各种治疗史及教育史,采用各种正式及非正式的评估程序。

③以残障儿童为参照团体,而非以一般的超常儿童为参照常模。

④创造各种情境以使残障超常儿童有机会展现其超常特质。

⑤调整或修正评量方式或程序,以发掘其真正的能力。

⑥尽可能纳入同类障碍的主试者参与评量历程。

⑦如果障碍妨碍了才赋的表现,就应将评量重心放在能弥补缺陷的特征上。

⑧采用互动与动态评量方式与历程,以充分了解其整体能力发展。③

---

① 李美华译:《资赋优异障碍儿童》,载《资优教育季刊》,1992(9),25—28 页。

② 何华国:《特殊儿童心理与教育》,54—55 页,五南图书出版公司,1986。

③ Carolyn Yewchuk , Judy L. Lupart (1993), Gifted Handicapped : A Desultory Duality. In K. A. Heller, F. J. Monks, & A. H. Passow (Eds.) *International Handbook of Research and Development of Giftedness and Talent* (PP. 709—725). Oxford, England: Pergamon Press, Inc.

除了上述这些方法外，还有两种新兴的方法，对残障超常儿童来说也许更适合。其一就是教育再鉴别的方法，其二是档案评估方法。

教育再鉴别方法的理论基础就是 Vygotsky 的“最近发展区”理论。根据这个理论，个体的智力是动态发展的。而目前的测验大部分测到的都是儿童过去所受的教育，是儿童现有能力的表现。儿童过去环境与教育条件的不同，对鉴别的结果是有很大的影响的。①所以研究者提出应该为残障超常儿童创设有利的条件、提供合适的教育，使他们的潜能或优势得到发展或展现，然后再进行观察和评量。即评量的是儿童经过学习之后的认知的改变程度，也就是说这种方法不局限于现有的能力，是一种具有动态性和长期性的鉴别方法。

而档案评估方法似乎更具有长期性及观察性。以肯特州立大学为例，他们的档案评估内容包括：教师的观察表、儿童的轶事记录、同伴/自己提名推荐、家庭—社区调查、儿童的作品等。而 Renzulli 的“完全档案”也是一个很好的例子。它包括才能展示、兴趣列表、思考及表达的方式及风格等等。这些档案为我们全面了解儿童的能力、兴趣、特长等提供了一个很好的帮助。有研究证明，这些档案对决定残障儿童可否接受超常方案是非常有用的。② 而如果要采用这种鉴别方法的话，长期的观察和记录是必不可少的。唯有通过长期与多元化地积累儿童“活”的表现，才能发掘儿童的真正潜能。

2. 鉴别原则

鉴别的方法虽然多种多样，根据儿童的不同及需要的殊异我们可以选择各种方法，但是无论我们选择什么样的方法，有一些鉴别的原则是我们必须要注意的。

(1)早期性原则。早期发现、早期鉴别的最终目的是让残障超常儿童及早接受干预和教育。尽量在障碍发生的早期进行早期干预，以弥补缺陷，防止派生性缺陷的产生，同时及早进行智力开发，不会因此而错过了教育的最佳时期，使他们的潜能充分发展。

(2)长期性原则。残障超常儿童那些复杂的身心特质决定了他们的鉴别不可能一蹴而就。不仅在每一次的评估过程中要有充分的时间相互交流、讨论和切磋，而且整个鉴定本身也是个多次反复、长期进行的过程。另外，行为的观察、信息的收集等等都需要长时间的努力。所以 Karnes(1979)指出，鉴别残障超常儿童比“一般”儿童更需要长期的观察。③

(3)多元评估原则。随着多元智力概念的发展及单一的智力测验缺点的凸显，多元化的鉴别将成为残障超常儿童鉴别的一个重要原则。传统的智力测验、成就测验不再是

---

① 辛厚文主编：《超常教育学》，人民教育出版社，1991，183 页。

② 吴寿昆：《教师对于资优残障教育方案的看法》，载《特殊教育与复健学报》，1997(5)，61—95。

③ 李美华译：《资赋优异障碍儿童》，载《资优教育季刊》，1992(9)，25—28 页。

主要的鉴别方式,创造力测验、幽默感测验等非传统的测验也将占有一定的比重,而新兴的教育再鉴别的方法、档案评估方法等等都将在鉴别过程中发挥重要的作用。只有多方面的对残障超常儿童进行评估,才能较全面地了解他们的特质、发现他们的潜能,为他们教育计划的制定打下良好的基础。

(4)动态评估原则。即在鉴别过程中不仅要评估儿童反应的结果、速度等,还要评估儿童心智的运作过程、方式及策略等。不仅要评估儿童以前所学到的东西,更重要的是评估儿童的潜在能力。也就是说,以发展的眼光来看待这些残障超常儿童,以发展的理念来对待残障超常儿童的鉴别,随着儿童发展的进程来进行鉴别与评估。

值得一提的是,发现和鉴别残障超常儿童,最大的目的是使他们获得恰当的教育,而不是将他们贴上标签孤立出来。所以,应该以严肃认真的态度正确对待残障超常儿童的鉴别工作。

四、残障超常儿童的教育

当残障超常儿童被鉴定出来之后,最重要的事情就是对他们进行恰当的教育。就目前而言,世界上对特殊儿童的安置大体上有以下几种形式:早期教育的模式有家庭教育模式、训练中新模式、医疗康复模式;学校教育有普通班模式、资源教室模式、特殊班模式、特殊学校模式及职业训练中心模式。而残障超常儿童也基本上就在上述这些机构中就读。一般来讲,轻度的感官及肢体障碍超常儿童,及大部分的广泛性发展障碍超常儿童都会在普通学校、普通班就读。虽然残障超常儿童的教育安置形式多种多样,但是不管进行怎样的教育安置,最应该考虑的是儿童自身的个别学习需要。最少受限制环境也应该成为他们教育安置考虑的基点。在获得恰当的教育安置以后,就应该积极开展各类适合于儿童需要的教育了。

(一)残障超常儿童的教育服务方案

就目前而言,大部分残障超常儿童所接受的教育都是残障儿童的教育方案。也就是说,教育的重点是缺陷的补偿。实际上他们所受的这种教育对他们来说是很不恰当的,他们最需要的不是弥补缺陷的教育方案,而是使他们的潜能充分发展的教育方案。在国外,经过多年的研究与试验,已经发展出一些比较成熟的残障超常教育方案。这些方案同时融合了超常教育与残障教育的特征,包括针对儿童缺陷的特殊教育服务、促进天赋与特殊才能发展的超常教育、发展自我概念的教育及合适的教学法等。比较著名的有残障超常儿童补救与加速方案(The Retrieval and Acceleration of Promising Young Handicapped and Talented project 简称 RAPYHT)、残障超常儿童发展方案(Development of Program for Gifted with Sensory/Physical Disabilities）以及北卡罗来纳大学的教堂山训练计划（The Chapel Hill Training-outreach Project）等等。以下将以 RAPYHT 方案为例进行简单介绍。

RAPYHT 方案是由伊利诺伊大学首创的。最初这套方案是为学前残障超常儿童设计的，它的目的是使这些儿童充分表现才能、发展天赋。后来经过运用，人们发现这套方案非常有效，所以就推而广之。不但学前残障超常儿童使用，学龄期的残障超常儿童也在使用，而且越来越多的地区都采用了这套方案。

这套方案的主要目标是，提高儿童创造性思维的能力、发展儿童在超常领域的基本技巧、拓展儿童超常领域的兴趣、提高儿童解决问题的能力等。除此之外，它还提出了六个相关的假设：残障超常儿童可以从方案中获益；通过此教育方案，残障超常儿童会在自我概念及毅力上得到发展；教师经过训练可以对残障超常儿童及其家长有很大的帮助；不增加财政预算方案也能正常发展；能使学前残障儿童获得提升；同时，注重儿童的优点与缺点。① 从中我们可以发现，这套方案的教育重点是发挥自身潜质，拓展超常才能，而不仅仅是弥补缺陷。

除了这些目标与假设，RAPYHT 方案还有详细的执行程序。它的程序包括 7 个部分：

1. 一般方案。提供一系列需要创造力、问题解决能力及批判性思维的活动。其目的是使残障超常儿童充分展现他们的天赋与潜能。

2. 特殊才能鉴定。由各类相关人员组成一个多元化的团队，对残障超常儿童的才能与天赋进行鉴定。

3. 天赋方案。这项方案的制定是在对残障超常儿童进行了详细的教育评估基础上进行的，是针对残障超常儿童个别教育需要的个别化的教育方案。

4. 家长参与。鼓励家长及家庭成员积极参与到方案的各项活动中来。

5. 团队合作。即由专业人员、学校教师、家长及残障超常儿童的同伴组成一个团队，他们之间进行交流、建议与合作等，以对残障超常儿童实施更恰当的教育。

6. 转介程序。即当残障超常儿童从一个教育机构转介到另一个教育机构时，需要制定一个转介计划，使其顺利地过渡，减少抵触及不适应情况的产生。

7. 评估。这项评估是多方面的，不仅包括对儿童的评估，还包括对教师工作的评估、对家庭的评估等等。它是一个阶段性的总结，既是对成绩进行肯定，也是为下一个方案的制定打下基础。②

---

① 吴寿昆：《教师对于资优残障教育方案的看法》，载《特殊教育与复健学报》，1997（5），61—95。

② Carolyn Yewchuk , Judy L. Lupart (1993) , Gifted Handicapped : A Desultory Duality. In K. A. Heller, F. J. Monks, & A. H. Passow (Eds.) *International Handbook of Research and Development of Giftedness and Talent* (PP. 709—725). Oxford, England: Pergamon Press, Inc.

在这项方案中，鉴别及评估的程序是穿插在其中的，可以说，它是一套完整的教育与服务方案。它无处不包含了我们文章中所涉及的理念与原则，无怪乎西方学者们将它视为残障超常儿童教育方案的典范。

（二）残障超常儿童教育的原则和方法

1. 制定个别化教育计划，因材施教

残障儿童的种类众多，超常儿童的特质也各异，残障超常儿童的个体差异就更大，并没有一种普遍适用的方法来适应残障超常儿童的所有教育需要，这就常常需要因材施教，根据儿童的特殊需要来选择针对性的教育方法，因此，个别化是教育残障超常儿童的核心。在RAPYHT方案中我们曾提到，残障超常儿童被鉴定出来之后，施测者、教师、家长及其他相关人员将组成一个团队，根据评量的结果，为他们制定一个适合于他们自己的个别化教育计划。计划制定出来之后，再认真组织教学，做好详细记录并定期加以考评，以保证教学正常、有序地进行。如此一来，残障超常儿童才能接受到真正的适性教育，教学的效果也才能得到良好的保障。目前国内在特殊教育领域已经逐渐在开始实施这项工作。

2. 重视早期干预和早期教育

对于残障超常儿童来说，早期干预和早期教育有两方面的重要作用：一是可以补偿、矫正已经存在的发展缺陷，防止继发性缺陷的出现；二是可以开发他们的智力及潜能，使他们获得最大的发展。因为在障碍发展的早期，器官的功能及行为都具有很大的可塑性，早期干预对其发展有巨大的影响，可以使之建立或保持相应的能力。而且对于我们人类来说，在学龄前期有许多发育的关键期，抓住这些关键期进行智力开发、语言发展、人格塑造等，可以取得事半功倍的效果。所以对于残障超常儿童来说，对他们进行早期干预和早期教育是非常重要的。

周婷婷的父亲周弘，可以说是对残障超常儿童进行早期教育的典范。他从女儿3岁半就开始教她学讲话、教她认汉字，经过不懈的努力，听不见一点声音的周婷婷竟能开口说出别人能听得懂的普通话，6岁时就认识了两千多个汉字。一切奇迹的出现可以说都是早期教育的结果。周弘自己也曾感叹：“孩子的潜能真是大得惊人。”①

3. 提供富有挑战性的教育，集中力量发展残障超常儿童的优势

目前我们对残障超常儿童的教育重点大都放在缺陷的补偿上，以期他们能适应正常人的生活，然而这种补偿性的教育对超常的残障儿童来说非常缺乏吸引力及挑战性。以他们的能力，他们很快就会掌握这些必要的技巧，课堂上剩余的时间他们就会捣乱，做白

① 周弘：《赏识你的孩子》，14页，四川少年儿童出版社，2000。

日梦等，这种情形往往会限制他们能力的发展。而且有研究表明，对于残障超常儿童，如果只注重他们障碍的弥补将会导致他们自卑、沮丧、缺乏动机、紧张等不良心理(Baum，1984；Whitmore&Maker，1985)①。所以我们应该改变教学的重点，打破缺陷补偿的局限，集中发展残障超常儿童的优势，提供发展潜能的富有挑战性的教育。一方面，可以让这些平时不被人重视的学生能有在同伴面前积极表现自己的机会，体验成功感及自豪感；另一方面，可以满足他们超常学习的需要，激发动机，增强信心，更好地进行学习。

4. 打破旧传统，鼓励使用新的缺陷补偿方式

旧的缺陷补偿方式对许多残障超常儿童来说是不适合的或是不够的。比如强迫一个有书写困难的学习障碍超常儿童写字，会使他的大部分精力都放在学会书写上，使得超常才能的发展受到一定的限制，而且书写上的连连挫败会使他逐渐丧失信心，出现自卑、自负等负面心理。如果我们让他使用新的缺陷补偿方式，如使用计算机来记录、书写，会大大减少他发展过程中的阻碍，更有利于他集中精力发展超常才能。

所以，我们不能强迫残障超常儿童使用我们正常人的方式学习、生活，这与强迫盲人使用明眼文一样是不现实的。只要他们能通过辅具接收更多的信息，表达自己的真实思想，这就是最好的缺陷补偿方式。著名的科学家史帝芬? 霍金全身瘫痪而且丧失了语言功能，只有几个手指能活动，如果我们不允许他使用语音合成器来进行交流，不允许他使用电脑来进行书写，我们的量子宇宙理论就不会有今天的发展。因此我们应该鼓励残障超常儿童利用科技产品进行有效的补偿，以提高学习的效率，增强他们的信心。

除了利用科技产品进行缺陷补偿之外，我们还应使用新的教学方式来补偿缺陷。师生间的互动不一定局限于课堂讲授与书面作业的形式，多样化的交流方式，对缺陷的补偿将起很大的作用。教师可以通过组织访问、排演话剧、做实验等方式来组织教学；学生也可以通过课件、影视作品、演讲等形式来完成作业。这些多样化的交流方式不仅对残障超常儿童的缺陷是一种补偿，更为他们提供了一种多样化的思维方式，有助于他们发散性及创造性思维的发展。

5. 注重残障超常儿童的心理教育

有研究表明，残障超常儿童在他们的人生发展过程中会经历与常人不同的三个阶段：第一阶段，没有意识到障碍将给他们带来困扰；第二阶段，意识到并经历这种冲突；第三阶段，采取措施积极应对或消极应对。② 所以，残障超常儿童大都会经历一个对自身障碍进行认证的阶段，如果对自身的障碍认识错误，将会产生一系列的不良心理，甚至产生严重

① Susan Baum(1990)，Gifted but Learning Disabled ：A Puzzling Paredox(ERIC Document ED321484).

② Starr Cline；Kathryn Hegeman (2001)，Gifted Children with Disabilities. *Gifted Child Today Magazine*，3，PP. 16—24.

的行为问题。晓峰是一个双腿残疾而又非常聪明的学生,残障与超常的冲突使他既自卑又自负,由于对自我没有一个很好的认识,他开始怨恨周围的同龄人,一阵阵的怨恨会合成强烈的嫉恨——自己得不到的东西也不能让别人得到。于是他开始发泄、报复,最终走上了一条犯罪的不归路。

因此,对残障超常儿童进行心理教育最重要的就是发展他们正确的自我观念,不仅要认识自己的缺陷,更重要的是要看到自己的长处。所以,教师及家长在教育中必须注意解决障碍与超常的矛盾冲突,减少他们的挫败感,让他们意识到自己的价值,并帮助他们形成对自身的认同感及骄傲感,发展他们的自信心及自强精神。在这个过程中,榜样的作用是巨大的。周婷婷自己曾说,是海伦·凯勒给了她无穷的力量。每当她遇到困难时,就想象自己是海伦·凯勒,由此唤起了她生命中无限的潜能。①

除此之外,教师和家长还应帮助残障超常儿童发展同伴及社会关系,让他们产生良好的归属感。无数成功的事例都证明,健康的心理、良好的情绪是取得成功的必要保障,因此,我们应该注重残障超常儿童心理教育。

(三)残障超常儿童的教育需要各方面的合作

要对残障超常儿童实施良好的教育,仅靠单方面的努力是远远不够的,它需要各方面的合作与支持。

在这些合作活动中,首要的就是教师之间的合作。这种合作不仅包括本年级教师之间、本学校教师之间的合作,更重要的是残障儿童教师与超常儿童教师及普通教师之间的合作。Karnes 曾指出超常儿童教师经常不知道残障儿童的教育,而残障儿童的教师也没有接受过超常教育的训练,②而普通教师则是两方面都很少涉及。所以,残障超常儿童的教育经常是处于一种盲目、随意的状态。要改变这一状况,就应该增强教师之间的合作与信息交流,互通有无、取长补短,这样才能对残障超常儿童实行真正的适性教育。

其次是家长与学校之间的合作。家长是孩子的第一任教师,也是与孩子接触时间最长的人,是最了解孩子的人。在发现、鉴别残障超常儿童的过程中都不能没有家长的参与,那么在教育过程中家长也同样具有重要的作用。通过家校合作,家长可以在“家长学校”学会教育残障超常孩子的科学方法,教师也可以向家长了解残障超常儿童在家的情况,同时,二者还可以共同探讨教育的最佳方案等等。所以家校紧密联系是残障超常儿童

---

① 周弘:《赏识你的孩子》,四川少年儿童出版社,2000,29 页。

② Carolyn Yewchuk ,Judy L. Lupart (1993),Gifted Handicapped :A Desultory Duality. In K. A. Heller, F. J. Monks, & A. H. Passow (Eds.) *International Handbook of Research and Development of Giftedness and Talent* (PP. 709—725). Oxford, England: Pergamon Press, Inc.

教育正常开展的重要保障。

接下来就是学生之间的合作。在同一教育环境中,学生之间总会参差不齐,他们可以利用各自的长处相互帮助、相互学习、相互合作。重要的是以此来帮助残障超常儿童发展正常的同伴关系及自我概念。同时,对正常的儿童来说,通过合作可以发展他们正确的社会认知,并增强他们对特殊儿童的情感支持。

最后就是社会的支持。要对残障超常儿童实施良好的教育,需要人们改变世俗歧视性的态度,正确地看待差异;需要社区及志愿组织的参与与合作;需要国家法律有力的保障;需要大量的教育经费做支持等等。所以残障超常儿童的教育离不开社会的支持。

总之,教师间的交流与合作、家庭的拥护与参与、同伴的接纳与帮助、社会的支持与保障等都是保障教育顺利进行的必要条件。只有各方面都进行良好的合作,才能使儿童获得最大的发展,取得丰硕的成就。

参考文献

1. 辛厚文主编:《超常教育学》,人民教育出版社,1991年第1版。
2. 卢台华:《特殊族群资优教育》,《教育资料集刊》,1996年第6期。
3. Carolyn Yewchuk ; Judy L. Lupart (1993), Gifted Handicapped : A Desultory Duality. In K. A. Heller, F. J. Monks, & A. H. Passow *International Handbook of Research and Development of Giftedness and Talent*. Oxford, England: Pergamon Press, Inc.
4. Colleen Willard-Holt (1999), Dual Exceptionalities (ERIC Document ED430344).

广州地区特殊儿童随班就读效果评价研究

广州市残疾人联合会　石红明

经过十多年的实践，影响我国特殊儿童随班就读效果的因素逐渐明朗，部分地区开始致力于规范管理随班就读工作。为促进特殊儿童随班就读工作向科学化方向发展，建构特殊儿童随班就读效果评价机制应当成为各地区特殊教育管理的长期而重要的任务。在学习、引进国外教育评价理论的基础上，我国教育评价的理论建设和实践工作已取得较大进展。通过学习、借鉴国内外特殊教育管理与评价方法，我们试图在广州地区建立特殊儿童随班就读效果评价机制。

一、特殊儿童随班就读的理想效果层次

根据全纳教育观，特殊儿童随班就读的理想效果应当是多层次、多角度、无止境的。其效果不仅体现在特殊教育领域，更体现在普通教育领域。随着全纳教育研究的不断深入，特殊儿童随班就读对其本人及家庭、对其所在区域、对社会和国家所可能产生的效果是难以估量、无限发展的。尽管目前我国许多地方的随班就读效果还不令人满意，但应该相信，特殊儿童随班就读不乏成功的案例。① 通过加强学习与研究，不断积累经验，特殊儿童随班就读理想效果的逐步实现不是遥不可及的目标。

特殊儿童随班就读的理想效果表现在：

特殊儿童个体：适应普通学校教育—身心素质发展——获得职业能力——平等参与社会生活——拥有幸福人生；

特殊儿童所在区域：随班就读政策得以执行并完善——特殊儿童家庭与学校、社区相

---

① 我国特殊儿童随班就读成功的案例，多见于肢体残疾儿童、轻度智力残疾儿童、经过早期语训的听力残疾儿童。成功的表现是：生理缺陷得到补偿，心理健康，掌握与其智力程度相一致的文化知识和技能，能升入高一级学校或就业，参与社会生活的能力较强。

融合——以人为本社会环境形成——共创美好社会——人人拥有幸福而成功的人生。

概括地说，特殊儿童随班就读的理想效果在于特殊儿童和社会都从中受益，特殊儿童与周围环境相融合，个人与个人之间、个人与社会之间形成和谐良好的关系。具体地说，特殊儿童随班就读起码应达到适应性效果，即特殊儿童适应普通学校的教育环境，初步培养正确的学习态度和良好的学习习惯，掌握与其能力相适应的基本知识和技能；普通学校的师生理解人与人之间的差异是正常的，消除歧视或拒斥特殊儿童的心理、行为，将特殊儿童作为集体的平等成员，尊重并尽可能满足特殊儿童的合理需要；特殊儿童的父母接受孩子异于常人的现实，为孩子提供医疗与教育的机会；社会人士适应特殊儿童存在的事实，将特殊儿童作为社会的平等成员，并对特殊儿童的学习、就业采取保护性措施。

特殊儿童随班就读在实现适应性效果的基础上，进而追求发展性效果。即特殊儿童的生理、心理缺陷得到矫治，对学习活动有强烈兴趣，乐于为班级、为家庭和社会贡献自己的力量，掌握一定的职业技能，能够自食其力；普通学校的教师初步掌握教育评估的方法，能与特殊儿童的父母、特殊教育研究人员合作设计与实施个别教育计划，在特殊儿童心理辅导、缺陷补偿方面积累丰富的经验，课堂教学呈现以学生为中心、个性化、校本化、效益优化的特征；特殊儿童的父母及所在社区重视特殊儿童的教育问题，并协助学校开展教育活动；社会为特殊儿童的生活、教育、发展提供充足的机会。特殊儿童随班就读发展性效果的标志是形成全纳性学校、全纳性社区。

特殊儿童随班就读的创造性效果是帮助特殊儿童拥有幸福且有意义的人生，促使全纳性社会形成。创造性效果的表征是：特殊儿童自觉地、主动地学习以实现自身潜能，具有平等参与社会生活的能力，有一定艺术鉴赏力，能自主地选择职业和健康的生活方式，为家庭、社区和国家做出力所能及的贡献；学校和社会形成保护儿童发展的舆论与机制，教师是“终身学习”的宣传者和实践者，在教育工作中感到幸福与满足；政府是社会正义、教育公平实现的保障与调节机构，以儿童的发展需要为中心合理分配社会资源；公民受教育水平高，民主、法治成为社会运作的基本意识，社会成员共同努力创造美好生活，人人拥有幸福而成功的人生。

以上关于特殊儿童随班就读理想效果的描述可能过于理想化，但特殊教育事业本身就是在理想的推动下发展起来的。虽然部分特殊儿童随班就读取得了较好的效果，但我国特殊儿童随班就读的整体状况与理想效果的特征还相距甚远，说明我国的政府部门、教育机构、特殊儿童的家庭及社会各方面需要长期努力。

在上述表述中还蕴含着一些前提观念，并且这些观念应当成为社会的共识。否则，建构特殊儿童随班就读效果评价机制、实现随班就读理想效果将永远只是美好的梦想，不可能成为现实。这些观念是：

1. 生存和受教育是人的基本权利，特殊儿童是社会中的弱势群体，社会正义原则要求对天赋较低和出身于最不利社会地位的人们予以补偿；

2. 人的社会性之目的是为着个人的自由。社会为人而产生，不是人为社会而存在。教育以人的生活为目的，人的生活以幸福为目的；

3. 衡量一个社会是否具有持续发展的能力，重要的标准之一就是看这个社会是否通过共享社会发展的成果而充分、普遍、有效地开发社会成员的潜能。

二、特殊儿童随班就读效果评价的操作原则

参考陈玉琨对教育评价概念的界定“教育评价是对教育活动满足于社会与个体需要的程度作出判断的活动，是对教育活动现实的（已经取得的）或潜在的（还未取得，但有可能取得）的价值做出判断，以期达到教育价值增值的过程”，特殊儿童随班就读效果评价可视为广义的教育评价。这意味着，特殊儿童随班就读效果评价在实施过程中可借鉴狭义教育评价的理论、内容与方法，同时创造自己的特色。

（一）激励性原则

特殊儿童随班就读在我国仅有十几年时间，西方特殊教育发达国家开展“回归主流”运动也仅有三十多年的历史。关于特殊儿童、特殊教育，人们不仅存在认识上的误区，还有许多盲点。对于如何提高特殊儿童随班就读效果，现成的经验太少，探索的道路是漫长的。因此，特殊儿童随班就读效果评价的过程，应当成为发现与积累特殊儿童随班就读的成功经验、激励各方面人士积极创新的过程。

有的学者将教育目标划分为“期待目标”和“到达目标”。考察特殊教育发展史，部分生理残疾儿童的教育目标是可预期、可测量的，对这类儿童可设置到达目标，而心理障碍儿童的个别差异性极大，对这类儿童的教育目标主要是期待目标。事实上，每一名儿童都有自己独特的成长轨迹，普通儿童的发展前景难以预测，特殊儿童的阶段性发展水平更难以把握。对于特殊儿童，人们不宜过分渲染其缺陷，而应关注其所能。同样，在特殊儿童随班就读效果评价的过程中，评价者的主要任务不是得出评价的结论，而应当是分析取得现有成绩的原因、提出继续改进的建议。

贯彻激励性原则，首先需要评价者和被评价者转变观念，理解评价过程的动态发展特征。其次，在特殊儿童随班就读效果评价的内容选择和指标设计时，要特别注意选择开放性内容，设计发展性、教育性指标。再次，综合运用教育评价、政策评价、生态学评价的方法，广泛收集随班就读工作过程中的信息，分析可能促使其成功的各种要素。

（二）个别化原则

所谓个别化原则，是指在确定具体评价目的、选择评价的内容和方法时尽可能独立设计，学生评价、教师评价和学校评价采取个别化方式进行，不设置统一的、固定的评价标准。

多年来，我国研究与实践的狭义教育评价，主要包括三个部分：学校评价、教师评价和学生质量评价。在具体评价过程中，比较强调评价的选拔、管理功能，对评价的教育功能不太重视。无论是对学生评价还是对学校评价、教师评价，较少考虑评价对象的个性特征，倾向于编制和使用统一的标准评价。例如：近期各地分别开展“绿色学校”评估活动，其中一个环节是统一命题对学生进行环保知识测评，越秀区培智学校积极申报，因为弱智学生在知识测评上失分较多，申报没有成功。考虑到特殊儿童的特殊性和影响特殊儿童随班就读效果因素的复杂性，随班就读效果评价应特别强调个别化评价方式，根据每一评价项目的组成要素确定不同评价内容，对不同对象相同内容灵活采用不同评价方法，允许不同评价主体对同一事实结果评价时得出不同甚至完全相反的结论。

当前我国正着力构建素质教育评价体系，把“为每个学生的发展提供最好的服务”作为教育的基本理念，评价的目的是“找到适合不同儿童的不同教育方式和方法”。特殊儿童随班就读效果评价中学生评价部分属于素质教育个体形成性评价范畴。广州地区的小学、初中于1999年开始使用《学生素质发展评价手册》，把学生素质构成概括为身体、心理、思想道德、科学文化、审美、劳动、交往、安全等八项，分别设计评价标准和指标。随班就读的特殊儿童使用此手册时，应对他们适当增加缺陷补偿、学习能力、心理发展水平、职业倾向和社会适应能力等项目的评价内容，并在心理发展水平评价中重点考察其抽象思维能力、观察力、注意力、记忆力的发展状况。

特殊教育的个别化教育原则必然要求特殊教育评价个别化。相对于统一的、标准化的评价方式，强调个别化原则的特殊儿童随班就读效果评价方式，必然增加评价者的工作总量和指标设计的难度。这也验证了布恩·史德福的观点：在普通学校里推行有效的融合制度是非常昂贵的，我们不会有低廉的特殊教育。

（三）多主体原则

特殊儿童随班就读是多因素综合影响的活动，责任主体多元化决定评价主体也必须多元化。除了教育行政部门和学校领导、教师，随班就读效果评价的主体至少还可以包括特殊儿童本人及其家长，特殊儿童周边环境的人，如特殊儿童的同班同学、社区管理人员和居民、教研科研机构的专业技术人员、专业心理检测人员、残联及劳动部门的职业技术评定人员等等。广州市特殊儿童随班就读效果问卷调查结果显示：特殊儿童的父母和教师最赞同由所在学校的领导、教师评价特殊儿童随班就读效果，其次赞同特殊儿童的家长、教育局及教研室的专业技术人员作为评价主体，也同意社区、民政、残联系统的工作人员参与评价。

强调特殊儿童随班就读效果的责任主体与评价主体的多元性，实质是为特殊教育发展和社会发展提供更多机会。所谓为特殊教育发展提供机会，是指多主体参与评价一方面可以促使人们更深刻地认识特殊儿童的价值、理解特殊教育的价值，形成发展特殊教育的良好外部环境；另一方面，多主体评价可以不断验证某种形式的特殊教育服务对某个特殊儿童的有效性，为特殊教育理论发展积淀内在基础。为社会发展提供机会意在多主体参与评价可以促进社会成员之间的交流与合作。“人在一种与他人的对话中成长”，对话成为学习的一种方式。“终身学习”的思想已被世界各国人民认同，学习化的社会是有发展潜力的社会，而发展、进步的社会为人类的幸福生活提供不竭的动力。

三、特殊儿童随班就读效果评价的内容

有研究认为，全纳学校相对于其他学校，其具体目标有特殊性：自决性的培养、谋生技能的培养、家庭责任感的培养、终身学习理念的培养。其实这些目标是儿童教育的一般目标，任何学校都有相关的教育内容，只是在教学过程中各有侧重。

特殊儿童虽有迥异于普通儿童的差异特征，但他们毕竟有与普通儿童相似的生理、心理发展规律，特殊儿童随班就读效果评价在方法上没有特异之处。将适应性、发展性、创造性确立为特殊儿童随班就读理想效果的基本层次，在设计效果评价指标体系时，也应考虑以适应性、发展性、创造性为维度，以个人与社会为向度。在这里，“适应”的关键是适时调整，“发展”的关键是积极的变化。具体指标的设计是十分复杂的工作，有的指标比较明确、具体、容易搜集（例如区域性随班就读政策执行情况的数量化指标），有的指标可能与目标并不是一一对应的关系，尤其是体现发展性和创造性的指标，在实施与评价时有较大的主观性。

（一）适应性

个人与环境的协调、适应，大环境下个体与个体之间的互相适应、双向递进。评价指标包括：

1. 入学率、完成率

不同类别特殊儿童在普通学校、特殊学校的人数及年龄、班级、地域分布，随班就读特殊儿童的九年义务教育完成率；

学校招收与拒收服务范围内特殊儿童的比例；

特殊儿童及其父母选择进入特殊学校与普通学校的学年变化比例；

特殊儿童在普通学校的课时完成率与成绩合格率；

特殊儿童个别教育计划的制定率；

特殊儿童个别教育计划在学校的学期评定率、学年修改率；

2. 交往频度与质量

特殊儿童与普通学校教师、学生的交往频度与交往水平测试；

普通学校领导、教师、普通学生、普通学生家长对特殊儿童的接纳程度与接纳水平考察；

普通学校教师、学生与特殊儿童父母的交往频度与内容；

校外人士对特殊儿童的帮教次数与帮教内容；

特殊儿童参加学校集体活动的次数与参加方式；

3. 政策制定的价值取向与目标

对特殊儿童权利、义务的规定；

对特殊儿童父母的权利、义务规定；

随班就读儿童的类别限制与入学、升学限制条件；

随班就读特殊儿童培养目标的描述；

4. 政策的执行与完善

教师特殊教育培训的周期与内容；

对普通学校的班额、校长、教师及有关工作人员资历条件的规定；

随班就读教师工作补贴标准与发放周期；

特殊教育学校与普通学校的学生转介制度；

随班就读工作的检查制度与检查项目，对违反政策的处罚；

政策修改的途径；

特殊儿童的经济、法律救济渠道。

（二）发展性

个人的发展和社会的进步。评价的指标包括：

1. 满意度

特殊儿童家长对学校、教师工作的满意度；

学校取得的各种荣誉；

市民对教育行政部门工作行风评议的结果；

对特殊儿童随班就读入学、鉴定和转介等管理工作的投诉；

2. 比较值

接受各级各类教育人数比率与同类城市、地区的对比;

入学前后特殊儿童身体发育情况与心理发展水平的比较;

随班就读的特殊儿童缺陷补偿和文化教育情况,与特殊教育学校中同等程度、相同类别残疾儿童达到水平的比较;

特殊儿童的生活自理能力、学习兴趣和学习能力变化的特征描述;

不同时期,学校、教师获得各种奖励情况的对比;

个别教育计划实施后,特殊儿童与同班普通儿童素质差异对比;

基础相近但就读学校不同的特殊儿童,其社会适应能力差异比较。

(三)创造性

特殊儿童及其所处环境具有持续发展的能力,个人与社会达到和谐、自由运转的程度。评价指标包括:

1. 特殊儿童的主动性

特殊儿童具有学习的兴趣和能力;

特殊儿童自主选择就读的学校,根据个人兴趣选择职业教育项目;特殊儿童具有一定艺术鉴赏能力,心理健康;

特殊儿童积极参加学校和社区组织的公益性活动,乐于助人;

特殊儿童能清楚表达自己的意愿,有与他人沟通的兴趣和能力;

特殊儿童关心家庭和社会的变化,愿意为家庭和社会做出贡献;

特殊儿童实现自身潜能,按照能力与兴趣选择职业,并获取报酬;

2. 社会成员的自由度

全体儿童得到免费、优质的义务教育,有平等的升学与就业机会;

按需提供特殊儿童随班就读教育经费、师资条件、教师工作补贴;

特殊儿童的入学、职业教育、就业、社会保险等有明确法律规定;

特殊儿童的早期发现、早期康复、早期教育措施得到法律保障;

无障碍设施建设覆盖到村、镇;

普通学校的课程设置、教学设备、教学方法适应不同类型学生的要求;

普通学校、特殊学校、社区形成开放系统,共享教育资源;

儿童父母参与教育过程,成为教育效果评价的法定主体;

区域经济、科技、文化、教育等协调发展,社会形成关心、帮助弱势群体的法律保障制度;

教师具有较强的教育评估、教学组织和设计能力,是专家型教师;

全民教育、终身教育思想成为社会舆论主流。

以上设计的评价指标只是初步勾勒的框架，还没有经过实践检验是否可行，但可以为今后的研究与实践提供参考。

四、特殊儿童随班就读效果评价的方法

多主体参与评价在实际操作中可能比较困难，但应当成为政府部门的明确要求和工作方式。实施过程中，可以采取渐进的办法，逐步扩大评价主体范围。在所有的评价主体中，特殊儿童本人及其父母是最不容忽视的。

特殊儿童的父母作为评价主体的权利已经在美国、加拿大等国家的法律中得到保障，但我国还没有相应的法律、政策条文。操作时，可引进美国特殊教育评价“报告制”的做法——特殊儿童教育机构和政府向特殊儿童的父母、社会报告服务内容、经费和人力投入等情况，特殊教育专家对特殊儿童的身心发展状况及教育能力进行评估，将结果报告给家长和教育机构，特殊儿童的父母向教育机构和鉴定机构提供儿童的日常表现和就医、就读资料。专业评价人员对所得资料进行汇总、分析，综合不同评价主体意见，得出阶段性的评价结论。

已经明确：特殊儿童随班就读效果评价没有特异的评价方法，现有的评价方法均可采用。由于我国各地还未全面建立特殊儿童随班就读效果评价制度，可以尝试使用以下方法：

不定期观察特殊儿童在学校的交往状况，并作记录分析；定期问卷调查，对收集的资料进行对比分析；组织访谈、座谈了解特殊儿童家长对学校领导、教师的意见；从文件记录、年度学生体检报告、教师、学校学年工作报告、地区工作总结、教育统计报表中收集资料，使评价依据尽可能客观、准确；对特殊儿童阶段性人格发展、社会性发展情况的评价，可用标准化测验工具和追踪分析方式。

总之，特殊儿童随班就读效果评价方法，与教育教学评价的一般方法相同：即以总目标为理论核心，具体地制定动态的、结构性的目标体系，而对其实现程度的评价则以可测度的、可操作的、不一定与教育目标一一对应的指标体系来进行。

走向教学重建

——如何使课堂焕发生机与活力

中央教育科学研究所　田慧生

在当前倡导重建课堂教学的大背景下，如何使课堂教学焕发出应有的生机与活力，需要在教学认识与教学策略上作出新的思考与调整。

一、尊重学生人格，尊重学生选择

尊重学生人格，尊重学生选择，是教师做好教学工作的一个基本前提。这里有一个基本的看法，就是无论是在知识学习，还是在学生完整的成长，教师对学生的影响力都是无法估量的。实践反复证明，教师对学生的影响有时是无形的，一句话一个举动都能对学生产生长久的影响，这种影响可以是正面的，也可以是负面的。教师不正确的言行，可能会给学生带来消极的、负面的影响，甚至严重的伤害。著名主持人崔永元写的《不过如此》，是一部记录自己成长过程的纪实性作品。偶然发现里面有些事情涉及教育问题，特别是他成长过程中对他影响很大的两位教师的回忆，令人印象深刻。一位是小学语文教师。他上小学时，一次作文被这位老师大大夸奖了一番，他在语文方面的自信心从此被极大地鼓舞起来，而且对语文发生浓厚兴趣。他总结说，孩子的自信心通常是夸出来的。如果当时老师不夸奖他，老师也没有犯错误，但崔永元可能不会有今天的作为。他自己认为，语文老师影响了他长久的人生选择。另外一名是初中数学老师，是一个反面例子。他以前对数学很感兴趣，上初中时处于生长发育年龄，成天胡思乱想。一次数学课上，老师写了一黑板公式，然后用教鞭从左指向右，又从右指向左地带领大家念公式，全班同学的头都在跟着老师的教鞭整齐地左右摆动，只有他岿然不动，坐那儿发呆。老师很快发现了，拿一个粉笔头准确无误地砸在他的脸上，当众羞侮了他。这个举动使他的自尊心受到很大伤害，从此加入了数学后进生的行列，而且从此患上了数学恐惧症，一见数学老师就害怕，数学成绩一落千丈。这种伤害长时间困扰着他，一直到现在他还经常被噩梦惊醒，梦见在解很难的数学题。他自己讲数学成了他心灵上的一块疮疤。最后他总结出一句发人深省的话:“老师不经意的一句话,一个举动或许会了断学生的一门心思,让他的生命走廊中少开一扇窗户。”的确如此,在教育过程中,教师对学生人格的尊重应当是教育工作的一道底线。一旦突破了这道底线,教育就可能从崇高滑向卑劣。远离了对生命的尊重,教育自身也就成了一个不名一文的空壳。

二、超越书本,大胆发表独立见解,改变“搬运工”式的教学方式

现在教师对书本的迷信、盲从已达到了令人担忧的程度,教师几乎是把印在教材上的东西奉为金科玉律,奉为圣经。在这种心态下,教师所要做的工作就简单地变成了“搬运工”、“传声筒”,变成了教材的奴隶。教材上讲到的,教师去照搬,教材上没讲到的,教师想也不敢去想。教学如果只停留在这样一个状态和水平,简单地把教材上的东西搬到教案,再把教案搬到课堂上,学生是没有希望的。如果教师都不敢大胆发表自己独立的见解,那么学生的思维被禁锢的程度就可想而知了。作为新时期的教师,要敢于超越书本,敢于发表自己的独到见解,要具备一点怀疑精神和批判精神。

三、大胆创新,使教学成为充满创意与激情的过程

现在教学的很大问题是过分的教条化、程序化。教师的教学事先都做了非常精心的准备,教案设计精确到每讲一句话,每提一个问题,以及这句话、这个问题需要多长时间、几分几秒,都设计出来。前一个问题和后一个问题的程序绝对不能颠倒,整个程序设计跟生产过程一样非常精确,达到精致的程度。并且越是需要展示的课,教师教案设计得越完美,每句话都详细地写进教案,把教案几乎变成了剧本。正如叶澜教授讲的,当剧本被完美地设计好后,教师所做的工作就是严格按照剧本去做好导演工作,学生就要配合教师演好这场戏。根据程度不同,在教师心目中的分量不同,扮演不同的角色。好学生往往扮演男女主角,差一点的扮演配角,坐在两边和后排的不受老师重视的所谓比较后进的学生只好做群众演员从旁观看。① 这种教案的设计是我始终反对的,当教案设计得非常严密和精确时,教学就变成了按部就班的、机械推进的、毫无激情的、没有创意的过程。课堂应该是互动和创生的过程,它是由活生生的生命体构成的。各种新的情况随时会出现,但在课堂里教师对学生表现出的各种新的需求没有机会去理会,也不敢去理会。他只能按照设计好的程序严格推行,强行指导,学生必须配合教师演好这出戏,这是个很大的问题。要

① 叶澜:《让课堂焕发生命活力》,《教育研究》,1997年第9期。

提倡大胆创新，教师要抛弃过于机械僵化的按部就班的教学设计方式，要让教学真正成为一个师生互动、充满激情与创意的过程。学生能不能创新，关键看教师，如果教师能有一点创意，有一点创新，就会在更大范围影响全体学生。所谓教师创新的星星之火，可以在整个课堂里形成燎原之势，这是实践反复证明了的。一个有创新的教师可以带出一批头脑开放的、富有创新的学生。

四、解放学生，减少统一约束和划一要求，为学生创设两个自由空间

减少对学生过多的统一约束和划一要求，就是要把约束学生的条条框框尽可能减少，最大限度地为学生创设自由思想、自由选择的空间。这主要从两个方面来看，一是课堂管理。现行的课堂管理规则是围绕着刚性体系建立起来的，核心是教师，是为教服务的。建立的一整套的游戏规则都是为了更好地约束和控制学生，使学生能够在课堂中保持绝对安静，保持纪律状态，认真听老师讲课，是围绕教师讲学生听的模式建立起来的。在小学，教师发出的指令总是要求学生腰挺直，脚并齐，手背好，目不斜视，课堂中参与和互动的渠道被阻断了。有些外国专家到中国学校来考察，从课堂出来后不是对教学本身提问题，而是迷惑不解地提出“为什么中国的课堂里，所有的学生都像士兵在军营中那样一动不动”。他们对此不可思议，学生坐得整整齐齐，横成排，竖成行，脚并齐，腰挺直，确实跟军营一个样。这不是正常的教学状态。课堂里需要安静，但不能总是这样，这种过多的约束对学生的发展是有相当大的负面影响的。我在加拿大看到的完全是不同的情景。第一次去加拿大的一个小学课堂时，给我的震动、冲击至今还能感受到，留下很深印象。刚进去时站在门口半天在犹豫，好像是走错了地方。那个课堂好像是我们幼儿园的活动室，首先没看到课桌椅，仔细看发现都摆在四周，教室里摆了各种各样的东西，养的花草，挂的鸟笼子，玻璃瓶里养着各种各样的爬虫、昆虫，墙壁、天花板上挂着很多五颜六彩的学生的作品，教室后面有一个很大的沙箱，几个箱子里装着很多泥巴。上课时老师把小黑板一挂，和学生席地而坐，地上铺着地毯，老师带了很多学具，一边跟学生讲，一边讨论，一边动手操作。上到一半时，两个小朋友躺下了，老师丝毫不管。下课后我问老师为什么小朋友睡觉你们不管？老师说不对，他们没睡觉，他们仍在参与，只是疲劳了，不舒服，换了一种姿势而已。我问这种状况允许吗？老师给我看教室纪律守则十几条，其中一条是当你在课堂里感到疲劳时，可以采取任何一种你认为适当的方式来听课，包括可以躺下，但后面注明不能睡觉。小班二十几个人，如果睡觉，老师是能够看到的。另外还有一条规则，上课时如果是饿了或渴了，可以在不影响别人的情况下适当地吃点东西，喝点东西，但后面也注明不许嚼口香糖 。学生能做什么不能做什么讲得非常具体。我们不一定能照搬，我们都是大班，越好的学校人越多，一个班六七十人很正常，甚至最大的班一百零几个学生。

让学生随意去做，肯定控制不了。但他们制定规则的出发点对我们是有启发的，就是一切都考虑到学生的需要，怎样能让学生舒适地去投入学习，而不是教师怎样舒服地教。

另外更重要的是从思维活动层面上，教师必须要认真考虑如何把学生解放出来，减少对学生的思维活动过多的、人为的控制和约束。我们经常做这样的比较，为什么中国的学生比西方发达国家学生掌握的知识多，但创造力、思考解决问题的能力整体上要弱一些。一个重要的原因是我们的教师对学生思维活动约束过多。虽然现在的课堂有了很大进展和变化，不再只是老师讲学生听，老师能设计许多问题来提问，课堂里也非常活跃，气氛表现得很轻松，但是一个根本上的问题我们没有意识到，也没有加以有效地改进，就是老师即使提出讨论型的问题，当设计好问题时，也会相应地设计好解决这个问题的标准思路或方法，同时也准备好一个标准答案，甚至是唯一的答案。当老师提出问题时，很快三言两语用诱导性、启发性的语言把学生思维引导到他设定好的标准框架上来，学生很快得出答案，问题迎刃而解。好像是课堂教学效率很高，但实际上没给学生留下充分想像、思考的空间，学生思维是被窄化的、被控制的。学生甚至没有机会在思考问题的过程中去犯错误，去尝试错误的机会都被剥夺掉了。一个人的创造性思维、实际解决问题的能力不是在简单的被告诉和引导的过程中形成的，更多的是在自主探究、发现、体验甚至于尝试错误的过程中实现的。课堂中不给学生犯错误的机会不是一个好现象，大家很快都一致了，达到标准答案，这样时间长了学生想像力会枯竭，人的智慧水平、智力状况会下降，创造性思考问题的能力会下降。而且这种方式会把学生思维禁锢起来，给他的大脑人为地套上很多条条框框。现在有人提出我们的教学是不是把孩子越教越聪明，发出这样的质疑是有道理的。一个孩子刚进入小学时，天真烂漫，思想无拘无束，想像力丰富多彩，敢想敢问。随着年龄的递增，年级越高，学到的知识越多，孩子却变得越来越沉默，原有的那种灵性越来越少，越来越缺少想像力。想像力是创造力的重要基础，没有想像力的人是不可能有创造力的。心理学家做过这样的测试，对小学、中学、大学的学生随意做一个测验，心理测试人员到一个幼儿园随便画一个圆圈，问这是什么，小朋友不假思索，全把手举起来，每个人的回答都不一样，有的说是苹果，有的说像汽车轮胎，有的说像下雨后滴在水面上形成的涟漪，想像力非常丰富。到了小学，同样画个圆圈问这是什么，小学生纷纷举手，说出很多富有创意的答案来。到了中学，则明显下降，中学生经过思考，也能说出一点。最可怕的是到大学，面对大学生画完圈，问这是什么，大学生坐在那里冥思苦想，长时间思考后，有学生站起来告诉心理学家说，这是一条连续的封闭的曲线。他用了一个科学的标准的表述来解释圆，但除此之外再也想像不出它还会是什么，这确实反映了我们教育的现状。如果教学不能在根本上解决这个问题，教师还习以为常地把学生头脑包括学生的行为、肢体都牢牢地控制住、左右住，那么我们的这一代学生在将来的竞争中不会处于优势的位置上，这直接影响到人的整体素质发展。

五、鼓励质疑,鼓励想像

这似乎是一个很简单的问题,实际上反映了当前教学中最为欠缺的方面。学生的创新精神、创新能力与他提出问题的能力是紧密相关的。一个人的创新始于问题,特别是对很小的孩子来说,他的世界就是由问号构成的,他的眼睛对外界的一切都充满好奇。小朋友的问题特别多,小孩子跟父母在一起时小嘴从来不停,问出各种各样的问题。而问题正是孩子去同化外部世界,实现成长的一个基础。现行的教学体制不是在鼓励质疑、鼓励想像,而在很大程度上是在扼杀孩子的质疑精神和想像力。有人做过调查,几乎是百分之百的家长和教师都有这样的举动,就是当孩子问得过多过繁,甚至提出的问题使成年人难以回答时,经常采取的简单的直接的方法就是命令孩子闭上嘴巴,或者是采取敷衍了事的应付态度,对孩子提出的问题以简单的重复来应付。比如小孩子看到街上一个人疯疯颠颠地跑过去,就会问他为什么这样疯疯颠颠,父母往往会简单地回答,因为他是一个疯子。表面上回答了,实际没有任何价值。美国心理学家斯腾伯格专门做了大量研究,发现成年人对待孩子提问时很多情况下采取不负责任的态度,甚至是打击的态度①。长期下去,特别是学校里教师不愿听学生提出不同意见,也不愿学生提出超出他教学范围之外的问题,时间一长,学生问题越来越少,年龄越大会变得越来越沉默。这一点对人的发展具有致命的影响。我认为在现行的教学体制下,可以先不要提很高的要求,应该从鼓励学生提问、鼓励学生想像开始做起,不要轻易地去打击、约束他们这方面的要求。

六、容忍不同意见,容忍学生犯错误,甚至鼓励学生大胆尝试错误

前提是教师要营造一个心理安全的学习气氛、学习环境。学生在这样的环境中不会感到很大压力,同时他知道他有自由发表意见的权利,不会受到剥夺和打击,随时可以提出不同的看法。这讲起来很简单,但要真正培育这样的环境,需要做出长期艰苦的努力,尤其是作为教师,要有宽容的态度。现在教师喜欢听到与他一致的意见,习惯性问学生“是不是?好不好?”,如果说不好,肯定要受老师指责。要让学生创新,如果连让尝试犯错误的机会都不给学生,这对学生一定意义上是件悲哀的事情,没有尝试错误的学习是不完整的学习。

---

① Robert J. sternberg 等著、赵海燕译:《思维教学》,中国轻工业出版社 2001 年版,第 72—74 页。

七、加深理解，学会以孩子的眼光看待孩子

教师要学会以孩子的眼光看待孩子，师生之间的理解不仅仅限于人际关系的层面。教育实践证明，人与人之间的理解状态和水平会直接影响到教育的效益。在一种比教好的理解状态下，师生之间和谐共处，人的智力活动水平会提高。如果师生关系紧张，理解的状态很差，学生的智力水平就很难进入最佳状态，学习的潜能很难被调动起来。所以"理解"有直接的教育教学效益。如何加深师生间的理解，提升教学的水平，一个可行的措施就是，教师要学会用孩子的眼光看待孩子。也就是确实站在学生的立场上，设身处地地为他们着想，要逐渐学会用他们的标准去评价他们所做的一切。要改变长期以来家长、教师以自己的价值观、自己的评判标准强加于学生身上的习惯。当然，总体上要求教师要把主流社会的价值观传递给学生，引导他们。但在处理具体问题的时候，由于毕竟学生与教师和成年人是两个不同群体，他们的生理、心理方面都与成年人有很大差异，如果我们不能客观地站在孩子的立场上看问题，就很容易形成冲突，形成理解的障碍，甚至我们出于善意所作的事情会起到不好的、相反的效果。我在江苏时听过一个真实的小故事，恰好说明是在理解上出了问题。在"七一"时，幼儿园老师决定搞一个主题活动，题目是给党过生日。到了那天，老师对小朋友讲今天我们要给党过生日，小朋友听了兴高采烈。老师就用非常生动的语言讲述党的历史，像讲故事一样，尽管如此，小朋友很快坐不住了，有两个小朋友溜到门口张望，老师问干什么，小朋友说："老师说给党过生日，怎么党现在还不来呢？"这反映了成人与孩子的理解上的差异。

八、向学生学习，师生共同成长

向学生学习，师生共同成长，这也是当前教学改革的一个方向。过去讲成长都是单向的，学校里讲成长都是指学生的成长。但现在我们把这个成长的范围扩大，认为课堂是师生共同成长的精神家园，既有学生的成长，也有教师的成长；既有学生向教师的学习，也有教师向学生的学习，学习是一个多向的过程。这种学习存在于知识的层面上，即师生相互交换知识。现在我们已进入网络时代，网络为人们获取知识所带来的便利，过去是做梦也想不到的。现在很多孩子从小学就学习了上网，他获取知识的渠道已经大大扩展了。过去我们这一代人、上一代人获取知识的途径主要是学校，听老师讲课，学习书本。现在，学生通过各种传媒和渠道掌握大量知识，很可能是老师所不具备的。所以，在课堂上老师以知识绝对权威的身份传授知识的时代已经一去不复返了。所以说，相互学习已经成为一种必然的要求。

另外，教师向学生学习还体现在其他诸多方面，学生作为特殊群体，他们身上特有的气质、品质、活动的特点，很多是成年人不具备或已大大减弱了的。比如说，学生的旺盛的求知欲，对新事物的高度的敏感，身上洋溢的青春活力，都对教师会产生潜移默化的影响，会帮助形成和塑造教师的职业形象，会以投射的方式赋予教师群体以特有的气质。这种气质不是在教师单方面形成的，必须由学生在另一方面施加影响。这也是帮助教师成长的过程。

聋人工学院办学模式及运行机制研究

天津理工大学聋人工学院　鲍国东

我国目前有2000多万聋人。针对聋人开展的高等特殊教育，激发了广大听力残疾青少年"自强不息、永攀高峰"的拼搏精神，使其中优秀者的潜在能力得以系统全面的开发，从而把他们培养成为对社会有用的高级专门人才。1991年，天津理工大学特殊教育部成立，同年开始招收聋人工科大学生，1997年，中残联和天津市政府签定合作协议，以天津理工大学为依托，以天津理工大学特殊教育部为基础，联合创办了我国第一所聋人高等工科教育学院——天津理工大学聋人工学院。在近十几年办学历程中，我们初步探索出了一条适合聋人大学生特点的聋人高等工科教育的道路，《创办有特色的聋人高等工科教育》于2001年12月获天津市优秀教学成果一等奖、国家级优秀教学成果二等奖。

对如何办好聋人高等工科教育，我们在掌握聋人大学生的主要特点、把握聋人高等教育与普通高等教育不同之处、确立有特色的聋人高等工科教育培养方案及做好教学工作等方面，进行了长期的研究和实践。

一、掌握聋人大学生的主要特点

在学校教育中，课堂教育是主要渠道，而在课堂教学中教师是通过讲授传播知识的。在对聋人大学生的教学中，最特殊的一点正是由于学生存在听力障碍教师无法运用生动的语言传播知识。研究和掌握聋人大学生的主要特点，是有的放矢地开展聋人高等工科教育的基础和前提。

听觉是人的一种重要感觉，是人获取信息的一条主要渠道。听力损伤对聋人大学生的心理活动产生了重大影响，使其在接受教育的过程中，具有与健全人大学生不同的众多特点。

（一）聋人大学生在感知觉方面的特点

聋人大学生在感知外界事物的时候，听觉不起作用或仅起极小的作用，这样就妨碍了其接受信息的广度和深度。他们主要依靠视觉、触觉、味觉、嗅觉等途径感知外界事物。根据缺陷补偿理论，由于补偿作用的存在，一般来说，聋人大学生的视觉、触觉、味觉、嗅觉等，较健全人大学生更为敏锐。

（二）聋人大学生在注意力方面的特点

由于听力损伤，聋人大学生受到外界声音干扰的渠道阻断。一般来说，其注意力相对容易集中。具体表现为：注意力的紧张度较高，注意力的稳定性较强，而注意力的广度较小，注意力的分配和转移能力较弱。

（三）聋人大学生在记忆方面的特点

聋人知觉的特点决定了他们头脑中视觉、触觉、运动感的表象较多，对直观形象的事物记得快、记得持久、并容易再现。而对较为抽象的事物以及文字材料的记忆要困难得多，并容易出错。

（四）聋人大学生在思维方面的特点

听力损伤影响了聋人大学生在幼儿时期语言的正常形成，进而影响其抽象思维能力的发展，一般来说，他们的抽象思维水平较低，偏重于形象思维。

（五）聋人大学生在情感方面的特点

由于聋人大学生接受信息受限，人际交往较少，从小受到的照顾较多；一般来说，心理成熟的程度达不到健全人大学生的水平，一定程度地存在着依赖思想。他们思想比较单纯，性格比较直率，既有纯真热情执着的一面，也有偏激疑心固执的一面，感情容易波动。由于身体残疾，他们更加渴望得到社会的认可，有时表现欲较强；而一旦遇到挫折，又容易丧失信心，产生自卑心理，将自己封闭起来。

（六）聋人大学生在意志品质方面的特点

聋人能够考入大学，需要付出比健全人更多的努力。目前我国聋人高等教育规模较小，因而聋人大学生无疑是聋人中的佼佼者。他们在长期与自身残疾进行斗争并取得突出成绩的过程中，锻炼了顽强的意志品质。一般来说，聋人大学生的吃苦精神和毅力都比较强。

二、把握聋人高等工科教育中的三个重要关系

作为高等教育的一个组成部分,聋人高等工科教育当然需要遵循高等教育的一般规律。但是,由于教育对象的特殊性,我们还必须针对聋人大学生的主要特点,把握聋人高等工科教育的特殊规律。我们在实践中体会到:从教育思想这个层面上,搞好聋人高等工科教育必须把握好三个重要关系,即:因材施教与"回归主流"的关系、扬长避短与扬长补短的关系、课内教育与课外教育的关系。

(一)因材施教与"回归主流"的关系

一方面,聋人大学生有自身的特点,对他们的教育必须适合他们的特殊情况。在这里"因材施教"有两层含义:从整体上说教育聋人大学生与教育健全人大学生不同;从个体上说聋人大学生的个体差异也比较大,这一点较比健全人大学生尤甚。另一方面,聋人参与社会生活的程度、生活状况和对社会的贡献,很大程度上决定于他们与健全人的融合程度。聋人大学生教育特殊,但不能封闭。这就需要我们在教育中有目的地强调"回归主流",即尽可能地把聋人大学生和健全人大学生融为一体,对聋人大学生真正地按照大学生来要求和培养。从这个意义上讲,引导"回归主流"是对聋人大学生"因材施教"的一个重要方面。

恰当把握因材施教和"回归主流"的关系,既照顾到聋人大学生的特殊情况,又促进他们把自己培养成为融入主流社会的非特殊一员,实际上体现了特殊与非特殊的对立统一的辩证关系。我们就是要从特殊出发,创造条件尽可能地实现向非特殊的转化,并使其中的优秀者上升到新的特殊层次,即成长为优于一般健全人的特殊人才。

(二)扬长避短与扬长补短的关系

根据对聋人大学生主要特点的分析,我们基本掌握了他们在成材过程中的长处和短处。我们的教育必须适应这些特点,既要扬长避短,又要扬长补短。

"扬长避短"主要指确定专业设置、运用教学方法要着眼于尽可能地发挥聋人大学生身心特征方面的长处,避开他们语言交流困难等方面的短处;同时,又要注重"扬长补短",对聋人大学生抽象思维能力较弱等短处,不能回避。要采取特殊的教育方法,引导、鼓励他们促进"弱项"发展,短处不短,这有利于他们综合素质和整体水平的提高。

扬长避短和扬长补短是对立统一的,目的都是为了最大限度地发挥出聋人大学生的长处,培养出高素质的合格人才。

（三）课内教育与课外教育的关系

比起健全人大学生来，在聋人高等工科教育中课内教育和课外教育必须更加紧密地结合起来。不仅要把课外教育作为素质培养的重要途径，而且把它作为课内教育必要的继续和延伸。对课外教育，教育者的指导、引导和组织是必不可少的。我们的经验是，聋人高等工科教育应当是一种“课内外一体化的综合素质教育体系”。

课内教育和课外教育既有区别，各自具有不同的特点，完成不同的任务；又紧密结合，融为一体，形成一个完整的综合素质教育体系。

三、确立有特色的聋人高等工科教育培养方案

从聋人大学生的主要特点出发，遵循把握三个重要关系的指导思想，我们在近十年的实践中，从办学模式、教学计划、教学方法和师资队伍等方面，逐步确立了一套比较成熟的有特色的聋人高等工科教育培养方案。

（一）办学模式

我们采取了单独办学和开放办学相结合的模式，对聋人大学生实施“隔而不离”的做法。一方面，独立组建聋人工学院，有单独的领导体系、组织机构，单独编班教学，单独开展教学活动，运用特殊的手段和方法施教。另一方面，聋人工学院是天津理工大学下属的二级学院。办学地点在校内，和学校的其它学院同在一座教学大楼里上课，聋人大学生宿舍和健全人大学生宿舍也在同一座宿舍楼里，和全校大学生共同使用相同的图书馆、食堂、澡堂等设施。他们与其他大学生一同参加学校的各种统一活动，如：运动会、艺术节、学生党校等，对他们在德智体美及遵守校规校纪等方面的要求和全校大学生也是基本相同的。

这种模式至少有四点好处。首先，聋人工学院依托天津理工大学这样一所地方重点大学办学，可以实现在师资、设备等各方面的资源共享，提高办学水平和效益。其次，既适应了聋人大学生的特点，照顾了他们的特殊要求，又将聋人大学生的日常生活完全融入健全人大学生之中，使他们习惯与普通人交往，克服自卑心理，树立自强、自立的精神，有利于他们走上社会后尽快适应环境，做出成绩。第三，聋人大学生自强不息的精神也教育了校内的全体师生，他们的先进事迹目前已成为全校德育工作的好教材，这又从另一方面增强了聋人大学生的自尊心和自信心。第四，这种体制体现了对聋人大学生的统一要求，克服了他们过分要求特殊照顾的依赖思想，使他们在与普通大学生的比较中正确地认识自我，有利于把他们培养成为名副其实的高级专门人才，使他们无愧于大学毕业生的称号。

这种体制区别于我国比较普遍采用的单独组建特教学校(学院),也不同于随班就读,在实践中收到了良好效果,受到聋人大学生、学生家长、用人单位及国际聋人联合会和中残联官员的高度评价。

我们的培养目标,目前已从大学专科层次的职业技术教育发展到大学本科教育。我们要让聋人大学生有必备的理论基础,能够从事成熟技术的应用和运作,有运用高新技术和横向扩展的能力,并具备一定的持续发展能力。即以某一类职业岗位所需要的技术应用能力为主线,在具备必备的基础理论知识和专门知识的基础上,重点掌握从事本专业领域实际工作的基本技能和一定研究开发能力,适应生产、建设、管理、服务第一线需要,德、智、体、美等方面全面发展的高等技术应用性专门人才。

1991年创办之时,我们开设了机械制造专业。1995年,开设了计算机应用专业,1999年又开设了服装设计与制作专业。2001年开始设置大学本科专业并招收第一批本科生。我们在实践中体会到,设置聋人高等工科教育专业,要考虑三个方面的因素。首先,要考虑聋人的特点和弱点,做到扬长避短。其次,必须考虑社会需求,特别要考虑聋人大学生毕业后择业的需要。我们从2001年停招机械制造专业,盖源于此。第三,还要体现我校的学科优势。目前我们设置的计算机科学与技术专业和服装设计专业,既是天津理工大学的优势学科,又符合聋人特点,同时适应社会需求,受到聋人考生越来越普遍的欢迎。

(二)教学计划

我们进行的既是聋人教育,又是高等教育,所以教学要求不能降低。从总体上说,教学计划与同专业的普通大学生所学基本一致,以保证培养质量。同时,为适应聋人大学生的主要特点,我们本着"优化基础、强化实践、注重素质"的基本思路,对教学计划做了适当调整。

优化基础,就是强调基础理论课程的综合性和应用性。从适合应用的角度出发,全面综合地设计课程体系和各门课程的教学内容。改变课程划分过细、内容相互割裂的局面,强调课程之间的有机联系,对某些课程进行优化整合。设置计算机常用软件课程,并及时更新内容。重视CAD教学,鼓励学生通过计算机等级考试。由于聋人大学生接受信息量有限,对抽象理论的记忆力相对较弱,不能指望其像健全人大学生那样具有较强的迁移能力。因此,每一门基础课的教学都要一定程度地强调实用性、综合性,通过反复强化,使学生掌握基础知识。这种综合是跨学科的,自然科学课程是这样,人文科学课程也是这样。我们根据聋人大学生特点精心设计的融政治、历史、道德、法律和心理等社会知识为一体的法律与思想品德课,对于提高聋人大学生的人文素质发挥了重要作用。

强化实践,就是强调各门课程的实践性,加大教学过程中的实践性环节。将一部分教学内容由课堂教学转入实践教学完成。把聋人大学生置于有形、有图、有色的实物环境中，通过自己动手、动脑去做，来巩固和强化对知识的理解和记忆。对计算机类课程，采取边课堂教学边上机操作的方法；对专业类课程，加强实验、实习、设计等教学环节；在所有专业中保持计算机技能训练三年不断线。计算机、机制专业实践性课程占50%，服装专业实践性课程占60%。计算机应用专业学生上机时数比同类专业健全人大学生增加一倍以上。加强课程设计和毕业设计环节，毕业设计时间由健全生的8周调整为12周，每2—4位聋生安排一位指导教师，以利于因材施教，强化聋人大学生综合运用所学知识的能力。毕业设计尽量做到真题真做，例如，1997年，聋人大学生接受了天津液压机械集团公司油缸油嘴CO_2焊机的设计任务。当时国内尚无这种专用设备，无充分资料可以参考。在老师的指导下，经过顽强努力，终于圆满完成了设计任务，并制造成功，使用户深受感动。聋人大学生们在实践中也提高了理论联系实际的能力。

注重素质，就是努力贯彻素质教育的原则，以全面提高聋人大学生的综合素质为目标，确定教学计划。为提高聋人大学生心理发展水平，增设了心理健康教育课程。针对聋人大学生的特点，尤其重视培养他们的抽象思维能力。这方面是他们的弱势，但却是提高综合素质的关键。语言是思维的工具，抽象思维要靠概念、推理、演绎、归纳等来进行并表达。聋人大学生的口语基本丧失了，手语难以表达抽象概念，只有文字可以承担这一重任。经过我们多次实验观察及聋人大学生自身描述证实，在聋人进行抽象思维的时候，反映于大脑的主要是一串串文字。这样，聋人大学生文字水平的提高，就不仅关系到其表达能力的提高，更关系到其抽象思维能力的提高，进而关系到其理性思考和理论水平的提高。由于我国聋人基础教育对文字能力的培养还远远不够，致使聋人大学新生的文字表达能力一般不高，突出表现于不少新生经常写出词序颠倒的句子和句序颠倒的段落，反映出其思维的混乱。

我们认识到了提高聋人大学生文字水平的重大意义，自觉地采取了一系列措施来解决这一问题。在一年级开设了《大学语文》必修课，对聋人大学生进行系统全面的文字能力培养。在教学中，教师使用丰富多彩的图画作为教具，引导每一个学生想像图像中没有但却可以体味的东西，将其抽象概括并用文字表达出来。开列了经典文学名著目录，要求他们在课余时间阅读。平时对聋人大学生写就的每一个文字材料，从思想汇报到请假条甚至犯错误后写的检查，全都一一给予认真批改，利用一切机会提高他们的文字水平。功夫不负有心人，在师生的共同努力下，聋人大学生的文字水平发生了可喜的变化。到毕业时许多聋人大学生的文字能力已与健全人大学生无异。已毕业的藏族学生李兆文在来信中以自己的亲身体会针对聋人高等工科教育提出了许多好的建议，反映出其观点之深刻，思维之严谨，逻辑之缜密，语言之顺畅，超过了一般的健全人大学生。

（三）教学方法

在教学方法这个层面上，教师们在多年的实践中积累了丰富的经验。为适应聋人大学生特点，在教学中特别强调注意个体差异，尽可能地形象生动，更多地采取课堂讨论和注重课外教育等。

首先，要注意聋人大学生的个体差异。从听力损伤的情况看，有先天损伤的，有后天损伤的；有学语前损伤的，有学语后损伤的；有完全丧失听力的，有部分残存听力的；有完全不能说话的，有基本可以说话的。从接受基础教育的情况看，有始终在聋校学习的，有一直在健全人学校学习的；有以手语为主进行交流的，还有以唇语为主兼靠部分残存听力进行交流而不会手语的。从学习基础上看，由于目前我国的聋人中等教育尚不规范，并已开始出现应试教育的倾向，来自全国的聋人新生学习基础差别很大，有的学生非高考科目的知识十分贫乏。因此，聋人大学生不适合大班教学，而需要小班授课。我们的每个教学班都在18人左右。

其次，充分发挥聋人大学生形象思维较好的特点，增强授课的直观性，尽可能做到形象生动。例如：计算机语言教学中，使用多媒体课件将抽象的程序流程形象地表达出来；再从框图入手，通过分析流程图，培养聋生逻辑思维能力，自然过渡到编程训练。目前我们采用多媒体课件和网络技术授课的课程占专业课程及基础课的70%。在工科基础课教学中，运用可动实物机构、模拟示教系统和多媒体课件，先让聋人大学生感受某种具体对象的形体和运动，然后逐步演示具有共同特征的某一类对象的形体和运动，并用运动着的图象形象化地展示其共同特点，引导他们体会带有普遍性的规律。实际上就是从聋人大学生的长处着手，运用迁移作用，以经验思维促进理论思维，以直觉思维促进分析思维，以常规思维促进创造思维。

第三，在课堂教学中，使用手语及口语讲解，鼓励能发音的聋生尽量使用口语表达。较多地采用课堂讨论，运用启发式教学方法。适应聋生心理发展水平较低的特点，贯彻“愉快教育”的思想，创设轻松快乐的课堂氛围。通过与学生的直接交流，循序渐进，由浅入深，在不断地提出问题、分析问题和解决问题中，引导学生自己动脑筋思考，主动投入到深层次的思维之中，调动学生的学习积极性和主动性。教学中强调突出重点，及时归纳，反复强化。

第四，注重课外教育，建立“课内外一体化的综合素质教育体系”。一方面，由于缺乏声音信息的刺激，聋人大学生在学习新知识的时候，仅靠一次、两次难以形成深刻印象，需要反复多次地重复。这样教师的课外辅导就具有十分重要的意义。它不像对健全人大学生教育那样是一种辅助性的教学活动，而是整个教学活动的重要组成部分。另一方面，对聋人大学生的教育不单单是专业技能教育，而是德智体美诸方面综合素质的教育。聋人大学生从小接受信息量有限，知识面较窄，必须利用课外时间引导他们多读书、多实践，开拓他们的视野，加强对他们综合素质的训练。品德教育要靠纳入教学计划的政治理论和思想品德等课程，但更要靠课外的各种丰富多彩的教育活动。通过学生业余社团、艺术节、运动会等活动，提高了聋人大学生的思想素质、品德素质、美育素质、心理素质和身体素质等。广泛开展聋人大学生和健全大学生的互帮互学和联谊活动，提高聋人大学生的自信心和融入主流社会的能力。

（四）师资队伍

搞好聋人高等工科教育，建设一支思想素质好、业务水平高的师资队伍非常重要。我们依托天津理工大学，挑选优秀的专业教师充实到聋人工学院教师队伍中，并要求全部教师都必须学会手语，这是作为聋人工学院教师必备的一个基本技能。为了教好聋人大学生，教师们必须潜心钻研聋人大学生的心理特点。聋人工学院还有计划地选送教师进修心理学、教育学等相关学科知识。

聋人大学生要成材，需要付出超常的代价；教育聋人大学生，也需要付出超常的努力。教师们怀着“把学生当作自己孩子”的精神，对他们充满了爱心和耐心。寒假里，外地的聋人大学生没有回家，教师就把他接到自己家里过年。聋人大学生生病了，教师急忙帮着联系住院治疗，即使在“非典”肆虐时期，教师也坚持陪送患病聋生就医并亲自守护。聋人大学生学习有困难，教师利用一切机会帮助补习，下班以后，周六、周日，在计算机房、学生宿舍，都能看到教师指导学生的身影。

培养教师良好的师德和敬业精神，塑造他们发自内心的热爱聋人大学生的感情，不断提高他们的业务水平，使他们无怨无悔、富有成效地以全身心投入到这项崇高伟大的事业中去，是搞好聋人高等工科教育的一个关键。

（五）国际合作

由于我国聋人高等教育起步晚，因此我们办学中除努力加强自身科研与教学能力，还要大力开展国际合作，汲取国际先进办学理念和经验。

1997 年 11 月 3 日国际聋联主席考比宁女士一行来天津理工大学聋人工学院参观访问。1998 年 7 月，美国国家聋人工学院院长 Robert R. Davila 和教务长 J. DeCaro 先生访问了我院。两院签署了建立姐妹学校的协议。1999 年 4 月我们回访了美国国家聋人工学院，同时签署了两国聋人工学院的全面合作协议。2001 年 6 月我们访问美国国家聋人工学院，同美、日、俄等三国的聋人大学共同签署了合作协议书，发起创办国际聋人高等教育网络。2001 年 8 月 31 日天津理工大学聋人工学院在 PEN—International 项目的资金支持下建成聋生专用计算机多媒体实验室及远程教育系统；2002 年 11 月 7 日至 10 日在 PEN 项目支持下，我院召开国际聋人高等教学研讨会；2003 年，在国际聋人教育网络项目吸纳北京联合大学特殊教育学院、长春大学特殊教育学院为新成员并分别建立了远程视频即远程教学系统；2004 年 10 月聋人工学院承办了高等特殊教育研究会年会及国际研讨会，中国、美国、韩国等国家的特教工作者发表了几十篇高水平论文。

十几年来，在有关领导和社会各界的关怀支持下，经过我们艰苦的努力，聋人高等工科教育取得了令人瞩目的成绩，在国内外产生了积极的影响。

我们先后向社会输送了三百多名合格的聋人大学毕业生，整体素质较高，在全国各地不同的工作岗位上受到用人单位的好评，使我院在全国特教领域和社会上享有良好声誉。例如：陈劲驹，1997年毕业，在广州市《花都广播电视报》从事编辑工作，现任广州市聋人协会副主席。本科生陈华铭，党员，1997年毕业，现在天津经济技术开发区管委会从事网页制作工作，并担任天津市聋协副主席。饶品强，1998年毕业，母亲早逝，父亲务农，家境贫寒；他发愤学习，成绩优异，被江西省九江石化总厂录用，多次获总厂领导表扬；数次在《中国残疾人》杂志上发表文章，曾获全国"海信杯"电脑征文大赛三等奖。藏族学生李兆文，党员，2000年毕业，先被成都纵横电子工程公司录用，从事软件开发工作；后因其成绩突出，家乡四川省石棉县县长亲自邀请其到县统计局工作。2001年毕业生马妍，现就职于中科院计算机所。2002年毕业生王文渊现就职于中央教科所。以上列举的仅是我们培养的众多合格人才中的几位。相信随着时间的推移，会有越来越多的毕业生取得更大的成绩。

四、结　语

总结近十年来的办学经验，我们认真研究了聋人大学生的特点，努力探索聋人高等工科教育的规律，积极寻求培养聋人大学生的最佳方案。先后在各级各类学术刊物上公开发表有关聋人高等工科教育的论文几十篇，完成了省部级科研课题4项，目前承担研究的教育部及全国教育规划重点课题2项，召开了全国聋人教育教学研讨会。受中残联委托，我们与聋人大学生一起开展了对计算机专业手语的研究开发和编写工作，填补了我国计算机专业词汇手语的空白。无论理论研究还是教育实践都证明了这样的事实：聋人与所有的人一样，只要充分开发他们的智能潜力，他们是可以接受高等教育而成为高级技术人才的。

对残疾人从学校到工作过渡模式的探讨

福建省泉州师范学院小学教育与特殊教育系　甘昭良

“从学校到工作的过渡”（School to Work）问题，自20世纪90年代以来，一直是西方职业教育研究的热点，也是西方当前职业教育改革的主要课题。

按照西方职业教育的新观点，职业教育的核心问题是促进学生由学校到工作的顺利过渡，职业教育的一切理论研究和实践活动均应围绕这一核心展开。过去我们一直在职业教育的出发点是经济发展还是人的发展这一问题上争论不休，而西方职业教育的新理论则告诉我们，职业教育的根本出发点是学生从学校到工作的过渡，因为它是经济发展和人的发展的结合点与实现途径。

在计划经济时代，我国职业教育实施的是计划模式，毕业生统包统分，运用行政手段使学生过渡到工作岗位上去，在这种“过渡”模式中，没有必要对“从学校到工作的过渡”问题进行研究。随着我国经济模式向市场模式转换，职业教育模式也逐渐转为市场模式。学生从学校到工作的过渡问题便凸现出来了。

随着职业教育核心的变化和社会主义市场经济模式的建立，残疾人从学校到工作的过渡问题也开始受到人们的重视了。本文对残疾人从学校到工作过渡的模式的讨论主要是从研究的角度，对影响我国残疾人“从特殊学校到工作的过渡”的相关因素进行综合分析，试图探讨我国残疾人从学校到工作过渡的模式。

一、从学校到工作过渡的含义

西方学者对“从学校到工作的过渡”的看法，由于研究的角度不同，对其含义的理解也不一样。归纳起来主要有三种观点。

一是从个体的角度对它进行理解，认为“从学校到工作的过渡”是指一个人一生中从普通教育结束到有报酬就业的开始这一时间段。按照这种理解，除了劳动力市场结构、劳动力工资制度、家庭背景等因素外，职业教育和培训自然是影响这一过程的最重要因素。

二是从机构的角度来对它进行理解，认为“从学校到工作的过渡”是指专门的培训体系、机构与课程，它们为青年普通教育结束后的就业做准备。

三是从研究的角度对“从学校到工作的过渡”进行理解，认为“从学校到工作的过渡”是指一个研究的问题或角度，通过对影响青年从学校到工作过渡相关的一系列因素的综合研究，找到其中的普遍规律，建立“从学校到工作的过渡”的理论，进而改革已有的职业教育体系及其它相关体系，促进青年更好地由学校过渡到工作。

二、我国残疾人从学校到工作过渡的现状

许多残疾人从学校毕业后不能马上就业，这是长期以来困扰着家长和各级部门的一大问题。在计划经济时代，残疾人的就业，主要依靠政府部门制定的“包分配”政策以及保护残疾人权益的就业制度来解决，也就是说残疾人从学校到工作的顺利过渡，主要是通过行政手段来强制完成。目前，我国残疾人从学校到工作过渡的现状仍然不容乐观，下面就残疾人从学校到工作过渡的就业结果、职业教育层次与模式、职业教育内容与专业等现状进行分析。

（一）就业结果

据调查，经过九年义务教育的视力残疾毕业生在就业方面显示出待业人数的比例略高（待业率约为27%），就业门类较少且过于集中（仅从事按摩职业的就占61%）。三年制聋哑职业学校（属于九年义务教育后的中等职业学校）毕业生的就业状况表现为两个显著的特点：一是接受高等教育成为有条件、有能力上大学的听觉残疾学生的首选；二是听力残疾学生毕业后的就业门类呈现多样化的态势。对九年制启智学校468名毕业生就业状况的调查结果显示：待业的比例为19%，未充分毕业的比例为26%，充分就业的比例为58%，而且启智学校的毕业生就业门类比较分散（赵树铎等，1998年）。

目前，我国有6000多万残疾人，处于就业年龄的残疾人有2000多万，而我国的福利企业仅为5万家，且多为中小企业，按比例就业人数为160万，大约有30%多的城镇残疾人没有得到安置（张宁生，2000年）。

另外，我国的国有企业正在进行体制改革，朝着现代企业的方向发展，大量的富余职工需要再就业。所有这些，都是残疾人就业时必须面对的严峻现实。

（二）职业教育层次与模式

我国对残疾人的职业教育体系有初等、中等（主要是初级中等和职业中专）和高等三个层次，其中以初级中等职业教育这个层次为主。

目前残疾人就业方式基本上可以分为庇护性就业和支持性就业，与之相对应的两种职业教育模式是准备式职业教育模式和支持式职业教育模式。

准备式职业教育模式是指在学校教育阶段为残疾人就业提供知识、技能，培养职业个性，毕业后，残疾人根据所学，在社会帮助或照顾下，寻求和维持就业机会。

而支持性职业教育，在我国残疾人中则处于起步阶段，其模式尚处在研究和实验阶段。支持性职业教育模式是指根据市场的需求，首先开拓就业机会，再根据工作条件和残疾人自身特点的匹配程度，为残疾人提供密集性训练、现场辅导和跟踪支持，其核心的观念是在竞争的条件下，通过各种支持帮助残疾人就业。

（三）职业教育内容与专业

对于残疾人职业教育的内容，各地方、各学校之间的差异较大。就其专业设置来说，视力残疾人主要有按摩、音乐、打字等，门类相对较少；听力残疾人主要有金工、木工、机械、农业、缝纫、理发、印刷等，门类相对较多；而对智力残疾人，由于他们从事高技术含量的职业存在比较大的困难，其专业设置也比较困难，一般来说主要侧重于非技术性的服务专业。

三、残疾人从学校到工作的过渡模式

学生从学校过渡到工作，通常来说要经历两个阶段：一是从普通教育结束过渡到职业教育与培训；二是从职业教育与培训结束经过劳动力市场过渡到工作岗位。因此，影响“过渡”的因素主要有：职业教育与培训制度，劳动力市场模式，这两者之间的互动方式以及影响“过渡”的国家经济、政策、文化背景等。正是这些变量的不同，形成了不同国家的不同过渡模式。一般来讲，青年从学校过渡到工作须经过两个门槛：第一个是从学校过渡到职业培训；第二个是从职业培训过渡到工作。不同国家在时间、机构与内容方面均存在差异。

根据我国残疾人情况及社会主义市场经济体制逐步建立这一国情，笔者认为残疾人从学校到工作的过渡主要有以下几种模式。

（一）“特殊学校——工作”模式

这里的“特殊学校”主要是指特殊教育机构，“工作”主要是指在以企业为本位的劳动力市场寻找的工作。这一模式的主要意思是指残疾人从特殊学校毕业后，直接参加工作。由于这一模式把两个门槛合成了一个门槛（缺少了职业培训这一个环节），因此降低了“从特殊学校到工作的过渡”的难度，从而有利于残疾人的就业。这是目前我国残疾人从学校到工作过渡的主要模式,如"集中安排"和"分散安排"政策就是这一模式的主要体现。"集中安排"是指在国家和社会举办的残疾人福利企业、工疗机构、按摩医疗机构和其他福利性企事业组织,集中安排残疾人就业。"分散安排"是指社会上各单位吸收残疾人就业,并要求机关、团体、企事业组织、城乡集体经济组织应当按一定比例安排残疾人就业,并为其选择适当的工种和岗位。

(二)"特殊学校——职业培训——工作"模式

这里的"职业培训"主要是指很少受控制的残疾人自由培训市场。这里的"工作"主要是指在自由劳动力市场寻找的工作。这一模式是指残疾人从特殊学校毕业后,要经过社会上职业培训机构的培训,掌握一技之长后,再通过劳动力市场寻找工作。这一模式由于在两个门槛上均采取市场机制,缺乏制度化的过渡过程,因此增加了残疾人寻找培训机会和工作的时间以及失败的概率,从而不太利于残疾人的就业。这是社会主义市场经济体制下要逐步建立和完善的残疾人从学校到工作过渡的模式。在我国的市场经济和乡镇企业发达地区,这是残疾人就业的重要模式之一。

(三)"特殊学校——双元培训体系——工作"模式

这里的"双元培训体系"是指残疾人的培训体系与工作体系的重叠阶段。"工作"是指在制度化劳动力市场上找到的工作。这一模式是指残疾人从学校毕业后,经过岗前培训,然后再上岗工作。这一模式的显著特点是:在培训阶段,培训体系与工作体系是重叠的,且在两个门槛上都实行了制度化转换,有利于残疾人从学校到工作的顺利过渡,从而降低了失业率。这是残疾人就业制度比较完善地区,残疾人从学校到工作过渡的模式。

(四)"特殊学校——职业教育——工作"模式

这里的"职业教育"是指特殊学校本位的职业教育。这里的"工作"是指在自由劳动力市场上寻找到的工作。这一模式的第一个门槛采用了制度化手段,因此这个门槛低,而第二个门槛采用的是市场化手段,因此这个门槛高。随着我国残疾人高等教育的逐渐普及,这有可能成为残疾人就业的重要模式之一。

参考文献

1. 甘昭良:《对残疾人从学校到工作过渡的探讨》,《中国特殊教育》,2002 年第 4 期。

2. 甘昭良:《三类残疾人从学校到工作过渡的问题与对策》,《泉州师范学院学报》,2003 年第 3 期。

3. 徐国庆:《STW:当前西方职业教育研究热点及意义》,《上海教育》,2001 年第 16 期。

4. 张宁生:《残疾人高等教育研究》,辽宁人民出版社 2000 年版。

残疾儿童家长心理问题研究

湖北省残疾儿童康复中心　何千安　吴　琼

残疾儿童的出现使家庭承受了巨大的社会压力,使残疾儿童的家长产生了一系列的心理问题,他们不仅需要法律上的帮助,同时还需要社会系统给予的支持。作为为残疾儿童提供早期康复教育的专业机构,我们在给残疾儿童提供专业技术服务的同时,也十分关注残疾儿童家长的心理健康问题,尽力在帮助残疾儿童家长缓解其心理压力,促使其自身内、外环境的平衡以及与社会环境相适应,保持旺盛的精力和愉快的情绪,以积极的心态共同参与残疾儿童的教育康复。针对家长的心理问题的缓解,我们做了一些探索,也积累了一些经验。在此提出来与大家共同讨论,期成引玉之砖。

心理学中所指的心理问题是指人们在承受压力的当时和过后,在心理和行为方面所产生的效应,这种效应可使人的心理和行为偏离常轨,如果不能得到即时的疏导,就会发展为心理的紊乱,严重影响人的身心健康。

我们 2002 年—2003 年对在本中心进行康复训练的 68 个有听力残疾、智力障碍、脑瘫儿童以及自闭症儿童的家长进行了心理方面的问卷调查,同时还通过小组座谈、走访等形式调查了 113 个家庭,发现其中一些家长比较理智,一旦发现孩子存有听力障碍、智力障碍、或是自闭症倾向,便立即去医院检查,认真听取医生的诊断和建议,尽早地让孩子进入康复机构,并积极配合,正确地对孩子进行康复训练。这类家长普遍都拥有积极的心理态度,他们用自己的爱心和毅力,科学地对孩子进行康复训练,走上了一条艰辛的康复训练之路。这类家庭中的孩子,有很多都能进入正常的小学、中学、大学学习,他们完全或基本上融入了主流社会。这类家长一般都具有良好的心理素质,他们心胸豁达、意志刚毅,能成熟地看问题,理性地面对挫折,通过不断的努力来改变不幸局面,战胜挫折。但是多数残儿家长却不能客观面对孩子的问题,存在如下的心理问题:

一、负性情绪

当一个人遇到挫折和压力时,心理应激引起的矛盾冲突容易导致其焦虑、愤怒、束手无策、绝望等不愉快的情绪体验,这便是心理学所指的负性情绪。通过调查,当家长获知孩子的残疾事实时,许多家长"因为孩子的残疾觉得自己低人一等","不愿意和别人谈论自己孩子的事情","觉得自己命很苦","感到精神很压抑","很累",十分担忧孩子的未来,"觉得社会压力很大"。特别对于年轻的夫妻,由于缺乏对孩子抚养的经验,面对家庭出现这样的孩子更是不知所措,感到前途灰暗、无望。有的家长"知道应该爱这个孩子,但常常又觉得爱不起来",认为孩子影响了自己在事业上的发展,影响了自己的幸福",多数的家长都觉得"孩子令我失望"。家长所产生的这些负性情绪,通常会使他们不喜欢社交、抑郁苦闷,常被失望、孤立无援情绪及凄凉的感情所包围,对事业失去信心,悲观色彩较重,消极情绪增多,对生活缺乏乐趣,这样一来严重阻碍了他们正常的生活与工作。

二、强迫意识

一种固定的观念在大脑里反复出现,一方面在理智上想控制它,另一方面在内心说出又要去想,从而导致人主观上有被迫感觉和痛苦感觉,在心理学上成为"强迫意识"。面对自己的残疾孩子,许多家长会有很深重的负罪感,他们认为"孩子的残疾是我的责任",不能正确面对孩子残疾的现实,认为这是对自己的一种惩罚、报应,是自己的过失,所以"总是沉浸在对往事的追忆过程中",回忆怀孕时的点点滴滴,力争要找出与孩子残疾相关联的因素,一些残疾原因不明的家长则怀疑与孩子出生的医院有关,于是不停地回想自己住进医院以及生产过程中的许多细节,与此同时又十分厌恶自己于往事中不能自拔,不能面对现实。例如,有一位母亲得知孩子听力残疾后,终日以泪洗面,后悔自己不该结婚,认为是自己怀孕时没有注意照顾好胎儿,不该生小孩,几次抱着孩子想结束生命,可又心有不甘。这种矛盾的心理经常折磨着残疾儿童家长,使他们感到非常痛苦,不仅影响其工作,还严重影响了他们的日常生活。

三、行为退行

我们知道,随着年龄的增长,一个人的人格是以循序渐进的方式进行质与量的转变而逐步走向成熟的,但是,当遇到挫折时,又会放弃已经比较成熟的适应技巧或方式,使用原先比较幼稚的方式去应付困难，这种现象在心理学中即为行为退行。在残疾儿童家长中，行为退行的具体表现在对孩子的教育过程中，父母获知孩子残疾这一事实后，一味地溺爱孩子，对孩子的要求百依百顺，“家里人一起看电视时，由孩子随便换频道”，“我事事时时都迁就孩子，依着孩子的意愿”，“只要孩子高兴，让我干什么都可以”，由于给予过分的照顾和迁就，结果导致了残疾孩子胆小、娇气、任性、依赖性强、不尊重别人，甚至易发生攻击行为。这些不良的个性因素又大大增加了教育康复的困难，影响孩子的康复成效和健康成长。

四、依 赖 心 理

残儿家庭很自然会受到亲朋和社会的照顾，成为人们帮助的对象。一些家长会为此产生“病获益”的心理，有意无意地变得软弱无力，对事情无主见，对自己日常行为和生活管理的自信心不足，被动性增加，事事都喜欢依赖他人。比如过分依赖政府的关心，过分依赖康复机构的帮助，过分依赖他人的照顾，而且一旦需求得不到重视，自尊心就容易受到挫折，自我价值感丧失，会因此而变得心情沮丧。近几年来一半以上的家长都是将孩子完全寄托于康复机构，有的家长一个月都不来看望孩子，认为孩子的教育与康复责任都是康复机构的，既不了解孩子康复的进程，也不给予积极的配合，大大降低了残疾儿童教育康复的效果。

五、性 格 暴 躁

面对孩子的残疾，多数家长都很伤心难过、痛不欲生，甚至怀疑医生的诊断，并因此而变得性格暴躁，“我常对孩子发脾气，甚至经常打孩子”，“我怨恨这个孩子”，“我常常心烦，忍不住责怪这个孩子”，“我常常不能耐心听孩子讲话”，“我不愿意回到家里”，家长暴躁的性格常常迁怒于孩子，在孩子的康复训练过程中要求过高过严，一旦孩子出现与家长愿望不符的行为，就大声呵斥孩子，令孩子从小生活在恐惧之中，过度胆小和自卑，严重影响孩子的心理健康。同时，还表现在家长对待医院的医务人员、康复机构的工作人员都很急躁，有着过高的期望值，不能正确的认识孩子存在的问题以及通过康复所能解决的问题，在时间上急于求成，不满情绪过重，甚至泛化到了生活的其他领域，降低了自身的社会适应能力。

以上是我们通过调查和长期实践中总结的残疾儿童家长中较为普遍的几种心理问题。致使残疾儿童家长产生以上心理问题的直接原因是家庭残疾孩子的出现，孩子给家庭带来了巨大的经济和精神的压力，与此同时，残疾儿童家长社会支持系统相对缺乏，如：

缺乏法律上的针对性支持、社会资源的相对匮乏、有效技术的缺乏等都是导致残疾儿童家长心理问题的原因。针对他们由于孩子而带来的各种各样的心理问题，我们做过一些尝试，如利用家长联谊会，让家长们在一起相互沟通，令一些积压的心理情绪得到一定程度的宣泄；举办家长培训班，教给家长有关残疾儿童康复的知识与技能，使家长无助情绪得到相对的缓解；利用康复成功家庭案例的示范，鼓励和帮助信心不够的家长建立起自信；团体心理辅导令家长的重压得到适度放松，个别心理辅导有针对性地解决家长因教育康复不得法而产生的不良情绪。在家长的心理辅导方面，我们取得一定的效果，也积累了一些经验，但是仅有我们的服务是不够的，要从根本上解决家长存在的各种心理问题，维护和增进残疾儿童家长的心理健康，帮助他们建立积极的心理卫生，还应该注重以下几个方面。

（一）通过针对性立法特别保障残疾儿童及家长的权利

长期以来，由于各种原因，残疾儿童的合法权益问题被忽视，在观念上大家都是把残疾儿童接受教育视为一种福利，使残疾儿童的基本人权如生存权、受教育权、人格权等得不到应有的特别保障。20世纪70年代以后，由于社会经济的发展，世界各国开始重视残疾人问题，纷纷制定各种有关残疾人的专门法令法规，保障了残疾人的权益，使残疾儿童的状况有了根本的改善。近十年来我国残疾儿童教育有了较大发展，也出台了有关法律法规，如《残疾人教育条例》，但只规定了残疾儿童家庭在残疾儿童教育中应承担的责任，却未规定为承担这个责任家长必须享有的权利。为此，我们认为在相关的法律中还应该对家长充分参与特殊教育的决策、实施，以维护自己及其子女的各种合法权益作明确的规定，从而减轻残疾儿童家长的心理压力，给残儿创造一个健康良好的家庭心理氛围。

（二）通过宣传提高民众对残疾儿童教育康复的认识

大多数残疾儿童的残障缺陷是可以通过早期干预得到预防、矫正和补偿的，使他们的认知、心理及社会性等技能都得到发展，而承担这一重要使命的是特殊教育行业，但是我国的特教还是比较落后的。特殊教育的落后一方面是经济不发达的反映，另一方面也是人们认识和观念落后的反映。我国宪法明确规定了各种有生理残疾者享有各种平等的权利，但是还有相当多的人对残疾儿童教育没有正确科学的认识，未能把残疾儿童教育切实纳入义务教育轨道，甚至有的学校对残疾儿童入学完全予以拒绝，给残疾儿童家长带来了严重的心理伤害，为此，我们有必要加强对特殊教育重要意义的宣传，努力使学校与社会对残疾儿童及其家庭的教育给予支持，在思想上重视这一事业，同时还令社会上更多的人来关注残疾儿童的康复与教育，有更多的社会资源、技术资源、社会资助在物质上为残疾儿童的康复教育逐步创造好的条件，亦可缓解残疾儿童家长的精神和经济压力。

（三）专业机构加强对家长的技术培训及心理辅导

专业机构在对残疾儿童进行教育康复的同时，还应加强对家长的培训服务，一方面让家长和机构共同商讨制定残疾儿童的长短期教育康复训练计划和目标，以及在家庭实施的具体方案以配合残疾儿童在机构的训练，教给家长有关残疾儿童教育康复的有关知识、方法和技能，同时针对家长存在的心理问题、情绪问题还有专门的心理辅导，即时进行疏导。可以通过家长联谊会、成功案例的分享、残疾儿童家长团体活动、家庭个别辅导、小组辅导等方式来解决残疾儿童家长在孩子的教育康复中的存在的心理问题并配备专业的心理工作人员。

我们认为，如果有了法律的保障、社会的关注和切实的帮助，残疾儿童的家长们就可以理直气壮地对其子女的教育康复发表意见并积极有效的参与进来，那么我们随之而行的技术指导、心理辅导就会产生出良好的效果。在残疾儿童教育特别是早期教育康复方面，绝大多数家庭实际上处于一种无助的状态。家长作为联系残疾儿童和社会的桥梁，在为残疾儿童创造适宜发展环境以促使其社会化的过程中，起着别人不能代替的作用。但是，残疾儿童家庭是脆弱的，他们需要法律保障、技术支持，同时还需要心理的援助。

家校同心　永不言弃

北京市宣武区培智中心学校学生张明的家长　张经华

我和普天下所有的父亲一样，爱自己的孩子。不一样的是，我的儿子是个经历过许多磨难、被医院判定为不可治愈的“脑瘫儿”。由于有了这样一个儿子，彻底改变了我们的平静生活。当别的家长为自己的儿女是否成龙成凤而津津乐道时，我却像一头老黄牛，为儿子能否站立、能否走路、能否看到世界而辛勤劳作着。

我和爱人曾经痛不欲生，经历了常人不可能经历的艰辛。但经过努力，在宣武培智学校和社会的帮助下，在无数好心人的帮助下，我们的儿子已经成长为善良、纯洁、自信，值得我骄傲的儿子。我感谢我们的儿子，我要对他说：“张明，爸爸妈妈感谢你带给我们的苦和乐，让我们更加珍爱生命，热爱生活。”

我们是最幸福的一家。

我们得到了人间最真、最美的爱，我的智障儿子是世界上最幸福的孩子，他在爱中成长。

一、多舛的幼年，全家遭磨难

19年前的11月29日，儿子明明，在他高危妊娠的母亲经历了四次引产手术未果的危机时刻，经过剖腹产手术，降生到美丽的世界。

张明的降生对于我们当时美满的家庭就像一个晴空霹雳，击碎了我和妻子原有的美好设想。还没有享受初为人父的快乐时，医生就告诉我：“您的孩子仅有二斤七两，不能自主呼吸，生存希望渺茫。医院征求您的意见，是‘留’我们就将婴儿放入暖箱监护，是‘舍’我们就将他放入‘冰箱’”。作为父亲，怎一个“舍”字就能宣判骨肉的死刑呢？我流着眼泪说：“医生，只要还有一口气，就请你们尽全力救救孩子吧！命大，活下来，我们会好好待他……”就这样，一个身患六种新生儿疾病（硬肿症、新生儿肺炎、败血症……）的儿子被医生小心地放进了暖箱。12天后，当看到医生将他抱出暖箱时，我们夫妻两个相拥而哭，以为从此后我们的生活会幸福起来，我们的儿子会健康起来。哪知，当医生抱着只有小号暖瓶大、呼吸艰难、紧闭双眼的儿子出现在我们面前时，我意识到，我是在做梦。尽管这样，我还是急切地问："医生，怎么样？我的儿子没事吧？""对不起，他暂时可以活下来，但要转院进入儿研所继续治疗，你们做好准备吧！"

在失望与希望中，儿子在儿研所接受了6个月的治疗，历经了无数的生死考验。3个月中，败血症无情地吞噬着这个弱小的生命，此时他最需要亲人的鲜血冲换他血液中的炎症。这是几个月来我和儿子最近距离的接触，当我的鲜血通过输血管缓缓流入儿子体内时，当看到儿子只有苹果大的小脸慢慢地红润起来时，我感觉到了一个做父亲的责任。8次换血后儿子的病情仍不见好转，专家会诊的结果是：患儿五脏六腑均被病魔侵蚀，生存希望几乎为零，建议家属尽快准备后事。接到死亡通知，看到这依靠呼吸机喘息的儿子，我的心碎了！我和他的妈妈唯一能够做到的是，守候在他身旁，轻轻地呼唤着他："儿子，我们爱你；儿子，好起来吧……"也许是我们的诚心感动了老天，经过7天7夜的守候，凌晨3点，一声清脆的哭声响起，儿子竟然睁开了双眼，奇迹般的活了下来，我和妻子喜极而泣。

明明六个月时，我们一家三口终于回家了。出院时，医生郑重地告诉我们，您的儿子现在虽然已无性命之忧，但由于先天不足，加上其他疾病，很难保证他以后是否能继续生存，即使活下来，今后的发育难保健全。

果然，在以后的岁月中，医生的话不幸言中，儿子先是表情呆滞，眼睛惧光；更可怕的是一岁不会坐，三岁不会站，被儿童医院诊断为"脑瘫和智力低下"。心如刀绞的我们抱着可怜的儿子，踏上漫漫求医路。

12岁之前，儿子先后接受了五次大手术，其中的四次是白内障复明术和一次右足翻的矫正术。手术给我们和儿子炼狱般的折磨。但我们从不在儿子面前流露出半点的恐惧。每一次手术前我们都会握着他的手说："明明，你是爸爸、妈妈的唯一，不论经历怎样的磨难，我们都会和你一同走过。爸爸、妈妈守候在手术室外，等待你手术成功的消息……"儿子像是读懂我们的心思，总是表现得那么顽强，从来不喊不叫，而是对身边的我们说："爸爸妈妈，别怕我疼，等我的病好了，我会报答你们。"一次次的手术，一次次的磨难，让我们一家人的心贴得更近了，也让我们和孩子都学会了永不言弃的生活态度，坚强地面对一切坎坷。

由于孩子视力差，走路不稳，走在大街上经常被人嘲笑，很多人曾劝我们："这是命呀，别费劲了，再生一个健康的孩子吧！"每当这时，我们都会坚定地摇头说："对，这是命，这个孩子是我们的命中注定，他既然投奔我们，我们就要让他享受所有正常人都能享受的权利，让他快乐的生活。绝不让第二个孩子来分享这份爱，我们只有四个字'永不言弃'。"

二、宣武培智学校帮我的儿子撑起一片天

儿子四岁时,我们发现他对音乐有反映,有悟性。只要听到收音机或电视中传出歌声,他便会合着节拍跟着唱。看到儿子陶醉在歌声中,我们欣喜若狂。我们省吃俭用,为他买了一台录音机。从此,张明就像着魔似的坐在录音机旁听个没完。使我们意想不到的是,在五岁生日那天,他为我们一连唱了十首歌,当时的我们真是又哭又笑,"谁说我的儿子傻,我的儿子是天才!"

随着时间的推移,在忙忙碌碌的康复、求医中,我儿子的视力虽然不见好转,但记忆力却越来越好,脚步声起,便知是家里的哪位亲人来了,听一、两遍歌,便能一字不漏地唱出来,家里的电话号码有几十个,他都能一一背下来……但由于他的小脑发育不全,数的概念一塌糊涂,无论怎么教也犹如对牛弹琴。

转眼间,到了上学年龄,张明的妈妈把孩子领到了就近的学校,尽管普通学校的校长看到站不稳、走不好、生活不能自理的智障儿子非常同情,但明确告诉我们学校不能接收。终于,在宣武区教育局的联系下,我们带着孩子来到了宣武培智中心学校报名,王文福校长看到孩子的样子,听着我们倾诉孩子的遭遇,表现出无限的爱悯。他摸摸孩子的脑袋说:"开学来吧,试试看,实在不行,我们再一起想办法,无论怎样,孩子必须得有学上。"就这样,1993年9月1日,我的儿子成为宣武培智中心学校一年级的学生,回想起这件事,至今让我们一家人感动不已。

在我和孩子的眼中,特教老师是最崇高的,也是最伟大的,我对他们充满了敬意。这敬意不光是因为他们让我的孩子有了学习和能力上的进步,这其中还饱含了他们美好的心灵。在培智学校,我看到了所有智障孩子的希望。如果从我的孩子踏进宣武培智学校的大门说起,从孩子的点滴进步说起,从特教老师的辛苦说起,老师们浓浓的爱心,三天三夜也说不完……

姚洁老师,是我儿子的第一位老师,为了让我的儿子能写字,会看书,姚老师倾注了大量的心血。终于,我的儿子能够回答老师的问题了,能够向妈妈要卡通书了,能够在看书后给爸爸妈妈讲故事了,能够主动追着姚老师要求上数学课了。

语文老师刘淑华知道我的儿子视力弱,为了让他能够认识更多的字,刘老师就根据张明情况自治教具,找来硬纸卡,把每一个汉语拼音字母、每一个要学的生字放大好几倍,方便张明认读。

这样的特教老师在宣武培智学校数不胜数,为了让张明更直观地学习各科各类知识,为了培养张明各项必备的生活技能,老师们带着张明和他的同学们走出学校,去动物园、海洋馆、博物馆开阔眼界;带着他们坐公共汽车认站牌;带着他们去超市、去麦当劳练习独

立消费;营造模拟医院环境,让他们懂得如何看病,怎样与医生交流……

谁能想到,7岁迈进学校大门,智商仅有64分,只认4个字的儿子如今可以读短篇小说;不认识的字可以用字典帮助;可以写日记、短文;能够读下四千字的课外书;可以主动与人交流;能够计算多位数的加减乘除,会使用计算器……是这些善良的老师们用自己的爱心,在个别化教育思想指导下,精心地照顾栽培着我的儿子,使我的儿子健康地成长着,是学校为我的智障儿子撑起了一片天。

三、追求美好的理想,永不言弃

(一)培养兴趣,开发潜能

命运似乎早有安排,一脸呆滞的儿子在学校也是那样,只要听到音乐响起,便表现出极大的兴趣。四岁开始使用的那台录音机,是他的第一位音乐启蒙教师。在录音机的提示下,他表现出超常的记歌词、记旋律的能力。

在学校,宣武培智的老师们很快就发现了张明的音乐特长。无论是在班级里还是在音乐课上,都为张明创造各种机会,让他唱歌,让他展示。音乐课邬老师听出他发音不准,为了纠正他不科学的发音,帮他采用"寻绳发音法"来控制音高和音长。下课了,邬老师见他那么爱唱歌,就放弃休息,一字一字地教他发音。老师唱一句,他就学一句,就这样,在邬老师耐心地辅导下,张明歌唱得越来越好。同学们都知道,张明不但爱唱歌,而且歌唱得越来越好了。

在学校或在家里,只要有张明,就一定有他的歌声。唱完了,他就要不厌其烦地告诉周围的人,他唱的是什么,他喜欢歌中的什么。然后,就是他那自信、幸福的笑容。

1997年儿童节,张明刚刚做完第四次白内障手术。庆祝会上,学校让他演唱《一封家书》。歌唱之前,谁也没有为他准备台词,可他却抑制不住激动的情感,站在大家面前非常自然地说:"今天我要唱的这首《一封家书》是献给爸爸、妈妈的,同时也献给我的老师们,他们像爸爸妈妈一样疼我、爱我……"掌声从台下爆发起来,"爸爸妈妈,您们好吗?……儿子有时不懂事,请原谅吧……"歌声感动了在场的所有人,同时参加庆祝会的老艺术家谢添、陈强爷爷也被感动得伸出大拇指,夸奖他是个懂事的孩子,并与他合影留念。谢添爷爷还临场作画,向他赠言:做时代的强者。在场的老师们纷纷留下眼泪,人群中的我也情不自禁的跑向懂事的儿子,把他紧紧地拥在怀中,忘情地吻着他。这一刻,我又一次深深的感到我们为儿子付出的一切都是值得的!又一次深深地感到,学校对他的培养有了效果。也是从这一刻起,我下定决心,尽一切努力培养他的一技之长,与学校配合一起开发他的歌唱潜能,让他用歌声告诉大家"我身有残疾,但我心健康"。

（二）追求理想，永不言弃

2000年9月的一天，张明回家便和我说："爸爸，我们学校来了一位音乐张老师，可好了。他非常喜欢我，让我参加学校的合唱队，还担任领唱呢！"连续几天，张明都在重复这个话题，儿子的兴奋引起了我的注意。我问他："你总把张老师挂在嘴边，到底是怎么回事？"儿子听了我的问题，手舞足蹈，不停地说张老师好，别的也形容不出来。我见到那位老师，高高的个子，虽然人到中年，但一脸朝气。匀称的身材，响亮的喉咙，弹起琴来特别帅，用孩子们的时髦话，酷呆了！十五六的大男孩，跟在他鞍前马后，一会儿唱，一会儿跳。他给孩子们选了许多五六十年代的传统歌曲，情调激扬，热情奔放。这么大的学生，唱起来朗朗上口，怪不得张明喜欢他，其他学生也都喜欢他。又过了些日子，张明再称赞张老师，就变成了这样的语言"张老师是我的青春偶像。"

一天，儿子回家唱了一首新歌，我发现这回唱的与以往不一样了，儿子的表情不刻板、不僵死了，节奏感有了突出的进步，愚笨的身体还能随着旋律协调地晃动。儿子唱歌的技艺提高了！在和孩子聊天中，张老师不单教我的儿子如何唱歌，还叫他如何做人。在明明唱歌遇到困难时，他多次告诉张明："你要自信，你要瞧得起自己，要相信你一定能行。"张老师教他唱民歌，唱通俗歌曲，用他自己的钱买来许多歌唱家的光盘，教学生模仿歌手们的唱法。对张明的嗓音条件，张老师专门为他制定了训练计划。教他练发声，拓展他的音域，训练他的音准。张老师还把所有的歌词都一字一字地用毛笔抄写出来，挂在墙上。一句一句地让孩子们读懂、理解词曲的意思。张明的理解和表达能力有了很大提高，大大促进了他对歌曲情感的体会。张老师平时对张明说得最多的话是：张明，不管道路多困难，都不要放弃你的努力，只要你努力，就会有希望，就会实现你的理想。

在张老师的示范下，张明变得活泼了，唱歌知道用情了。2002年10月，张明放学回到家，告诉我："爸爸，我有理想了，我要当歌手，今后我要为实现我的理想而努力，永远也不放弃，爸爸您相信吗？"看着一脸天真的儿子，想着儿子刚刚说过的话，真难想像这话出自我这个智障儿子的口，唱歌不再是他的休闲娱乐，而是他要为之奋斗、永不言弃的理想。看来儿子是真的长大了、成熟了。

张东林老师非常了解儿子对我的感情，也深深地了解张明的生活经历，同情张明的遭遇，给张明选了歌唱家腾格尔的名曲《父亲和我》。果不其然，儿子非常喜欢这首歌，也非常理解这首歌所表达的思想感情，一唱成功！在校园音乐会上，在学校的每一次接待活动中，在社区的个唱演出、残联系统的联欢会上，张明都必唱这首歌。唱一次台下的观众就感动一次，有的流泪，有的辛酸，难得一个残疾程度这么严重的孩子，能够这样深刻地表情达意…… 中央音乐学院的老院长于教授听了张明的演唱，毫不掩饰地说，这样的水平可以向着音乐家的风格迈进。

在张老师的指导下，张明在音乐方面取得了长足的进步。学校领导、老师、社会各方面尽可能为张明提供展示演唱才能的舞台，在歌声里融入美好的向往中……

几年来，张明多次代表学校参加了各种演出，并多次获奖：

2001 年在第五届全国残疾人艺术汇演中获“优秀贡献奖”；

2003 年在第六届全国残疾人艺术汇演中获“特殊贡献奖”；

2004 年在北京宣武区文艺会演中获“第六名”；

2004 年在北京宣武区家庭文明礼仪风采展示大赛中获“一等奖”；

2004 年在北京宣武区第四届残疾人文艺会演中获 “二等奖”；

2004 年在北京宣武区牛街街道办事处为张明举办《爱的奉献》张明个人演唱会获得成功。

目前正参加 2004 年“中华青少年精英演艺人才”选拔大赛的比赛，以初赛“金奖”的成绩进入复赛阶段。

如今的张明，乐观向上，这份快乐来自他不懈的努力，来自张老师等特教工者们的不懈努力。人们都说，音乐是生活的符号，只有热爱生活的人，才能唱出最动听的歌，正是因为有宣武培智学校那样无私奉献的老师，我的孩子才能在这样一个充满爱的空间里，享受世间最温暖的阳光，唱出人间的真善美，唱出他自己的真善美。是宣武培智学校的领导和老师的努力，为我的张明搭建了通往健康生活的桥梁。

处境不利儿童教育保障

❖ 儿童是最宝贵的财富。我们的所有努力归根到底都是为了孩子的幸福和明天。保护、关爱儿童就是保护我们自己。儿童利益就是国家最高利益。儿童是民族的希望。

❖ 世界上并非所有的儿童都能拥有温馨美满的家庭，都能幸福快乐和无忧无虑地健康成长。

❖ 处境不利是指因出生、性别、年龄、家庭、民族和地区等结构性因素而长期处于弱势状态。处境不利儿童主要有残疾儿童、艾滋孤儿、流浪儿童、服刑人员子女、贫困地区儿童等。

❖ 儿童不仅是父母的孩子，更是国家的孩子，父母和国家的最基本责任是保证孩子有学上。处境不利儿童的生活状况令人堪忧，他们生活在常人难以想像的边缘化悲惨世界之中。他们迫切需要幸福快乐的生活、家庭温暖、父母关爱、国家保护和社会服务，迫切需要同其他正常孩子一样，理所应当享受应有的教育权利。

❖ 处境不利儿童的问题是处境不利，改变不利处境的国际通则和基本途径是享受平等的教育。如果国家和社会不及早解决处境不利儿童的教育问题，那么我们的未来将面临更大的麻烦。

❖ 处境不利儿童教育公正问题已成当务之急，刻不容缓，教育是培养高素质公民的必由之路。

❖ 文明社会中公民最基本的权利是接受教育的权利，教育是实现机会均等的最佳手段。社会公正的精髓和实质是给予弱势群体更多、更好的社会保护，确保他们平等地参与社会。

❖ 儿童教育不单是传授知识、解惑释疑，而是传承文明、发展文化、社会进步和百年树人。儿童教育的最大受益者不是儿童本身，而是他们的家庭和他们的子女。社会是最大受益方。

❖ 投资儿童教育是最明智的投资，投资儿童教育的效益一定是与投资成正比的。

❖ 国家的基本责任是确保满足儿童基本需要，儿童保护能力的高低是衡量国家政治文明的重要指标。只有所有儿童身心健康地成长，才有家庭的幸福、社会的和谐、民族的振兴和国家的强盛。

流浪儿童救助与法律保护制度研究

中华全国律师协会　佟丽华

孙志刚无辜死亡的悲惨事件废除了实行20多年的收容遣送制度，催生了中国管理流浪人员制度的变革。国务院总理温家宝于2003年6月20日签署国务院第381号令，公布施行《城市生活无着的流浪乞讨人员救助管理办法》（以下简称"救助办法"），对流浪人员以自愿的接受救助制度取代强制性的收容遣送制度无疑是中国法律变革和人权发展的重大事件。7月21日，民政部发布2003年第24号部令，公布《城市生活无着的流浪乞讨人员救助管理办法实施细则》（以下简称"实施细则"），救助办法和实施细则于2003年8月1日起施行。但最让人遗憾的是，对流浪儿童①的关注以及救助制度依然掩埋在本就模糊的对所有人的救助制度之中，流浪儿童的权利依然无法得到保护。本文力图揭示流浪儿童救助制度与流浪成年人救助制度的差异并提出建立中国流浪儿童制度的建议，以希冀得到有关方面重视从而为保障本就不幸的流浪儿童的权利创造一个必要的环境。

一、流浪儿童与流浪成年人救助制度的区别

（一）理论基础不同

一个成年人有权利选择自己包括流浪在内的生活方式，所以说即使出于救助、帮助的目的，也不能对流浪的成年人采取强制性的救助方式。但未成年人则不同。未成年人在成长过程中有权利得到父母、国家的特别保护和照料。父母或国家为了承担保护和照料未成年人的职责有时甚至要采取强制措施，如为了避免其离家出走、避免其接触危险物品

① 很多人对儿童的概念和未成年人的概念发生混淆。CRC第一条规定：为本公约之目的，儿童系指18岁以下的任何人，除非对其适用之法律规定成年年龄低于18岁。我国《未成年人保护法》第二条规定：本法所称未成年人是指未满18周岁的公民。依据上述规定，儿童与未成年人的概念是一致的，都指18周岁以下的任何人。所以要明确的是：本文流浪儿童就是流浪未成年人，都是指18周岁以下的任何人。

等。CRC① 在前言中明确:回顾联合国在《世界人权宣言》之中宣布:儿童有权享受特别照料和协助;铭记如《儿童权利宣言》所示:“儿童因身心尚未成熟,在其出生以前和以后均需要特殊的保护和照料,包括法律上的适当保护”;确认世界各国都有生活在极端困难情况下的儿童,对这些儿童需要给予特别的照顾。该公约第二十条规定:1. 暂时或永久脱离家庭环境的儿童,或为其最大利益不得在这种环境中继续生活的儿童,应有权得到国家的特别保护和协助。2. 缔约国应按照本国法律确保此类儿童得到其他方式的照顾。我国法律也就国家承担保护儿童责任的问题作出了明确规定。如《宪法》第四十六条规定:中华人民共和国公民有受教育的权利和义务。国家培养青年、少年、儿童在品德、智力、体质等方面全面发展。《宪法》第四十九条规定:婚姻、家庭、母亲和儿童受国家的保护。

(二)场所、设施、人员要求不同

未成年人自身身体、心理发育的状况决定了他们的生活场所、环境与成年人的差异。从舒适、安全角度考虑,儿童救助机构的床铺、板凳、桌椅、厕所等都应该与成年人有差异;从照料、管理、保护流浪儿童角度考虑,儿童救助机构的管理人员应该富有爱心、懂得儿童心理、了解儿童工作基本知识。CRC 第3条第3款规定:缔约国应确保负责照料或保护儿童的机构、服务部门及设施符合主管当局规定的标准,尤其是安全、卫生、工作人员数目和资格以及有效监督等方面的标准。根据这一规定,主管部门应该在流浪儿童救助机构的安全、医疗、环境、工作人员素质以及数量等方面作出特别规定。

(三)救助内容不同

最高人民法院在关于贯彻执行《中华人民共和国民法通则》若干问题的意见(试行)第10条中规定,“监护人的监护职责包括:保护被监护人的身体健康,照顾被监护人的生活,管理和保护被监护人的财产,代理被监护人进行民事活动,对被监护人进行管理和教育,在被监护人合法权益受到侵害或者与人发生争议时,代理其进行诉讼。”结合有关法律以及上述监护职责的规定,对流浪儿童的救助应该包括以下内容:

---

① CRC是《儿童权利公约》的英文缩写,中国政府代表于1990年8月29日签署。1991年12月29日第七届全国人民代表大会常务委员会第23次会议决定批准。同时声明:中华人民共和国将在符合其《宪法》第二十五条关于计划生育规定的前提下,并根据《中华人民共和国未成年人保护法》第二条的规定,履行《公约》第六条所规定的义务。公约于1992年4月2日对我生效。根据该公约第四十四条的规定:缔约国应该在该公约对有关缔约国生效后两年内以及此后每五年一次提交该国儿童权利保护状况的报告。到目前为止,中国已经向联合国儿童权利委员会提交了两次关于我国执行CRC情况的报告。

（1）照料、管理和保护

根据国家民政部门的统计：7岁以下的儿童占流浪儿童总数的10%，8—12岁的占23%。石家庄市少年儿童保护教育中心提供的资料也证实了上述低龄儿童流浪的情况以及所占比例。① 这些低龄流浪儿童的生活需要得到照顾。所以流浪儿童的救助机构还要承担一种职责，那就是要照顾他们的生活。除此以外，流浪儿童救助机构还应该采取有效措施，对流浪儿童的生活、学习、娱乐进行管理并保护他们的安全。

（2）教育

CRC第二十八条第一款规定：缔约国确认儿童有受教育的权利，为在机会均等的基础上逐步实现此项权利，缔约国尤应：（A）实现全面的免费义务小学教育；（B）鼓励发展不同形式的中学教育，包括普通和职业教育，使所有儿童均能享有和接受这种教育，并采取适当措施，诸如实行免费教育和对有需要的人提供津贴；（C）根据能力以一切适当方式使所有人均有受高等教育的机会；（D）使所有儿童均能得到教育和职业方面的资料和指导；（E）采取措施鼓励学生按时出勤和降低辍学率。《中华人民共和国教育法》第十八条规定：国家实行九年制义务教育制度。各级人民政府采取各种措施保障适龄儿童、少年就学。《中华人民共和国义务教育法》第四条规定：国家、社会、学校和家庭依法保障适龄儿童、少年接受义务教育的权利。根据上述公约及法律的规定，接受9年义务教育是儿童享有的权利，国家有义务保证儿童接受到9年义务教育。对于流浪儿童，国家更是要采取各种有效措施使其得以接受9年义务教育。否则就是失职。所以建立流浪儿童救助机构，不仅是要保证流浪儿童的吃、住以及基本生存需要，而且要保障流浪儿童接受9年义务教育。

（3）矫治

流浪儿童的生存环境决定了他们大都养成了不良行为习惯：如说谎、盗窃、以强凌弱、暴力倾向甚至仇视社会。这就要求流浪儿童救助机构必须承担起矫治他们不良行为的责任。

二、流浪儿童救助机构与儿童福利院的区别

流浪儿童救助机构是对流浪儿童的短期救助制度，与儿童福利院的主要区别在于：1. 流浪儿童救助制度不是国家监护制度，救助机构与流浪儿童之间没有形成监护人与被监护人的法律关系；而儿童福利院是一种单位担任监护人的国家监护制度，儿童福利院是监护人，在儿童福利院的儿童是被监护人。2. 根据目前的制度，儿童福利院只接收父母双

① 数字来源：石家庄少年儿童保护教育中心提供的资料。

亡的孤儿和弃婴,对年龄一般也都有限制。而流浪儿童救助机构接收儿童不应受年龄或流浪原因限制,只要是在流浪,就有权利获得救助。3. 儿童福利院由于与接收的儿童形成了稳定的基于监护制度产生的法律关系,所以一般不存在考虑儿童出路问题。而流浪儿童救助机构是短期救助制度,一个使命就是了解儿童流浪原因,针对不同原因采取不同对策以维护该儿童的权利。了解到儿童流浪是基于父母或其他监护人侵权或不履行监护职责,应该对父母或其他监护人进行批评教育,如果情节恶劣或屡教不改,就应该依法追究有关责任。

三、最新流浪人员救助制度在救助流浪儿童方面存在的缺陷

国务院《城市生活无着的流浪乞讨人员救助管理办法》中涉及到未成年人的有三个条款:

第五条:公安机关和其他有关行政机关的工作人员在执行职务时发现流浪乞讨人员的,应当告知其向救助站求助;对其中的残疾人、未成年人、老年人和行动不便的其他人员,还应当引导、护送到救助站。

第十一条:救助站应当劝导受助人员返回其住所地或者所在单位,不得限制受助人员离开救助站。救助站对受助的残疾人、未成年人、老年人应当给予照顾;对查明住址的,及时通知其亲属或者所在单位领回;对无家可归的,由其户籍所在地人民政府妥善安置。

第十二条:受助人员住所地的县级人民政府应当采取措施,帮助受助人员解决生产、生活困难,教育遗弃残疾人、未成年人、老年人的近亲属或者其他监护人履行抚养、赡养义务。

民政部公布的《城市生活无着的流浪乞讨人员救助管理办法实施细则》中有六个条款涉及未成年人。

第五条:救助站对属于救助对象的,应当及时安排救助;不属于救助对象的,不予救助并告知其理由。对因年老、年幼、残疾等原因无法提供个人情况的,救助站应当先提供救助,再查明情况。对拒不如实提供个人情况的,不予救助。

第十三条:对受助人员中的残疾人、未成年人或者其他行动不便的人,救助站应当通知其亲属或者所在单位接回;亲属或者所在单位拒不接回的,省内的由流入地人民政府民政部门通知流出地人民政府民政部门接回,送其亲属或者所在单位;跨省的由流入地省级人民政府民政部门通知流出地省级人民政府民政部门接回,送其亲属或者所在单位。

第十四条:对无法查明其亲属或者所在单位,但可以查明其户口所在地、住所地的受助残疾人、未成年人及其他行动不便的人,省内的由流入地人民政府民政部门通知流出地人民政府民政部门接回,送户口所在地、住所地安置;跨省的由流入地省级人民政府民政

部门通知流出地省级人民政府民政部门接回，送户口所在地、住所地安置。

第十五条：对因年老、年幼或者残疾无法认知自己行为、无表达能力，因而无法查明其亲属或者所在单位，也无法查明其户口所在地或者住所地的，由救助站上级民政主管部门提出安置方案，报同级人民政府给予安置。

第十六条：受助人员自愿放弃救助离开救助站的，应当事先告知，救助站不得限制。未成年人及其他无民事行为能力人和限制民事行为能力人离开救助站，须经救助站同意。受助人员擅自离开救助站的，视同放弃救助，救助站应当终止救助。

第十八条：受助人员户口所在地、住所地的乡级、县级人民政府应当帮助返回的受助人员解决生产、生活困难，避免其再次外出流浪乞讨；对遗弃残疾人、未成年人、老年人的近亲属或者其他监护人，责令其履行抚养、赡养义务；对确实无家可归的残疾人、未成年人、老年人应当给予安置。

但认真分析《救助办法》和《实施细则》的上述规定以及其他相关条款，这些规定还无法保障流浪儿童的权利得到有效保护。具体来看：

1. 没有体现国家对流浪儿童负有的法定职责

对于流浪中的儿童，公安、城管以及未成年人保护组织应该采取有效措施，使其接受救助。也就是说对于流浪的成年人是救助机构等待救助人员的主动到来和自愿申请，而对于流浪的儿童则应该采取主动措施使其接受救助。至于实施细则第五条规定的"对拒不如实提供个人情况的不予救助"的规定，对流浪儿童来说显然推卸了责任。不论流浪的儿童是否如实提供了个人情况，不论流浪儿童是否主动申请或要求救助，流浪儿童救助机构都应该积极采取措施对其进行救助。

2. 在救助场所、设施、人员等方面没有任何特殊要求

《预防未成年人犯罪法》第四十六条规定：对被拘留、逮捕和执行刑罚的未成年人与成年人应当分别关押、分别管理、分别教育。公安部在1995年颁布实施的《公安机关办理未成年人违法犯罪案件的规定》第二十一条中规定：对于被羁押的未成年人应当与成年人犯分别关押、管理，并根据其生理和心理特点在生活和学习等方面给予照顾。也就是说，为了避免受到成年罪犯或犯罪嫌疑人的侵害以及教唆、有效地保护未成年人的各项权利，对涉嫌违法犯罪的未成年人在关押、管理方面都是与成年人分开的，但对于没有违法犯罪的流浪儿童却没有规定这种分开管理的制度。《救助办法》第八条只是规定：救助站为受助人员提供的住处，应当按性别分室住宿，女性受助人员应当由女性工作人员管理。整个《救助办法》以及民政部的实施细则都没有规定要将流浪儿童与流浪成年人分开管理的制度。

3. 流浪儿童的教育问题受到忽视

《救助办法》第七条规定了救助站提供救助的内容：(一)提供符合食品卫生要求的食

物；（二）提供符合基本条件的住处；（三）对在站内突发急病的，及时送医院救治；（四）帮助与其亲属或者所在单位联系；（五）对没有交通费返回其住所地或者所在单位的，提供乘车凭证。这种救助内容只是解决了吃、住、行、与亲属联系的问题，却没有解决流浪儿童的教育问题。而根据现行法律规定，未成年人即使被收容、犯罪后被判刑执行刑罚，也要保证其接受义务教育。《预防未成年人犯罪法》第三十九条规定：未成年人在被收容教养期间，执行机关应当保证其继续接受文化知识、法律知识或者职业技术教育；对没有完成义务教育的未成年人，执行机关应当保证其继续接受义务教育。该法第四十六条规定：对没有完成义务教育的未成年犯，执行机关应当保证其继续接受义务教育。而现在问题是，体现人道精神的最新的流浪儿童救助制度却依然无法保证流浪儿童享有公约和我国法律明确规定的受教育权。

4. 推回原籍无法根本解决问题

对《实施细则》第十三条、第十四条所确定的由流入地民政部门接回、送其亲属或所在单位以及户口所在地、住所地安置的处理流浪人员的原则，我认为是典型的制度设置中的互相推委。尤其对于处理流浪儿童问题，在儿童没有单位、没有相关制度以及机构可以保证户口所在地和住所地安置有能力对流浪儿童进行安置的背景下，只能寄希望于亲属。诚然，从理论上说，父母等亲属是解决流浪儿童问题的最佳去处；从实践来看，依靠父母等亲属也确实解决了很多流浪儿童问题。但必须意识到，父母遗弃、虐待子女或长期争吵等家庭原因是导致儿童流浪的最主要原因，家庭问题不解决，只是把流浪儿童送回家中，必然导致重复流浪和流浪儿童权利无法得到有效保护。以往具有强制性的收容遣送制度也证明了这点：在流浪儿童中，二次以上的流浪占流浪儿童总数的40%。

5. 对流浪儿童不应限定期限

《实施细则》第12条规定：救助站应当根据受助人员的情况确定救助期限，一般不超过10天；因特殊情况需要延长的，报上级民政主管部门备案。《救助办法》没有规定救助期限，而《实施细则》却规定了10天的期限。这一期限的规定甚至使救助机构根本无法查清流浪儿童的来处，教育、矫治可能就更是成为一句空话。流浪儿童救助制度不应限定这种期限。

四、流浪儿童的出路

流浪儿童救助机构既然只是短期救助机构，就要采取各种措施，为流浪儿童寻找到归宿。概括起来，流浪儿童应该有这样一些出路：1. 送交其亲属；2. 被收养；3. 到儿童福利院；4. 接近成年接受技能培训后自食其力。

1. 送交其亲属

父母是孩子的监护人，父母承担监护职责不仅是义务也是权利，所以流浪儿童救助机构的一个主要职责就是为流浪儿童寻找父母。有的流浪儿童在开始接受救助的时候就会讲明家庭籍贯、住址、父母姓名，这种情况找到父母可能比较容易；而有些流浪儿童不愿回家或因为年龄因素不能讲清籍贯、家庭住址，这种情况找到父母就会相当困难。对于无法找到父母或其他亲属或者其他亲属都不愿意承担监护职责的情况，建议参考民法宣告失踪的规定，《民法通则》第二十条规定：公民下落不明满二年的，利害关系人可以向人民法院申请宣告他为失踪人。第二十二条规定：被宣告失踪的人重新出现或者确知他的下落，经本人或者利害关系人申请，人民法院应当撤销对他的失踪宣告。参考上述规定，在经过两年还无法找到流浪儿童父母的情况下，流浪儿童救助机构或未成年人保护组织可以向法院提起宣告流浪儿童父母失踪的诉讼。由法院确定流浪儿童父母失踪。由于已经依法宣告流浪儿童的父母失踪，所以流浪儿童救助机构有权决定是否将流浪儿童送交其他家庭收养或送儿童福利院抚养，以用一种新的监护制度①代替父母的法定监护制度。

2. 被收养

流浪儿童救助机构在救助儿童以后，就可以选择寄养方式来救助儿童。石家庄市少年儿童保护中心采取了一种“临时妈妈”的救助方式，也就是鼓励社会上有爱心的人士来做流浪儿童的“临时妈妈”。“临时妈妈”主要是在周末把流浪儿童接到家里，使流浪儿童感受家庭的温暖。“临时妈妈”的做法唤起了社会的爱心，有助于流浪儿童的成长。而寄养是将流浪儿童送到家庭进行抚养。寄养不是一种法律制度，寄养家庭承担照料、保护、管理甚至教育流浪儿童的责任，但不为流浪儿童对外造成的伤害事故等承担监护人要承担的赔偿责任。在寄养的基础上，如果在一定时间内（如上述 2 年）没有找到流浪儿童的父母，可以鼓励寄养家庭收养该流浪儿童。

3. 到儿童福利院

对两类人只能由儿童福利院来承担监护职责，进行抚养。第一类是找不到父母、也没有人愿意收养的流浪儿童。第二类是找到父母、但父母坚持不履行监护职责或侵害被监护儿童情节恶劣的。有些父母不愿意承担监护职责，有些父母经常虐待子女，这是一部分儿童流浪的主要原因。对于这种情况，要通过法律途径，依法追究父母虐待罪、遗弃罪等

① 这种新的监护制度可能是拟制法定监护制度，也可能是国家监护制度。《中华人民共和国收养法》第二十三条规定：“自收养关系成立之日起，养父母与养子女间的权利义务关系，适用法律关于父母子女关系的规定；养子女与养父母的近亲属间的权利义务关系，适用法律关于子女与父母的近亲属的规定。”我们把这种以依据血缘形成的生父母子女关系为基础、模拟法定监护制度设定的非生父母与未成年人之间形成的监护制度叫做拟制法定监护制度。如上文所述，儿童福利院是一种国家监护制度。如流浪儿童被人收养，新的监护制度就是拟制法定监护制度；如最终流浪儿童被送儿童福利院，新的监护制度就是国家监护制度。

法律责任的基础上，建议依据《未成年人保护法》第12条①的规定，依法剥夺父母的监护人资格，由儿童福利院来承担监护责任②。

4. 接近成年接受技能培训后自食其力

据国家民政部门统计，在流浪儿童中，13—15岁的占63%，16—18岁的占4%。③ 对于这些13岁以上的流浪儿童，除了基本的文化知识教育以外，还应该进行职业技能教育和培训。使这些流浪儿童在年满18周岁以后能够走上社会、自食其力。

但要说明的是，不论最终将流浪儿童送交其亲属、送交其他家庭收养、送儿童福利院，都要充分征求儿童的意见。尊重儿童意见应该成为对儿童工作者的基本要求。

五、建立中国流浪儿童救助制度的建议

1. 在各省会城市或大城市建立单独的流浪儿童救助机构

根据儿童特点，建立独立的儿童救助场所。管理人员要由经过培训懂儿童心理、懂教育的人担任。救助内容要包括照料、教育、矫治、保护、管理。

由于流浪儿童主要聚集在北京、上海这样的特大城市、省会城市、大城市以及交通枢纽城市，所以流浪儿童的救助机构也应该主要建立在这些城市。对此应该在国家层面进行调研，由国家有关部门协同各个省、自治区、直辖市来建立流浪儿童庇护机构。

2. 在各省、自治区、直辖市设立流浪儿童救助机构以未成年人保护委员会牵头负责为宜

---

① 《未成年人保护法》第十二条规定：父母或者其他监护人不履行监护职责或者侵害被监护的未成年人的合法权益的，应当依法承担责任。父母或者其他监护人有前款所列行为，经教育不改的，人民法院可以根据有关人员或者有关单位的申请，撤销其监护人的资格；依《民法通则》第十六条的规定，另行确定监护人。

② 《民法通则》第十六条规定：未成年人的父母是未成年人的监护人。未成年人的父母已经死亡或者没有监护能力的，由下列人员中有监护能力的人担任监护人：(一)祖父母、外祖父母；(二)兄、姐；(三)关系密切的其他亲属、朋友愿意承担监护责任，经未成年人的父、母的所在单位或者未成年人住所地的居民委员会、村民委员会同意的。对担任监护人有争议的，由未成年人的父、母的所在单位或者未成年人住所地的居民委员会、村民委员会在近亲属中指定。对指定不服提起诉讼的，由人民法院裁决。没有第一款、第二款规定的监护人的，由未成年人的父、母的所在单位或者未成年人住所地的居民委员会、村民委员会或者民政部门担任监护人。从司法实践来看，对于父母遗弃子女不履行监护职责或以虐待等方式严重侵害被监护的儿童这种情况，一般都是祖父母、外祖父母因为年龄太大而没有能力承担监护职责、独生子女没有兄姐、没有亲属或朋友愿意担任监护人，而父母所在单位或住所地居民委员会或村民委员会显然也无法履行监护职责，保证这些儿童获得监护的唯一选择就是民政部门的儿童福利院扩大接受儿童的范围，由国家对这类儿童进行监护，否则或者让这些儿童流浪，或者让这些儿童在家庭中遭受虐待。

③ 数字来源石家庄少年儿童保护教育中心提供的资料。

首先是未成年人保护委员会负有这样的职责。根据现行很多省、自治区、直辖市的未成年人保护条例的规定,未成年人保护委员会是省级政府承担国家保护未成年人职责的综合协调机构。其次未成年人保护委员会办公室一般都设在共青团组织的权益部,而共青团组织可以充分调动志愿者的积极性,协调志愿人员积极参与流浪儿童救助机构的工作,唤起社会爱心,节约资金,引导流浪儿童与社会的正常沟通;最后,由于未成年人保护委员会一般由政府有关部门、司法单位、行业协会等组成,未成年人保护委员会可以利用其委员单位的力量,依法解决流浪儿童的出路问题。流浪儿童的出路问题远比流浪成年人问题复杂,很多个案都要委派专人进行调查,甚至要提起各种类型的诉讼。作为未成年人保护的综合协调机构,未成年人保护委员会在处理这类案件的资源、经验等方面都具有良好基础。

3. 建立全国流浪儿童监测体系

流浪儿童救助机构在救助儿童时要进行登记,登记内容应该包括流浪儿童姓名、户籍所在地、住所地、父母单位、父母姓名、流浪原因、流浪经历、身体健康情况、在其他救助机构接受救助情况、违法犯罪情况、接受教育情况等。以此登记为基础,建立国家层面的流浪儿童监测体系。

六、建立流浪儿童救助机构的法律依据

《未成年人保护法》第二十九条规定:对流浪乞讨或者离家出走的未成年人,民政部门或者其他有关部门应当负责交送其父母或者其他监护人;暂时无法查明其父母或者其他监护人的,由民政部门设立的儿童福利机构收容抚养。

1995 年,中共中央办公厅、国务院办公厅在《关于转发〈中央社会治安综合治理委员会关于加强流动人口管理工作的意见〉的通知》中提出,“对于在社会上长期流浪、无家可归,失去正常生活、学习条件和安全保障的少年儿童,要采取保护性的教育措施。可在流浪儿童较多的城市试办流浪儿童保护教育中心。这项工作由当地政府负责,民政部门牵头,教委、妇联、共青团、公安、铁道等有关部门协助。”

1987 年 6 月 17 日,国务院办公厅转发《国家教育委员会、公安部、共青团中央关于办好工读学校的几点意见的通知》中规定:工读学校的招生对象是,十二周岁至十七周岁有违法或轻微犯罪行为,不适宜留在原校学习,但又不够劳动教养、少年收容教养或刑事处罚条件的中学生(包括那些被学校开除或自动退学、流浪在社会上的十七周岁以下的青少年)。

2001 年 5 月 21 日,北京市发展计划委员会、北京市妇女儿童工作委员会关于印发《北京市“十五”时期儿童发展规划》的通知中规定:及时做好流浪儿童的收容安置及救助

教育工作。设立多种形式的流浪儿童收容机构,完善其收容、教育、遣返功能。加强儿童流浪的预防工作,努力减少流浪儿童的反复流浪。

后记

《儿童权利公约》的最大价值是确认了缔约国国家在保障儿童健康成长方面的职责。从1992年该公约对我国生效到现在已经10多年了,儿童中最需要关注的流浪儿童问题仍旧没有得到国家的足够重视。如果说儿童有生命权、健康权、受教育权、生活获得保障权等各项权利,那么可以说流浪儿童的所有这些权利都在受到严重侵害。作为一种必然,居无定所、衣不裹体、食不饱腹、受尽冷眼的流浪儿童为了生存或者发泄对社会的不满,实施盗窃、抢劫、杀人等各种违法犯罪行为,给人们生命财产安全和社会秩序带来危害。所以,从人道主义出发,尽快建立流浪儿童救助制度是为了有效保护流浪儿童的各项权利;从功利主义出发,尽快建立流浪儿童救助制度是预防和减少犯罪的最有效措施之一。

编者注

2003年7月28日,本文内容经在中国儿童中心召开的《未成年人保护法》研讨会上公布后,引起关注。新华社记者就此内容对作者进行专题采访,并以《清样附页》的内参形式上报国家领导人。据悉国务院总理温家宝同志已就该内容专门做出批示,由国务院法制办对此问题进行研究。

服刑人员未成年子女保护问题与保护政策思考

中华全国律师协会　张雪梅

一、我国法律对服刑人员未成年子女的保护现状

12 岁的莲莲是京郊一个农村里的女孩。5 岁时起就被母亲强迫卖淫,致使多次遭受强奸直至其 12 岁时止,有时其母亲还帮助他人强奸莲莲,其父亲不仅不管,也经常送莲莲到犯罪人的家中。2003 年 5 月案发后,莲莲的母亲等四名犯罪嫌疑人被抓获。2003 年 9 月其母被判无期,其父逃跑,不知音讯。案发后,莲莲被当地有关部门临时接到敬老院生活。

北京市海淀区两个小女孩的爸爸因为抢劫和打架,被判处无期徒刑;她们的妈妈吸毒被判处劳教。她们 3 岁的时候,就由街道来抚养她们,后来她妈妈解教把女儿领回去,几天后,又把孩子偷偷地推到一个亲戚的门口跑掉了。两个孩子后来被送往顺义儿童村。

上述两个案例都涉及到了服刑人员子女的监护问题。还有一些孩子正处于和她们相同的困境或者还没有她们幸运,处于无人抚养的状况。可以说,我国法律对服刑人员子女的权益保护还是个空白。法律法规中涉及服刑人员子女的规定,只有《中华人民共和国监狱法》中体现了一点,即《中华人民共和国监狱法》第十九条:罪犯不得携带子女在监内服刑。

服刑人员子女的权益保护问题越来越突出和受到社会的关注。他们或因父母服刑而无人监管,或因经济压力而面临失学,有的还步父母后尘,走上违法犯罪道路。笔者认为,对服刑人员子女权益保障问题的解决应当刻不容缓。对他们的权益保护,不仅是保障他们能够健康成长、避免受到任何歧视、预防他们违法犯罪的基础和关键,同时也有利于维护社会的稳定和发展。本文主要对服刑人员子女的监护、教育等较为普遍地存在的问题进行简要的探讨,希望能够引起人们对服刑人员子女权益保护的重视,以共同关注服刑人员子女的健康成长。

二、对服刑人员未成年子女保护的必要性

（一）有利于服刑父母的犯罪矫治

罪犯自服刑以后，面临着来自家庭、社会、监狱等多方面的压力，罪犯的心理变得更为复杂而不稳定。对于大多数罪犯来说，家庭是他们在狱中服刑改造的重要精神支柱，而子女更成了他们对未来的希望。他们希望自己的子女能够不因他们服刑而受到任何不良影响，希望子女能够得到关爱、不受歧视、希望子女正常地生活、学习。在对服刑人员的情感调查中，他们感觉到自己对不起子女的占86.8%，而感觉无所谓的才占13.2%。在他们当中希望子女不受歧视的有68%，希望子女得到关爱的有32%，无所谓的只有11.7%，希望子女有一个好前途的有31.3%，希望子女能有个工作有碗饭吃的有52.8%，子女怎么样要看子女自己的造化的有15.9%①。从这里我们可以看出服刑人员对子女的现状普遍表现出一种关注。子女现状的好坏，直接影响着服刑父母在监狱中的表现。因此，对有困难的服刑人员子女进行帮助和保护，可以帮助罪犯消除顾虑和不良心理，将有利于他们的犯罪矫治和改造，有利于维护社会的稳定。

（二）有利于服刑人员子女恢复对人性和社会的信心

对服刑人员未成年子女保护的另一个必要性表现在有利于恢复他们对社会和人性的信心，改善他们的处境，避免流浪，保障他们的身心健康成长。父母的服刑给每一个家庭都会带来严重的打击，而面对打击，承受能力最弱的当属他们尚未成年的子女。有的孩子因为父母的犯罪服刑而觉得自己成了罪犯的孩子，是被人看不起的人，而对社会、对自己失去了信心。有的孩子还因为父母被处罚而敌视一切、报复社会，形成畸形的发展，甚至发生严重后果。由于他们的年龄、心理、生活状况、家庭结构等原因，他们往往会失去自我调节的功能。这个时候，政府、学校、社区、亲属和老师对他们的积极帮助和特别保护就显得格外需要和迫切。

三、服刑人员未成年子女面临的主要问题

（一）服刑人员未成年子女的监护问题

现实生活中，很多未成年人由于父母一方或双方服刑，而致使监护问题无法落实，呈现无人监护的状态，生活和学习陷入十分艰难的境地。这主要表现在以下几类家庭：

---

① 《愿将关爱心唤醒舐犊情——服刑人员子女状况调查》，作者：叶子，《监狱理论与实践》。

①父母双方均因犯罪入狱服刑；

②父母一方死亡或下落不明，另一方正在服刑；

③父母离异后，直接抚养孩子的父或母入狱服刑，另一方不愿或没有能力抚养孩子。

这些孩子有的是随年老的爷爷、奶奶一起生活，有的是与姨或叔叔等亲属共同生活，有的是由居委会或村委会等组织抚养，有的孩子由于亲属不愿或无力管，则一人在社会上到处流浪。这些孩子的父母因服刑无法对他们履行监护职责，法律又没有明确规定，父母短期或长期不能对孩子履行监护职责时，其他有监护资格的人必须承担监护职责。我国目前还没有一例由法院判决因父母服刑而剥夺父母的监护人资格指定其他有资格的人担任监护人的案件。

这使得我们不能不想到：这些孩子的生活如何保障？他们的上学问题如何解决？暂时与爷爷奶奶一起生活的，将来爷爷奶奶去世了怎么办？由其他亲属或居委会或村委会抚养的，如果他们不愿意抚养了怎么办？在这些孩子当中，有相当一部分还存在着严重的心理问题，例如有暴力倾向、破坏欲强、报复心理严重、爱说谎、孤僻、自卑、厌学等。这些问题直接影响着孩子的身心健康成长和未来发展，影响着他们的父母在狱中服刑的表现。如果连这些孩子应享有的最基本的生活和学习的权益都得不到保障的话，我们又如何使他们健康成长？如何预防他们违法犯罪？如何使他们成长为一个具有社会责任感和法律意识的人？

（二）服刑人员子女的教育问题

父母服刑给家庭造成的最直接的影响是经济困难，因此可能导致孩子的教育问题无法得到足够的保障。例如，有的孩子因经济困难交不起学费而失学，有的孩子过早地承担起繁重的家务甚至是抚养弟弟妹妹的重担而不得不辍学。在对服刑人员子女状况调查中，有关数据表明：服刑人员的家庭经济状况对未成年子女的读书的影响很大，服刑人员子女失学的占19.2%，家庭可供其读书的占14.4%，抱着走一步算一步想法的占66.4%；在调查的近400人中，已有76人的子女失学，那些走一步算一步的子女，可能在小学毕业或初中毕业后就辍学回家①。

在承德监狱服刑的一名罪犯的女儿，2001年给监狱警官写了一封信，诉说了由于父亲的犯罪，不仅使她过早地承担了家庭的重担，还将使她失去上学的机会，面临辍学。她哀求监狱警官将她的父亲早点放回家，这样她就有书念了。这样的一封信，引起了监狱领导的高度重视，举行“助学帮教”活动，狱警纷纷捐款来资助这些孩子上学②。同时，承德

---

① 《愿将关爱心唤醒舐犊情——服刑人员子女状况调查》，作者：叶子，《监狱理论与实践》。

② 案例来源：“家长犯罪受惩罚 孩子辍学本无辜”，《承德日报》2003年1月4日。

团市委的“爱心接力工程”也正在救助着家庭困难的服刑人员子女。此外,还有很多监狱,像河南省南阳监狱、吉林省长春铁北监狱都设立了助学基金,资助服刑人员子女重返学堂。还有很多社会组织也开展了诸多这样的活动以帮助这些面临困境的孩子,如北京顺义的儿童村、江西省慈善总会的“阳光行动”等。

对于服刑人员子女的接受教育问题,仅仅依靠监狱和社会的资助是根本不可靠的,也不是久远之计。这个问题直接摆在我们面前。

四、对问题的解决对策与探讨

在欧美一些国家,对于被判决服刑的人员,如果他们的子女尚未成年,一般通过两种途径解决子女的问题。一是设立母子监狱,例如德国。犯罪的母亲可以携带年龄比较小的孩子在监内服刑,监狱内设有母子共同生活的专门房间,还设置了专门小学,保障随母亲服刑的孩子能够接受正常的学校教育。二是法院在对父母进行有罪服刑的判决前,已经通过其他途径,将他们的尚未成年的孩子安排到儿童福利署、少年之家等机构或愿意代养他们的家庭。

目前,我国未成年人保护的法律还不如一些发达国家健全和完善,在法律制定和实践执行各方面还存在欠缺,因此,我们国家对服刑人员未成年人子女的保护还没有进行到一个法律的阶段,在实践中的经验也没有一些国家先进和丰富。下面笔者在目前我国法律的状况下,就服刑人员未成年子女的监护和教育问题的解决进行简要的探讨。

(一)对服刑人员未成年子女监护问题的解决对策

《中华人民共和国民法通则》第16条规定:未成年人的父母已经死亡或者没有监护能力的,由下列人员中有监护能力的人担任监护人:(1)祖父母、外祖父母;(2)兄、姐;(3)关系密切的其他亲属、朋友愿意承担监护责任,经未成年人的父、母的所在单位或者未成年人住所地的居民委员会、村民委员会同意的。对担任监护人有争议的,由未成年人的父、母的所在单位或者未成年人住所地的居民委员会、村民委员会在近亲属中指定。对指定不服提起诉讼的,由人民法院裁决。没有上述规定的监护人的,由未成年人的父、母的所在单位或者未成年人住所地的居民委员会、村民委员会或者民政部门担任监护人。

《中华人民共和国未成年人保护法》第12条规定:父母或者其他监护人不履行监护职责或者侵害被监护的未成年人的合法权益的,经教育不改的,人民法院可以根据有关人员或者有关单位的申请,撤销其监护人的资格;依照民法通则第十六条的规定,另行确定监护人。

根据上述法律规定,笔者建议:

1. 健全、完善国家监护制度①。国外一些国家的儿童救护制度都是建立在一个完善的监护制度体系下的,我国的监护制度还不完善,存在很多不足,在制定法律等方面还不规范或有欠缺。因此我国应尽快完善国家监护制度,制定相应的并可操作的法律规定。对于父母都被处以刑罚的未成年人,如果没有其他有监护资格的人承担监护职责,应当由国家监护机构进行监护,使这些处于特殊困难家庭的孩子都能够像正常家庭的孩子一样享有平等的生活权利和学习权利。

目前,我国的国家监护机构是儿童福利院,但是儿童福利院的接收范围只是孤残儿童和查找不到父母的弃婴,不接收服刑人员子女。笔者认为,应当加强和扩大儿童福利院的职能,对于凡是处于父母死亡或丧失监护能力或因客观原因不能履行监护职责、又没有其他法律规定的监护人的,儿童福利院都应当接收。

2. 人民法院在对父母判处刑罚之前或同时,根据不同情况,指定孩子的代养人或监护人。在司法实践中,人民法院在做出父母有罪判决的同时,应当考虑到他们的未成年子女今后的生活和监护问题。对服刑期短的,应当按照《中华人民共和国民法通则》第16条规定的顺序指定其他具有监护能力和资格的人代为监护。对服刑时间长的,应当视为没有监护能力;对于父母是因为侵犯孩子权益而犯罪的,应当根据《中华人民共和国未成年人保护法》第12条的规定,剥夺父母的监护资格。对于视为没有监护能力和被剥夺监护资格的这两种情况,应当按照《中华人民共和国民法通则》第16条的规定,指定其他具有监护能力和资格的人做为监护人,对孩子履行监护职责。对于没有法律规定的监护人的,应当由民政部门担任监护人,履行抚养监护职责。这样既可以对犯罪人处以刑罚,又可以保障他们的孩子不至于因为父母入狱服刑而无人监管。

3. 发展寄养制度。寄养是指父母因特殊原因不能直接履行对子女的抚养义务,把子女寄托在他人家中生活的一种委托代养行为②。寄养不是一种法律制度,我国法律中也没有直接规定寄养制度。对于父母服刑的未成年人子女,可以寄养给愿意抚养他们的家庭,由寄养家庭对他们进行照料、保护、管理、教育。寄养家庭应当符合一定的条件,例如,具有一定经济基础、家庭结构稳定、身体精神健康、自愿抚养、保障不虐待被寄养人或侵犯寄养人其他合法权益、定期报告被寄养人生活状况等。我国应当发展寄养制度,鼓励更多的家庭来抚养这些孩子,并对寄养人给予必要的经济补助。国外很多国家的寄养制度已经非常成熟和规范,孩子们从中直接获益,值得我们借鉴。

4. 国家和社会应当鼓励和支持有条件的个人或组织成立保护、代养服刑人员子女的

---

① 佟丽华著:《未成年人法学》,中国民主法制出版社 2001 年 3 月版。

② 巫昌祯主编:《婚姻与继承法学》,中国政法大学出版社 1997 年版。

机构。有些服刑人员的子女,由于亲属不愿意抚养,他们有的在居委会、村委会里生活,有的被送入儿童村等专门的机构。最近几年,社会上成立了一些专门收留、代养和保护服刑人员子女的学校或组织,例如北京市顺义的中华慈善总会特殊儿童村、福州闽侯善恩园等。这些组织都是民间开办的,他们自身同时面临着很多困难和挑战,例如没有合法的身份、没有资金支持、孩子上学问题难以解决等,但是他们确实为这些没人管的孩子提供了很大的帮助。我们可以鼓励更多这样的机构的设立,规范他们的管理和经营。一方面可以帮助更多的孩子,使孩子的生活和学习能够得到保障,预防他们犯罪;另一方面也可以减轻国家的负担。

(二)对服刑人员未成年子女接受教育的解决对策。

1. 国家应当设立专门的教育基金,对这部分特殊的孩子进行帮助。由父母服刑的监狱、及其居住的村委会、居委会或未成年人保护组织出具父母服刑期限、家庭状况、经济状况的证明,书面向就学学校的上级主管教育行政管理部门提出申请,即可得到专项基金的资助。

此外,关于助学金,目前我国在城镇和大部分农村的小学还没有设立,对于家庭经济困难的学生,一般通过减免杂费解决。我认为,在农村或其他经济困难地区的小学都应当设立助学金,使每一个贫困学生都能够享受到助学金待遇。

2. 学校对家庭经济困难的服刑人员子女根据实际情况减收、免收学、杂等各项教育费用。我国目前的制度是对接受义务教育的学生免收学费(《中华人民共和国义务教育法》第十条),对家庭经济困难的学生,酌情减免杂费(《中华人民共和国义务教育法实施细则》第十七条)。这给我们在解决一些服刑人员子女由于父母服刑给家庭造成的经济困难而无法接受义务教育在实际操作中提供了依据和保障。但是尚未成年、正在接受高中学历教育的家庭困难的服刑人员子女,也应当享受这个待遇。

3. 教育行政部门和学校教师应当对福利机构与社会上一些收留、代养困难儿童的机构所抚养儿童的入学与教育问题,给予特殊照顾,降低条件、就近入学,给予公正待遇、不得歧视,免收学费、减免其他教育费用。

(三)建立未成年人经济救助制度,对服刑人员未成年子女给予社会救助和福利保护。

对于服刑人员未成年子女这样一个特殊的群体,我国政府目前还没有专门的救助机构和救助政策。国家和社会对这些群体在救助方面存在真空地带。监狱的工作是对服刑人员进行教育改造,还没有延伸到罪犯的子女的权益保护上,儿童福利院的主要救助对象是孤残儿童、弃婴,对服刑人员未成年子女的保护与救助也没有纳入他们的职责范围。

我国目前的未成年人救助制度还不完善,《未成年人保护法》等法律也缺乏儿童福利的保护。联合国《儿童权利公约》确定儿童享有生存、受保护、发展与参与四项基本权利,国外很多国家都建立了独立的儿童救助制度,制定了儿童福利法或救济法,为实现儿童权利提供福利保护,由儿童福利署等专门的儿童机构对父母服刑等有困难的儿童采取紧急措施,进行保护和救助。我国应当尽快建立独立的未成年人救助制度,制定对未成年人的福利政策,对服刑人员未成年子女进行国家救助,以解决父母服刑给家庭造成的经济困难。救助的方式可以采取对父母双方或一方正在服刑的经济困难的未成年人,每月发放一定数额的生活补助,补助数额的确定可以参照当地的最低生活保障待遇。待其父母刑满释放后,根据实际经济情况,可以停止发放。这样既可以解决服刑人员子女的家庭经济困难,减轻年老的爷爷奶奶因抚养他们而带来的困难,也可以使愿意抚养他们的亲属或寄养家庭解除顾虑,使这些孩子的生活和学习能够得到一定程度的保障。

贫困地区青少年教育面临的问题与对策

中央教育科学研究所　蓝　建

相对于富裕地区来说,贫困地区青少年的教育面临着较多困难与问题。正确分析与认识这些困难与问题,制定相应的对策与措施是落实"以人为本"的指导思想、促使社会稳定与发展值得研究与重视的一个问题。

一、当前面临的主要问题

尽管我国教育取得了一些进展,但贫困地区青少年的教育仍然存在着许多问题、面临严峻挑战。主要是:

(一)基础教育

在数量上,截止到2002年,中国西部仍有372个县没有实现"两基"目标。这些县主要集中在西部农村地区,涉及人口8300多万。在这些地区,学校稀疏,离家较远。寄宿学校费用高,加重了贫困人口的家庭负担,隔断了学校与社区的联系,剥夺了父母照料子女的权利。从质量上看,我们的"两基"基本上还是低水平的;我国农村的基础教育和扫盲,基本上还是基础读写学习,对日后的生活生产的针对性不强,尚未进入功能性学习;在没有继续接受教育培训的情况下,有些人有可能转变为文盲;由于"学了也没用",导致农村尤其是贫困家庭的儿童时有辍学现象发生;课程内容基本是城市中心的,仍有较强的学术性,农村儿童学习困难较大;……等。

根据有关国家学者的调查研究(王强等:《消除农村处境不利儿童学习障碍的国际比较研究》,2001年)证明,发展中国家贫困人口受教育的主要障碍之一就是:学校方面——学校距离太远;教学设施奇缺;教学内容脱离当地生活;教学方法单调乏味;入学和考试制度死板僵化;教师缺乏培训,待遇太低;学校费用太高。

(二)“义务教育后”的教育

这里包括中等职业、专业教育和培训。中等专业学校毕业生是贫困地区发展的一支重要力量。它的优势在于学习年限短、实用性强、费用相对低廉、学校离家较近和学校分布较广、专业适合当地需要、毕业生能够为贫困地区服务。但目前中等专业学校数量日益减少,贫困地区义务教育后教育机构类型极少,有条件的学生去挤“独木桥”,大多数贫困家庭只能望洋兴叹。远程中等专业教育、教育自学考试等在贫困地区发展不普及,贫困青少年接受远程教育、函授教育、自学考试没有资助政策,使得贫困地区人口整体素质的差距越来越大。

(三)基础教育未完成和不继续升学青少年的非正规教育

在我国非正规教育始终没有获得平等地位,发展落后而缓慢,从而使大量不能升入高等学校的青少年尤其是贫困地区的青少年处于教育上的弱势地位,导致他们在社会上的不利处境。由于各种原因,贫困地区青少年不能完成基础教育的情况时有发生,此后他们很难获得弥补和进一步学习的机会。他们没有掌握生存所需的基础,使他们的生活和工作都遇到很大的困难和压力,也为社会不稳定埋下隐患。这一部分青少年的教育目前在我国尚属于空白点。

最重要的是我们没有能给农村和贫困地区的教育以平等地位。我们常常以“优质”“样板”“示范”的字眼,强化城市教育需求、忽视农村和贫困地区的教育需要和需求,导致农村教育始终与农村社会转型联系松弛。

二、教育和培训在消除贫困中的作用

(一)《上海减贫议程》指出:对贫困人口的福祉而言,增长是至关重要的,但仅此还不够。贫困人口必须要充分享受到增长的益处,增长必须要与充分有效的对贫困人口的教育、健康以及社会基础设施的投资同步进行。

人们对消除贫困的策略和教育的干预程度和力度一直存在不同看法。但大家都承认教育特别是基础教育对消除贫困和提高生活质量有着极其巨大的作用。问题不在于教育是否在消除贫困中起作用,而是在什么样的社会背景下、以什么样的方式提供什么样的教育能带来什么样的发展和消除贫困。①

如前所述,贫困人口缺少的不只是物质生活条件,更重要的是他们缺少追求所期望的

① 蓝建:《教育与消除贫困》,贵阳,《贵州教育科研》2002 年 3 期。

目标和有效应对困难的生活环境所需要的知识、技能和态度。因此，贫困人口受教育的目的就在于让他们通过掌握所需要的知识技能和能力的过程获得自尊和自信，获得选择生活道路的权利，获得参与社会即影响社会发展过程和社会改革的能力和权利。从而与各种贫困现象，诸如教育贫困（失学、文盲）、健康和卫生贫困（营养不良、疾病、体质差）、经济贫困（收入低、生产力低下、贫穷）和社会文化贫困（缺少自尊自信、边缘化）等做斗争①。

最重要的是，教育通过改变人本身，作用于人类可持续发展。其目的不仅在于消除贫困和被剥夺现象，而在于消除存在于人们价值观念深处、存在于人与人交往中、存在于人与自然的交往中的那些落后的东西。教育改变人不仅只是经济意义上的人力资本开发，而是在更广阔的意义上通过提高人们直面生活的内在力量和信心，从而获得自身应得的权利。②

通过教育并在教育中使贫困人口获得能力，这种教育是需要一定的条件的。这些必要条件就是：

首先，树立广泛的和功能性的教育观念即大教育观，而不是将教育仅看作传统的教学过程和制度化的结构，树立将教育看作是包含社会生活所有过程和活动的观念。从这一观念出发，扫盲和非正规学习就成为与贫困作斗争、使贫困人口获得权利的途径。

其次，基础教育项目应从社区发展需要出发，并成为社区全面发展的有机组成部分。

第三，只有在其它社会、经济、文化、政治等各方面协同的情况下，基础教育才能够有效地促进贫困的消除。

最后，教育工作者包括扫盲人员、非正规教育的教师等都应超越传统的职能范围，担当起“发展媒介”的作用，与学习者及其家人、社区成员、项目官员、政府官员等合作。③

（二）贫困地区青少年教育应包括的主要方面是：

1. 消除愚昧

使贫困人口获得权利的教育包含两个层面的意思：第一层面是懂得怎样去实现目标（即过程），第二层面则是获得实现目标的权利。而其先决条件是消除愚昧。贫困人口关于身体和社会方面的愚昧主要由于没有文化而缺少获得信息的机会。他们不了解基本卫

① Reorienting Literacy and Basic Education towards Poverty Alleviation and Improvement of Quality Life, APPEAL, 1996。

② Reorienting Literacy and Basic Education towards Poverty Alleviation and Improvement of Quality Life, APPEAL, 1996。

③ Reorienting Literacy and Basic Education towards Poverty Alleviation and Improvement of Quality Life, APPEAL, 1996。

生知识、不了解怎样利用社会服务、自身的基本权利及怎样行使这些权利、怎样利用信贷、储蓄和合作社、增加生产和种养殖的新方法等。他们也不知道怎样用政府颁布的法律保护自己,他们不了解消除贫困项目和计划中的各种措施。在这种情况下,首先和最重要的是要向他们提供信息和知识,使他们能获得服务,提高生产力。因此教育的首要方面就应是向他们提供获得这些信息和知识的机会。但光有信息还不行,还必须使信息转化为能解决具体问题的有用的知识。

2. 能力建设

获得知识和信息还不是使贫苦人口获得参与社会的充分条件,他们还需要必需的技能、物质和非物质的资源。贫困人口了解自己贫困的原因,也懂得需要采用新生产技术,还必须掌握这种技术和技能。这些技能不仅包括技术性技能,如选择优良品种、化肥的合理使用等,还包括有效的经营管理和创造资源——及利用其它的如财政的、物质的和非物质的资源以达到目的。

3. 态度和价值观

贫困产生又难以消除的重要原因之一就是贫困人口中存在的消极的态度和价值观念体系。他们常常认为自己受穷是不可逃脱的,是命中注定的,是不能违抗的。他们缺少自尊,生活在屈辱之中;他们不了解自己的权利,也不敢伸张要求社会公正。获得权利的教育意味着,培养他们积极的价值观,如自尊、自信、合作等。

4. 满足学习的需要

这些学习需要包括:读写算技能、解决问题和生产的技能、以提高生产能力、创造性地面对增加收入的机会;健康生活所需要的知识技能、运用新的生产技术的知识和技能、合理地可持续地利用自然和环境资源的知识技能;了解自身的权利、独立思考和作出决定的权利,及在教育、健康、家庭、职业追求等方面自己的作用;克服愚昧、迷信、宿命、冷漠,提高自尊、培养合作、主动创新和自主行动的能力。①

5. 预防贫困的有关知识

导致地域及个人陷入贫困的原因经常发生在:环境及生态恶化、自然灾害、疾病、超生、赌博、吸毒……等等。因此,必须加强环境教育、预防自然灾害教育(包括如何利用天气预报、森林防火……等),营养、卫生与健康教育(包括预防非典、预防艾滋病……等传染性疾病)、计划生育教育、禁毒教育等,消除或预防导致贫困发生的原因。

对贫困地区青少年的教育应贯彻以人为本的原则,关注人的生活质量。从本质上为消除贫困提供教育上的支持,这是新世纪的时代要求。正是在这样的背景下,教育在消除

---

① Reorienting Literacy and Basic Education towards Poverty Alleviation and Improvement of Quality Life, APPEAL, 1996。

贫困中的作用发生着变化。

三、针对贫困地区青少年教育的措施建议

(一)我们必须采取积极的教育措施以促进贫困的减缓和消除。我们必须走出传统教育观念的误区,以科学发展观为指导,从现代大教育观出发,来开展和实施贫困地区青少年的教育。

——必须树立城乡教育协调发展的观念,以公平的态度看待农村教育。我国是一个二元社会,分为城市社会和农村社会。农村青少年有其自身的特点和教育发展要求。我们在制定教育规划和方案的时候,必须分别考虑城市和农村的不同需要,以保障生活在农村地区的青少年的教育权利,使城乡教育共同发展。

——必须树立现代教育观,即大教育观,摒弃过去一谈教育就是学校教育的观念。树立教育包括正规教育、非正规教育和非正式教育的观念。认识到在当今急速变化的社会中正规学校的局限性,正规教育已经成为拉大社会差距的工具。特别是在我们这样一个人口多、教育不发达的发展中国家,面对日新月异的变化,面对全球化的挑战,所有人都需要重新学习。对于这样的时代和社会要求,只有大力发展非正规教育,满足所有青少年,特别是贫困地区、弱势人群的和低文化人群的学习需要,才能保证社会稳定和可持续发展。

——必须树立终生学习的观念。终生学习,不是人人都能够上大学,不是指学校学习的延长。人人上大学,这在可见的未来我国无法实现,在发达国家也并没有实现。终生学习,是要向社会学习,向一切有经验的人学习,利用一切生活机会和场景学习,把生活作为学习。从而贫困地区也拥有丰富的可资利用的教育资源。

——必须大力推进学习化社区建设,首先是在贫困的、农村地区建立学习化社区,以整合当地教育资源,为每个人提供适合他需要的学习机会。正规学校必须向社区开放,成为社区学习与活动中心的基地之一。

(二)在教育促进贫困的消除和缓解上,我们的建议是:

1. 教育部门必须与各发展部门紧密联系与配合

这已经成为我国减缓和消除贫困的关键因素之一。很长一段时间,教育与贫困地区的发展都是两张皮。我们只从教育内部来衡量教育的效果,因此毕业生年年都源源不断走出校门,教育的作用也就是很“辉煌”。但这些毕业生对当地对自己的家庭究竟起了哪些社会作用呢?这才是教育特别是贫困地区的教育特别应该关心的问题。面对大多数学生不升学的现状,教育部门只有与其他发展机构连手,参加到相关的具体任务的培训和教

育活动中，才能真正发挥教育对当地的作用。其他发展机构与部门都有许许多多当地发展的规划和项目，其中每一项都需要教育和培训，与他们结合在一起，贫困地区的教育才具有真正的生命力和活力。教育部门必须与各社会发展部门有机结合，共同开展教育培训工作。特别是贫困地区的教育资源有限，必须发挥各部门的潜力，包括人力、物力、财力的资源，共同为贫困地区的教育发展服务。教育部门与其它部门结合，才能使教育真正成为当地发展的组成部分，教育培训才有针对性，对当地发展起作用。

2. 从人群来看，女童教育必须成为引起重视

目前，在全国范围内小学教育中的女生和男生比例为90:100，初中教育中的比例为85:100。2000年，有642万6岁以上女性未上过学，是男性未受教育者的2.5倍。男性文盲率为5%，而女性文盲率则高达13%。在不同省份和地区存在差异①。在这一方面，我们目前更多关注的还仅仅是入学率。在升级、留级、辍学和退学方面的性别差异，我们关注的还很少。而这恰恰决定了女童将来的生活和学习。由于在升留级、辍退学方面的性别差异，导致女性文盲大大多于男性文盲。

必须分析和研究女生留级、辍学和退学的教育内部原因，有针对性地进行改革和改善。必须开展更多的分性别的教育和培训项目。特别针对和关注义务教育辍学女生面临的学习、就业和生活问题；接受完义务教育不再升学的农村女童的学习和培训；农村妇女的新角色；进城务工妇女面临的新问题等开展专门教育、培训项目。这些方面，目前在我国教育领域基本还是空白点。

性别平等问题应更多广泛纳入教师培训、教科书和课堂，从而打破现存的各种性别歧视。

3. 按教育层次分，以下几点必须成为重点

(1)针对特定人群需要(这里为贫困人口)的基础教育。当前基础教育的概念已大大扩展，它不仅包括正规中小学的普通教育，还包括非正规教育和扫盲，职业教育和技能培训。基础教育的主要目的是使人们具备基本的知识和技能维持生活，并不断提高生活质量。②

初等教育。近几年我国实施的撤并农村学校的做法，倾向于将无法开展全日制初等教育的偏远地区的学校关闭，将学生们转移到中心学校去。它加重了贫困家庭的负担，剥夺了儿童生长的家庭环境和社区环境，完全抹杀了学校、学生和教师对乡村社区的教育辐

---

① 联合国驻华机构：《中国实施千年发展目标进展情况，2003》，北京，联合国驻华机构协调代表办公室，2004，P16—17。

② UNESCO—APPEAL：《Gender Equality in Basic Education and Lifelong Learning Through CLCs》，Bangkok，UNESCO，2003。

射作用,是应试教育遗毒的体现。联合国驻华机构在评估我国实施千年发展目标中初等教育时对这一做法提出了质疑。此前我国许多农村问题和发展问题研究专家也对这一问题表示疑义。根据全民教育的要求和社会可持续发展的原则,作为二元社会的我国农村,不可能以城市全日制正规学校的做法满足农村人口的需要。农村小学和教学点不仅满足了农村儿童就近入学的要求,使学校教育贴近农村日常生活;根据当前的教育观念,农村小学还担当着当地信息中心和学习活动中心的作用,并将逐渐发展为全体村民的社区中心。我们不是要撤并农村不完全小学和教学点,而是应将它们作为我们关注的重点和给予特殊支持的地方,在教师培训和待遇上、在设备和投资上、在内容上,使他们获得更大的发展、更快的发展。这才是发展中国家对待农村教育的态度。

在农村,中小学毕业率常常低于入学率,辍学率往往较高,特别是在农村贫困地区,必须发现和解决在完成学业过程中的问题。确保落后地区的孩子完成学业的最有效的措施之一是采取不同于主流教育的教学方式。例如人口稀少地区的学校规模可以小一些,教育方法可以灵活一些,课程设置应符合当地需要,例如向学生传授一些谋生技能。

由于对早期教育投入不足,造成0—6岁儿童及其父母的教育需求无法得到满足。特别是对贫困家庭的儿童,充分的早期教育有助于他们提高进入学校后的学习质量。应为这些家庭和儿童提供至少学前一年的便捷的早期教育。

(2)发展多种类型的中等教育。自实施全民教育以来,我国普及初等教育和普及九年义务教育都获得了巨大发展,到2000年顺利实现"两基"任务的基本完成。这其中的一个重大变化就是中学入学人数的巨大增长。新增加的这一部分人群主要是农村人口、贫困人口和近年来出现的流动儿童,他们主要生活在中小城镇和农村地区,特别是边远地区。我们的中等教育主要针对城市的升学需要,而且把这一需求错误地作为中等教育未来发展的惟一的和终极目标,始终未能对伴随全球化和终生学习而来的变化,诸如终生学习的技能,培训、工作和事业交替,边缘化和排斥,人才流失,移民、艾滋病及其它尚难以确定的现象作出反映,没有针对从计划经济向市场经济转变出现的差距、相互依存和不平等作出改变。因此,我们有理由质疑中等教育对当今时代的作用,尤其是对社会的聚合或整合作用。

12—18/20这一年龄段,划定了一个人未来生活面貌重要的分界线。因此大力探索和发展多种类型的中等教育是我们全面实现小康社会的重要基础。我们必须承认青少年的多种生活需求和学习需求的合理性和公平性,为他们开办多种类型的中等教育与培训,满足青年一代面对新生活的不同的学习需求,特别是对贫困地区和人群中的青少年的多样化的学习需求。由于他们在资源占有上的弱势地位,政府必须负起责任。

(3)大力发展非正规教育。非正规教育是一种与正规教育平行的教育系统。由于它没有入学的限制和要求、对社会变化反应灵敏快捷、方式经济实惠等特点,自70、80年代以来获得巨大发展,取得了与正规教育平等的地位,而且成为全球化形势下,最具发展潜力和前景的教育和学习形式。

由于贫困地区青少年的文化程度相对较低,贫困地区面临全方位的社会转型,对教育的需求数量大,方面多,方式要求灵活,而且费用需低廉,非正规教育成为最佳选择。开展短期培训、利用当地各类专业人员和社会上经验丰富的非专业人士,对当地和外界发生的一切社会变化所需要的新知识、技能和能力进行宣传、讲解、培训和实践,以便适应新的情况。各类长、短期培训是解决这一问题的最佳途径。根据各地发展状况,必须大力发展和建设农村社区的学习和活动中心,开展各类培训活动和社会、科技、文化、体育活动,以满足各类贫困人口的学习和活动需求。条件允许可以独立建制,但更推广以原有的机构为基础、整合各类资源、,如小学、初中、农技推广站、计划生育服务站等为基础,逐步发展成为具有信息、图书、报刊、娱乐、文化、体育、培训等多种功能的吸引和凝聚村民的社区中心。

必须实施在参与中学习。应结合当地开展的各类技术、卫生、环境、文化、社会等发展项目进行教育和培训,使他们不仅获得知识,同时获得技能和能力,在学习中体验参与社会,在参与中体会学习的益处,在学习和参与中提高自尊、自信和自强。

总之,为贫困地区青少年提供符合当地需求的教育是当前我们实施全民教育的重要内容,我们必须尊重他们的特点,开展有针对性的教育,才能实现共同发展、共同前进。

参考文献

1.《Basic Education for Empowerment of the Poor》, [M], Bangkok, UNESCOAPPEAL, 1998。

2.《发展导报》,[J]太原,2001 年 12 月 25 日。

3.《北京晚报》,[J]2002 年 2 月 5 日。

4. 蓝建:《教育与消除贫困》,[J],贵阳,《贵州教育科研》2002 年 3 期。

5. 联合国驻华机构:《中国实施千年发展目标进展情况,2003》,[M],北京,联合国驻华机构协调代表办公室,2004,P5,P16—17。

6.《中国政府缓解和消除贫困的政策声明》,北京,新华网,2004 年 5 月 28 日。

7. 蓝建:《全面建设小康社会中的贫困人口教育》,重庆,西南教育论丛,2004 年 4 期。

西北贫困地区少数民族儿童教育状况调查*

——以东乡族为个案

西北师范大学西北少数民族教育发展研究中心　王嘉毅

近年来,我国基础教育的发展十分注重均衡性,确保弱势群体和处境不利地区儿童接受教育的权力和机会。西北地区是我国经济发展最为落后的地区,也是我国少数民族主要的聚居区。中央政府、地方政府和国际社会以及各种非政府组织采取了诸多措施,实施了一系列项目,旨在加快西北贫困地区普及义务教育步伐,促进基础教育的均衡发展。经过几年的努力,西北贫困地区,特别是少数民族地区已基本普及了初等义务教育,目前正在全力以赴加快九年义务教育的普及步伐,基础教育的发展取得了前所未有的成就。但我们必须认识到,由于历史、自然、经济、传统等多种原因,与全国相比,西北地区特别是少数民族地区基础教育发展仍然十分缓慢,与汉族地区主要是东部地区的差距还在进一步拉大。本文以东乡族为个案,描述西北少数民族贫困地区基础教育发展的状况,分析这些地区基础教育发展缓慢的原因,就如何加快西北少数民族贫困地区基础教育发展步伐提出政策建议。

一、研 究 背 景

东乡族主要定居在我国甘肃省临夏回族自治州东乡族自治县,人口约30万,是我国少数民族中人口数较少的民族之一。东乡族全民信仰伊斯兰教,是一个宗教信仰十分浓厚的民族。东乡族有自己的语言——东乡语,但没有文字系统。东乡语是东乡民族的日常生活用语。

---

* 本文是教育部人文社会科学重点研究基地重点项目《少数民族地区义务教育与“两基”攻坚跟踪研究》(项目批准号为04JJDZH012)的阶段性成果之一。参加调查的还有赵明仁、周福盛、雍玲、安雪慧、许洁英、何晓雷、董树梅、王永评等。

东乡族自治县位于临夏回族自治州的东部，东邻临洮县，西接临夏市和临夏县，北靠永靖县，南连和政县和广河县。东西长约51公里，南北宽约47公里。总土地面积1647平方公里，占全州面积的18.3%。全县地形中间高，四周低，约呈“凸”字状。海拔最高2664米。境内高山叠嶂，沟壑纵横，交错穿插，属黄土高原丘陵沟壑地带。全县可耕地面积38万亩左右，占面积的17%，其余均系高山，陡坡，深沟，不宜耕作，是国家级一类贫困县。近5年来，东乡县经济发展水平在全省87个县一直位于倒数第二，排在第86位。东乡县现有24个乡，1个镇，224个村。经过几十年的发展，东乡族建立起了较为完备的基础教育体系。据2003年统计，东乡县有各级各类学校184所，其中小学171所（含中心小学及县城小学25所，村小78所，教学点68个），中学13所，幼儿园1所，民族师范学校1所。全县有在校生31769人，其中小学生27438人，中学生4331人。据2001年调查，东乡县15岁以上成人的文盲率为81.25%，适龄儿入学率仅为81%，其中女生仅为61%，而小学辍学率高达10%①。

二、研 究 方 法

（一）调查工具

本调查采用的主要工具为课题组自编的“东乡基础教育调查问卷”。为了确保调查的可靠性，还编制了学生访谈提纲、教师访谈提纲以及课堂观察提纲，在调查过程中同时使用。为了确保调查问卷、访谈提纲等研究工具的可靠性，本课题组进行了多次讨论。在工具形成初稿以后，还请国内外专家对研究工具进行了评估，提出了具体修改意见。随后课题组又深入东乡，进行了预调查，以检验、完善工具，并请当地中小学教师对研究工具进行修改和评估。之后课题组再次对研究工具以及研究的程序进行了修改和完善。在以上保证措施的影响之下，被调查者能最大限度地给出较客观的答案。对学生问卷除基本情况外的42道题目进行信度分析，得到Alpha系数为0.7358，说明问卷本身具有较好的信度水平。

（二）调查过程

调查的实施由研究小组具体进行。为了确保东乡儿童能够准确了解问卷和访谈内容，研究小组还聘请了愿意参加此项调查的10位东乡师范学校的学生，并对她们进行了

① Research Group of Northwest Normal University (2003) An Investigation into the Role of Minority Language in Educational Access, Retention, and Achievement in Dongxiang. P. 6. Office of UK-China Gansu Basic Education Project (GBEP).

有关调查的培训,以提高调查研究的质量。问卷的填写是集体进行的,主试由调查者担任,当地教师要求回避。调查者对每个问题做了具体解释。东乡师范学校的学生协助儿童填写。

(三)样本的选择

1. 调查学生所属学校类型。为了全面、真实地了解东乡儿童教育的基本情况,本研究采用了整群随机抽样的方法,分别选择了东乡县边远地区教学点3个、村小学3所、中心小学3所。对这九所学校二年级以上的727名学生发放了问卷,收回有效问卷723份,其中2份在学校类型上不详。721名学生的学校类型分布如下:

表1 调查学生的学校分布与性别构成

学校类型	人数	其中女性	其中男性	百分比	女性百分比	男性百分比
中心小学	410	70	340	56.9	57.9	56.7
村小	193	36	157	26.7	29.7	26.1
教学点	118	15	103	16.4	12.4	17.2
合计	721	121	600	100	100	100

2. 调查学生的年级构成。如果按照年级对723名学生进行分类,则二年级学生249名,占34.4%,三年级学生202名,占27.9%,四年级学生138名,占19.1%,五年级学生79名,占10.9%,其中有55名学生在年级一栏空缺(主要原因可能是由于二年级的学生对年级不理解造成的,或者是因为留级,不愿意填写自己真实的年级),占7.6%。

表2 调查学生的年级分布

年级	人数	百分比
二年级	249	34.4
三年级	201	27.8
四年级	138	19.1
五年级	79	10.9
未填写	56	7.8
合计	723	100

3. 学生年龄构成。在所调查的723名学生中,学生年龄最小的为8岁,最大的为15岁,其中11岁、12岁的最多。具体见表3。

表3 调查学生的年龄构成

年龄	7	8	9	10	11	12	13	14	15	16	18	未填	总计
人数	2	22	46	108	149	187	112	63	30	2	1	1	723
百分比	0.3	3.0	6.4	15.0	20.6	25.9	15.5	8.7	4.2	0.3	0.1	0.1	100

4. 学生性别构成：

按性别划分，723 名学生中男生为 600 名，占 83%，女生为 121 名，占 17%，缺失 2 名，占 3%。二年级女生 41 名，占 17%；三年级女生 22 名，占 17.6%；四年级女生 15 名，占 16%；五年级女生 14 名，占 15%。

5. 性别与年龄：表 4 显示了调查对象在年龄和性别从两个方面的分布情况。

表4 调查学生的性别与年龄情况

	男生		女生	
年龄	人数	占总人数的百分比	人数	占总人数的百分比
7 岁	1	0.2	1	0.8
8 岁	15	2.5	7	5.8
9 岁	33	5.5	13	10.7
10 岁	80	13.3	26	21.5
11 岁	116	19.3	33	27.3
12 岁	158	26.3	29	24.0
13 岁	101	16.8	11	9.1
14 岁	63	10.5		
15 岁	29	4.8	1	0.8
16 岁	2	0.3		
18 岁	1	0.2		
总计	599	121		

从上表可以看出，东乡族女学生上学的年龄一般较大，且随着年龄的增大辍学的比例也在提高；在高年级女童的数量较少。男生和女生的高频率年龄均在 11 岁、12 岁，而从 13 岁开始，女生人数开始减少，且下降很快。这说明女生在 13 岁开始辍学，这与访谈调查的结果是一致的。

6. 学生民族构成：

在调查的 723 名东乡县小学生中，全部为少数民族。其中东乡族学生 712 名，占 98.%%，回族 11 名，占 1.5%。

三、研　究　结　果

(一)影响东乡儿童上学或接受教育的外部因素

1. 上学距离与时间

我国义务教育法规定,国家要保证儿童接受义务教育的条件。其中包括合理的学校布局。因为这决定着学生上学的距离和时间。在东乡,由于特殊的地理环境和气候条件,这一点显得更为重要。研究结果表明,在东乡县学生上学的距离普遍较远,从家里到学校需要时间较长。其中需要时间一小时以上的占22.8%。见下图和下表:

表5　东乡族学生上学所用时间情况

从家到学校所需时间	人数	百分比
1小时以上	165	22.8
30分钟—1小时	130	18
20—30分钟	160	22.1
10—20分钟	161	22.3
10分钟以内	96	13.3
未填写	11	11.5
合　计	723	100

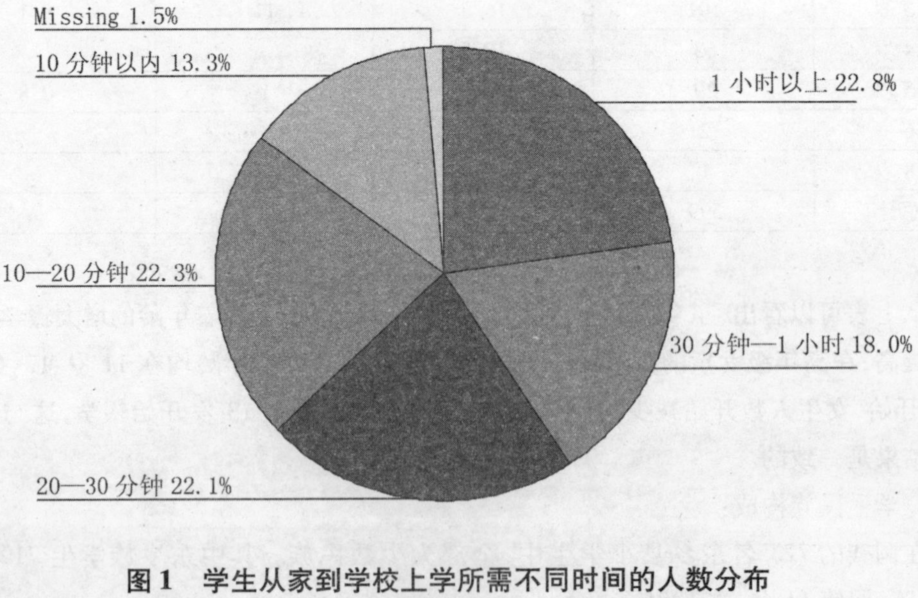

图1　学生从家到学校上学所需不同时间的人数分布

从表和图中可以看出,学生从家里到学校的时间普遍较长,其中需要1个小时的有165名同学,占22.8%,需要30分钟到1小时的130名,占18%。

为了进一步了解上学距离是否对学生上学产生影响,问卷设计了"你会因为家离学校太远而缺课吗?"这样一个问题。结果表明,超过60%的学生回答由于距离较远经常或有时会缺课。具体见下表。

表6 调查学生对"你会因为家离学校太远而缺课吗"的回答情况

项目	人数	百分比
经常缺	311	43
有时缺	130	18
偶尔缺	65	9
很少缺	130	18
从不缺	87	12
合计	723	100

东乡完全处在山区,由于山大沟深,气候恶劣,如果上学距离较远,必然会造成学生应天冷而辍学。调查结果也反映了这一点。

表7 调查学生对"你会因为天冷而缺课吗"的回答情况

项目	人数	百分比
经常	376	52
有时	119	16.4
偶尔	43	6
很少	84	11.6
从不	101	14
合计	723	100

2. 饮食与健康对学生上学的影响

温饱是人类生存的基本条件。对儿童来说,如果温饱还没有解决,要求他们安心学习是非常困难的。

东乡属于国家级贫困县,大部分群众尚未解决温饱①。调查表明,相当一部分学生因

---

① 据统计,2002年东乡县尚有绝对贫困人口7.46万人(全年人均收入低于627元)和相对贫困人口8.23万(全年人均收入在630—872元之间),二者合计为15.69万(全年人均收入低于872元)。见甘肃教育厅基础教育处编(2004年)《国家义务教育免费教科书国家义务教育助学金文件汇编》,第24页。

家庭贫困而不吃早餐就去上学。见下表

表8　东乡族学生早餐情况

项目	人数	百分比
从不吃	289	40
偶尔吃	100	13.8
有时吃	105	14.5
经常吃	100	13.8
每天吃	124	17.2
未填写	5	0.7
合计	723	100

从表中可以看出,大部分同学不吃早饭,不吃的289人,占40%,偶尔吃的100人,占14%,有时吃的105人,占14%,常常吃的100人,占17%,每天都吃的124人,占17%。

我们将表中的数字转换成下图。从图中可以直观地看出,从不吃早餐和偶尔吃早餐的学生比例超过了百分之五十。

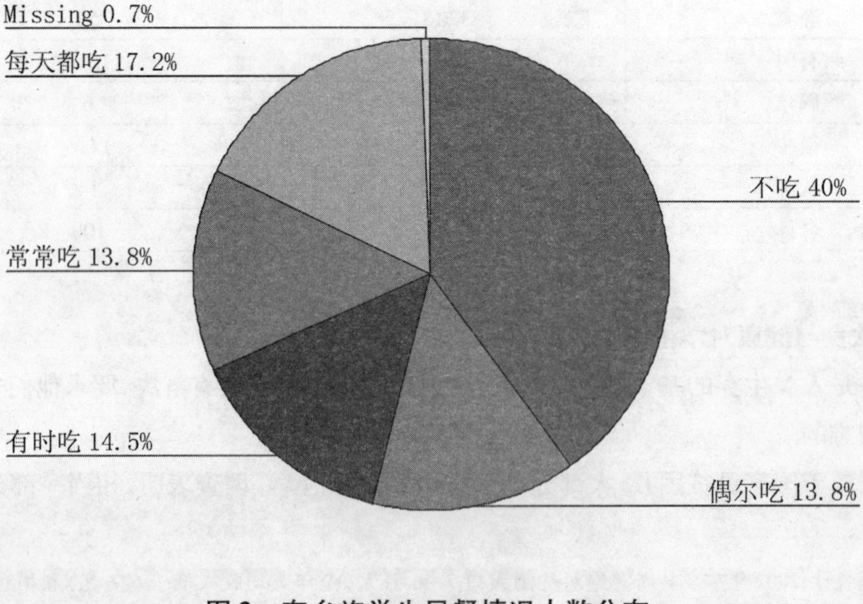

图2　东乡族学生早餐情况人数分布

我们进一步调查了学生在学校上学期间的饥渴情况。具体见下表。

表 9 学生在校期间的饥渴情况

	在学校饿吗?		在学校渴吗?	
	人数	百分比	人数	百分比
经常挨饿	144	19.9	79	10.9
有时挨饿	221	30.6	194	26.8
偶尔饿	138	19.1	143	19.8
不饿	153	21.2	242	33.5
从不感觉不饿	63	8.7	65	9.0
总计	719	99.4	723	100.0
未填写	4	0.6		
总和	723	100.0	723	100.0

从表中可以看出,超过百分之五十的学生在学校里感觉到饥和渴。这不仅直接影响了儿童的学习,还对儿童的成长产生了不利影响。甚至影响了儿童的健康。

表 10 调查学生对"你是否因经常生病而不能上学"的回答情况

项目	人数	百分比
经常	239	33
有时	188	26
偶尔	58	8
很少	130	18
从不	108	15
合计	723	100

从上表可以看出,有超过百分之六十的学生经常或有时会由于生病而不能上学。

(二)影响东乡族儿童教育的内部原因

一般来说,影响儿童上学或学习的内部因素较多,而且比较复杂。在本研究中,我们对学校的师生关系,教师、家长对儿童的期望与支持等因素进行了调查。

1. 师生关系对的与学生的学习

师生关系是影响儿童学习的主要因素之一。那么在少数民族贫困地区的东乡族学校，师生关系如何呢？

当问道“在学校，老师对你关心吗”时，超过百分之八十的学生认为老师关心他们。详细见下表：

表11　东乡族学生对“在学校，老师对你关心吗”的回答情况

项目	人数	百分比
特别关心	347	48
关心	265	36.6
有点关心	75	10.4
不关心	17	2.4
一点都不关心	14	1.9
未填写	5	0.7
合计	723	100

当问到是否害怕教师时，超过60%的学生表示，在学校害怕教师。这可能与农村儿童胆小、害怕老师有关，也与教师经常体罚等有关。

表12　东乡族学生对“在学校，你害怕老师吗”的回答情况

项目	人数	百分比
从来不怕	35	4.9
不怕	76	10.5
有点怕	171	23.7
害怕	223	30.8
很害怕	215	29.7
未填写	3	0.4
合计	723	100

2. 学生自身对学习的认识

从下表中可以看出，东乡儿童对于升学还是比较重视的。他们认识到，上学是改变自身命运的重要途径。因此超过百分之七十的学生都表示升学对自己很重要。但是，学生的辍学率依然较高。

表 13 东乡族学生对“升学对你重要吗”的回答情况

项目	人数	百分比
根本不重要	20	2.8
不重要	60	8.3
有点主要	103	14.3
重要	215	29.7
很重要	322	44.5
未填写	3	0.4

3. 家长期望对学生学习的影响

家长对儿童的期望及其对儿童学习的关注也是影响儿童学习的重要因素之一。传统上，当我们讲到少数民族贫困地区教育发展滞后的原因时，总认为家长观念陈旧、不重视孩子的学习是重要原因之一。实际上，这种情况已有了较大改变。当问到学生“父母重视你的学习及其成绩吗“时，超过百分之八十的学生回答父母重视自己的学习及其成绩。具体如下：

表 14 东乡族学生对“父母重视你的学习及其成绩吗”的回答情况

项目	人数	百分比
根本不重视	23	3.2
不重视	30	4.1
有点重视	85	11.7
重视	248	34.3
很重视	333	46.1
未填写	4	0.6

进一步调查家长，他(她)们的回答也势证实了这一判断。当调查者问到“你认为孩子上学重要吗”时，百分之九十六的家长认为上学对孩子重要。

表 15 东乡族家长对孩子上学重要性的认识

项目	人数	百分比
根本不重要	1	0.8
不重要	2	1.7
有点重要	1	0.8

（续表）

项目	人数	百分比
重要	37	30.9
很重要	79	65.8
未填写	120	100

特别值得一提的是，尽管东乡县是国家级贫困县，温饱问题尚未解决，但家长对孩子接受高等教育的期望还是比较高的。从下表中可以看出，有百分之六十的家长希望将来孩子能够上大学。

表16　东乡族学生家长对孩子接受不同级别教育的期望

项目	人数	百分比
上不上学无所谓	1	0.9
小学	9	7.5
初中	4	3.3
高中	12	10
中师或中专	18	15
大学	72	60
未填写	4	3.3
合计	120	100

4. 家长对女童接受教育的期望

在少数民族地区，女童入学一直是热点问题，也是难点问题①。人们普遍认为，受宗教和传统观念的影响，家长对女童上学不重视，支持不够。从而导致女童入学率较低，辍学率较高②。实际情况如何？东乡族家长是否也是这样？从表中可以看出，东乡族家长对女童教育的期望仍是较高的，其中超过百分之四十的家长期望女儿能够接受大学及其以上的教育。但我们同时也看到，有百分之二十的家长期望女童只接受小学教育。总体来看，家长对女童接受教育的期望要低于男孩子。

① 张铁道主编：《中国西部少数民族女童教育质量与效益研究》，甘肃文化出版社，2003年版，第6页；景明主编：《少数民族贫困地区女童教育行动研究》，甘肃文化出版社，2004年版，第1页。

② 景明主编：《少数民族贫困地区女童教育行动研究》，甘肃文化出版社，2004年版，第118—119页。

表 17 东乡族学生家长对女孩接受不同级别教育的期望

项目	人数	百分比
无法填写(无女儿)	4	3.3
无所谓	9	7.5
小学	24	20
初中	4	3.3
高中	5	4.2
中师或中专	19	15.9
大学	51	42.5
未填写	4	3.3
合计	120	100

5. 家长对儿童学习的了解程度

尽管东乡族家长对孩子接受教育有较高的期望,但他们对自己孩子在学校的学习、生活了解的程度却并不是很高。具体见下表。

表 18 东乡族学生家长孩子在学校情况的了解程度

项目	人数	百分比
完全不了解	28	23.3
不太了解	37	30.9
一般	17	14.2
比较了解	27	22.5
非常了解	10	8.3
未填写	1	0.8
合计	120	100

表中数据显示,只有百分之三十的家长了解孩子在学校的情况,将近百分之五十五的家长不了解孩子在学校的学习情况。

(三)语言因素对东乡儿童学习的影响

对少数民族儿童来说,语言是影响他们学习的重要因素之一。特别是对东乡族儿童来说,语言的影响就更大了。这是因为东乡族是一个有语言而没有文字的民族。在东乡儿童的学习中,双语教学起着十分重要的作用。东乡族双语教学的基本做法是从小学一年级起就采用汉语版的全国统编教材,教学用语同时使用东乡语和汉语,其中小学一年级主要用东乡语解释课文；二年级同时用东乡语和汉语解释课文；三年级的课堂用语以汉语为主，东乡语为辅；四年级以后课堂上基本上使用汉语。在这里，东乡语只作为汉语教学的释义手段使用，且在低年级使用较多。由于东乡儿童上学前以及上学后在家庭、社区、课余等都是以东乡语为主，只有在课堂上以汉语为主，且所有教材、练习、要完成的作业等都是汉语，这就使得语言成为制约东乡儿童学习的重要因素之一。在调查中，不少教师认为"学生不来（辍学）的原因是汉语听不懂，学习就比较差，作业本交不上，害怕老师，所以就不来学校了"（中心小学个案报告）。当我们问及这样的孩子多还是少时，某教师说"拿我们这地方来说，有一半不念书，有些念一、二年级就不念了。""在辍学的小孩中，男、女生有差异吗？""有，女生稍多些，但现在情况有所改变，严重的主要在山区"（村小学教师访谈）。

学生也认为，汉语水平是影响他们学习的重要因素之一。从下表可以看出，百分之五十以上的学生均表示汉语水平对他们的学习有较大影响。

表19　东乡族学生认为汉语水平对学习的影响程度

项目	人数	百分比
根本不影响	84	11.6
不影响	107	14.8
有点影响	140	19.4
影响	221	30.6
很影响	170	23.5
未填写	1	0.1
合计	723	100

为了进一步确定汉语水平对学业成绩的影响是否显著，我们以汉语水平为自变量，分别以723名学生的四次考试成绩和总成绩平均分做因变量，进行方差分析，结果（见表二十）显示汉语水平对各次考试成绩与平均成绩均有显著性影响，显著性水平均达到0.01以上。

表20　汉语水平影响学业成绩的方差分析表

	自由度(df)	F值	Sig.
平均成绩	4	7.214	0.000
2001——2002学年第二学期语文成绩	4	5.614	0.000
2001——2002学年第二学期数学成绩	4	3.430	0.009
2002——2003学年第一学期语文成绩	4	8.341	0.000
2002——2003学年第一学期数学成绩	4	7.294	0.000

在东乡，虽然提倡双语教学，但由于受教材、教学内容、东乡语言以及教师的双语水平等的影响，在大多数情况下，汉语教学实际上是主要的课堂教学语言。下表是三所调查的村小学教学用语情况。

表 21　三所村小基本情况及教学用语情况

		村小学 A	村小学 B	村小学 C
社区状况	总人口/适龄儿童	1411/169	785/103	1400 多/UN
	学校辐射区	两个村（15 个行政社）	8 个社	两个村（12 个社）
宗教		学校附近没有清真寺	学校一公里处有一清真寺	学校对面有一个规模相当大的清真大寺
总班数		5 个班级	5 个班级	5 个班级
总学生数/女生		139/43	119 * /40	145/20
总教师数/东乡族		5/4	4/4	7/6
东乡学生/其它族学生		139/139	119/119	145/145
失学孩子		30	21	UN
入学率		82.3%	79.6%	UN
母语是东乡语的教师/教师总数		5/5	2/4	6/7
年级用语		1—5 年级全汉语	1 年级完全东乡语（除了读课文）2、3 年级双语 4、5 年级在困难理解时用东乡语	1、2 年级完全东乡语 3 年级双语 4、5 年级在困难时用东乡语
学校语言规定		要求教师、学生在校全用汉语	宽松	宽松
外界地理语言环境		接近纯汉族乡董岭乡，汉语气氛好	公路旁，处于较为浓厚的东乡语环境中	完全在山内，与外界联系不便，东乡语言文化极为浓厚

* 一年级有 19 名 5、6 岁的旁听生

为了进一步了解教师课堂教学用语的情况，我们又进行了课堂教学用语观察，并进行了录像。从课堂观察来看，教师在课堂中实际上主要使用的是汉语。

表22　三类学校二年级语文课语言转换频率统计表

中心小学	村小	教学点	
东乡语使用时间段	没有使用一句东乡语	07:45—07:51 07:57—07:59 08:22—08:24 08:28—08:30 08:38—08: 39 09:15—09:20 09:23—09:29 10:14—10:17 10:22—10:23 10:28—10:31 10:48—10:50 18:58—18:59 19:33—19:35 20:56—20:58 21:05—21:06 21:15—21:20 21:28—21:33 23:11—23:18 23:21—23:25 26:40—26:51 31:01—31:06 33:12—33:15 34:30—34:32 34:42—35:08	03:34—03:45 03:58—04:42 05:14—05:18 05:22—05:41 06:26—06:38 06:44—07:09 07:17—07:18 08:48—08:55 09:27—09:46 09:51—09:58 10:12—10:30 10:56—11:01 11:17—11:27 11:34—11:36 11:46—12:17 12:26—12:30 12:53—13:10 13:16—13:52 14:42—14:56 15:26—16:50 17:21—17:41 19:06—19:10 20:11—20:19 20:28—21:39 24:10—24:18 24:57—25:03 25:16—25:38 25:53—26:25 26:32—26:43
总计　使用东乡语时间	0 0	1′52″	7′2″
总计　使用东乡语时间与课堂实录时间比	0	5.07%	26.53%

注　中心小学课堂实录时间为38′31″，村小的课堂实录时间为36′48″，教学点的课堂实录时间为26′57

调查还表明，如果课堂上只用汉语，有将近百分之三十的学生表示会因为听不懂课堂上的汉语而不来上学。

表23 东乡族学生因听不懂汉语而不来上学的比例

项目	人数	百分比
从来不会	395	54.6
一般不会	77	10.7
偶尔会	43	5.9
有时会	89	12.3
经常会	117	16.2
未填写	2	0.3
合计	723	100

语言因素作为较为深层次的原因在东乡儿童的失辍学中起重要的作用。东乡族的儿童因自身汉语水平不好及教师等的汉语水平欠佳而听不懂教师的课,导致学业成绩下降,学习兴趣降低,学习的成就感低下,甚至自尊心也受到伤害,进而导致一部分学生学业失败,久而久之,形成了一个"学不好——不愿意学——更学不好"的恶性循环,并最终导致失辍学。具体机制见下图:

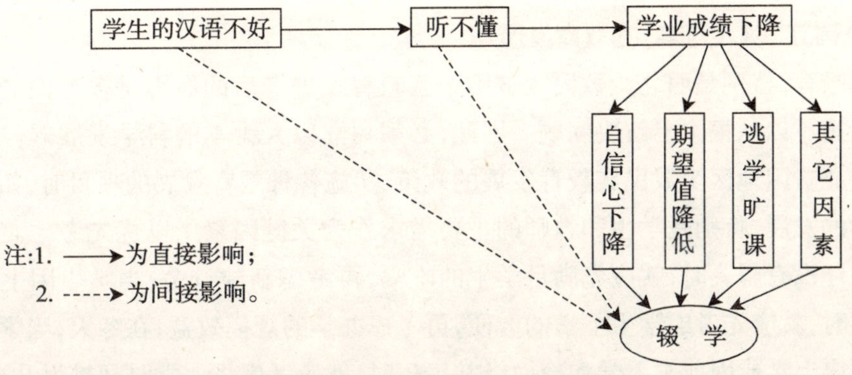

图3 语言与东乡族学生辍学关系图

四、结论

通过东乡族儿童教育状况的调查与分析,我们可以得到以下一些结论:

(一)在西北少数民族贫困地区,儿童的学习权利还没有完全得到保障。确保所有儿童接受基本的教育仍然是一项任重而道远的艰巨任务。基础教育的发展步伐还有待进一步加快。

(二)西部少数民族贫困地区基础教育发展受多种因素的制约,既有社会经济发展、自然条件、文化传统等方面的，也有学校布点、学生饮食等方面的，还有师生关系、家长期望等方面的，特别是语言也是影响少数民族儿童学习的重要因素之一。

（三）对东乡族等这类只有语言而没有文字的少数民族，语言是影响其教育发展的重要因素。由于语言的问题，学生不能完全听懂和掌握课堂教学内容，难以完成各种作业，学业成绩不良，从而害怕上学，害怕老师，进而导致辍学。

五、政 策 建 议

（一）进一步加强对西北少数民族贫困地区基础教育发展的支持力度

中央政府将西部"两基"攻坚作为当前我国教育发展的重中之重，给予优先考虑，既符合我国的基本国情，也体现了党中央、国务院对西部各族人民的关怀。这对缩小不同民族教育发展之间的差距，实现教育均衡发展以及加强民族团结、维护政治稳定等具有重要意义。中央政府应进一步采取特殊政策，加大支持力度。各级地方政府要从战略高度，重视西北少数民族贫困地区基础教育的发展，要当作政治任务，采取来有效促使按期完成这些地区"两基"攻坚任务。

（二）树立"以人为本"的教育发展观

西部教育，特别是西北少数民族贫困地区教育发展滞后的原因是多方面的。而且单方面的措施难以从根本上解决问题。因此，必须树立以人为本的科学发展观。在制定各种促进西北贫困地区少数民族教育发展的政策、实施各种教育发展的项目时，始终要将学生和教师的发展，特别是学生和教师的主要需求作为关键因素予以优先考虑。比如当学生的饥渴还没有解决时，就应先满足学生的吃喝，再考虑新建校舍；当学生因上学距离太远而辍学时，就应先考虑学生上学的方便，再考虑办学的规模效益；在冬天，当学生因早晨太冷而不愿上学或因前去上学太冷而经常生病时，就应考虑将上学时间推迟几个小时，然后再考虑管理是否方便或教学任务能否完成等问题。教育是为了促进儿童的发展，离开了儿童的发展而去追求教育的其他发展，都是违背教育本质的。

（三）对于少数民族教育的发展，应认真研究，探究制约其发展的根本原因或主要原因

不同的少数民族，有不同的文化传统、宗教信仰、地理环境以及教育价值观。不能简单地照搬发达地区的经验或采取统一的政策来解决。比如东乡族与保安族，虽然都信仰伊斯兰教，地理上也接壤，经济发展水平也相同，但语言只是制约东乡教育发展的主要原因，而对保安族教育来说语言就不成问题。

（四）加强师资队伍建设，加强教师培训，改革教学模式

在西北少数民族贫困地区，由于经济发展落后，教师待遇不高，师资队伍总体上是数量不足，质量不高①。而教师在教育发展中又起着十分重要的作用。特别是在少数民族贫困地区，在改善办学条件条件、建立寄宿制学校、提供免费教科书、资助困难儿童等的同时，一定要将教师队伍的建设同等看待，只有这样才能提高投资的效益。因为教师是课堂教学的主导者，是与学生直接面对面相互作用的，教师的师德、教师的课堂教学水平、教师对学生的态度、以及师生关系、教师课后的作为等，都对学生的发展产生影响。在当前，首先应采取较大的倾斜政策，留住工作在少数民族地区基层学校的优秀教师，鼓励师范院校的毕业生、城市教师到农村学校任教，调动、激发基层教师钻研业务、提高水平的积极性。其次，要加强教师培训。特别要注重教学方法的培训，要积极鼓励教师进行教学方法的探索，以灵活多样的教学方法进行教学，克服课堂教学中以端坐静听、满堂灌为主的单一教学方法②。第三，改革教学模式，应积极采用参与式等体现学生主动性和积极性的教学模式，实现师生之间、生生之间的有效互动，以促进学生的汉语水平的提高，促进学生的全面发展。第四，要特别重视双语教学，加强双语教学的研究与改革力度。在某种程度上可以说，双语教学的水平直接决定着少数民族学生的学习水平，特别是象东乡族这样的只有语言没有文字的民族，双语教学更加重要。为尽快提高教师的双语水平，有关行政部门可以考虑制定一些相应的政策措施，建立双语教师激励机制，如会双语的教师是否可以多发津贴，将双语水平与职称津贴挂钩等。

（五）加强家庭、社区与学校的联系，要积极为儿童的学习创造良好的环境

家庭、社区和学校要积极配合，为儿童的学习创造良好的汉语环境，有条件的乡村和家庭应尽量为儿童提供电视、广播、书籍、报刊等，增加儿童接触外界信息的机会，同时也能够为儿童的健康发展提供积极的条件。

参考文献

1. 东乡县志编委会：《东乡族自治县志》，甘肃文化出版社，1996 年版。
2. 景明主编：《少数民族贫困地区女童教育行动研究》，甘肃文化出版社，2004 年版。
3. 张铁道主编：《中国西部少数民族女童教育质量与效益研究》，甘肃文化出版社，2003 年版。

---

① 王嘉毅等：《中—欧甘肃基础教育项目试点县教育现状调查》。中—欧甘肃基础教育项目领导小组办公室，2004 年 10 月。

② 王嘉毅、赵明仁等：《中—英甘肃基础教育项目基线调查跨个案分析报告》。中—英甘肃基础教育项目领导小组办公室，2000 年 10 月。

4. 西北师范大学课题组:《影响东乡族小学生学习的语言因素和非语言因素的研究——学校跨个案质性研究报告》,中—英甘肃基础教育项目领导小组办公室,2003年9月。

5. 西北师范大学课题组:《影响东乡族小学生学习的语言因素和非语言因素研究——学校跨个案定量研究报告》,中—英甘肃基础教育项目领导小组办公室,2003年9月。

6. 王嘉毅等:《中—欧甘肃基础教育项目试点县教育现状调查》。中—欧甘肃基础教育项目领导小组办公室,2004年10月。

7. 王嘉毅、赵明仁等:《中—英甘肃基础教育项目基线调查跨个案分析报告》。中—英甘肃基础教育项目领导小组办公室,2000年10月。

8. 何晓雷、王嘉毅:《东乡族女童学习困难及其失辍学——语言因素影响的研究》,《西北民族研究》,2004年第4期,第179—184页。

9. 王嘉毅、吕国光、白云:《加快少数民族贫困地区普及义务教育步伐的研究与实验》,《西北师大学报》(哲学社会科学版),2001年第3期,第69—74页。

10. Hannum, Emily. 2001. "Ethnic Differences in Basic Education in Reform-Era Rural China. (forthcoming, Demography).

11. Emily Hannum、Albert Park & Yanhong Zhang(2001). Families, Classrooms and Educational Engagement in Rural China. Paper presented at the Conference on Education Reform in China. Harvard University, Cambridge MA, July 14—15, 2001.

12. R. Czaja & J. Blair(1996). Designing Surveys: A Guide to Decisions and Procedures. CA: Pine Forge Press.

13. L. M. Rea & R. A. Parker(1997). Designing and Conducting Survey Research: A Comprehensive Guide (second Edition). San Francisco: Jossey_Bass Publishers.

作者简介:王嘉毅,西北师范大学副校长,教授,博士生导师。教育部人文社会科学重点研究基地西北少数民族教育发展研究中心主任。

切实关注和重视中国农村留守儿童发展状况

中央教育科学研究所　吴霓　等

一、背 景 情 况

自 1978 年改革开放以来，中国城乡间人口流动的限制被打破，由此开始了迄今世界上规模最大的人口转移。这一转移具有两个显著特点：一是农业劳动力向非农业转移，其人数由 1978 年的 2827 万人上升为 2000 年的 17078 万人；二是大量农民向城市转移，改革开放以来这类人数累计约在 6000 多万到 1 亿之间。此外，中国加入 WTO 之后，农村的隐性失业问题更加突出，农村剩余劳动力的数量将进一步上升，这也将促使农村剩余劳动力向城市转移。

农村剩余劳动力向城市的转移也是工业化、城市化和现代化发展的必然结果。从世界各国发展的历史来看，现代化进程往往都伴随着大量的人口转移。二战后，日本、韩国、台湾地区在经济高增长的过程中都伴随着大量的农业劳动力向城市转移，这种转移一方面提高了劳动生产率，同时也扩大了消费的需求。在我国，从 1985 年中央 1 号文件打开了农民进城务工的大门，到 2004 年《中共中央 国务院关于促进农民增加收入若干政策的意见》等一系列政策的推动，农村人口向城市（镇）转移的规模不断扩大。进城务工成为农民脱贫致富的一个主要途径，这一现象也成为我国经济持续高速增长的动因。与此同时，人口的流动和转移也加大了城市对就业、住房、医疗、教育、交通和社区服务等许多方面的压力。而我国现行的户籍管理制度和人口分割状况将这种压力转嫁给了流动者本身，这就使得促进城市发展的农村劳动力不能享受与市民同等的待遇，不能享有国家提供的各种公共服务。留守儿童问题就是在这样的背景下产生的。

为此，中央教育科学研究所教育发展研究部承担了由教育部基础教育司委托开展的“中国农村留守儿童问题研究”课题，并在 2004 年 6 月 1 日—7 月 5 日之间，设计、发放、回收、分析、整理了“农村学生情况调查表”，并结合实地调研访谈，分别对河北省丰宁县、甘肃省榆中县、秦安县、江苏省沭阳县、宿豫县等中西部地区的农村留守儿童情况进行了调研。

二、调研工作的组织与实施

《中国农村留守儿童问题研究》调研的主要目的是了解农村留守儿童学习、生活状况,以及留守儿童占适龄儿童的比例;围绕这一目的,调研组设计了《农村学生情况调查表》。

调查小组分为五个组,分别负责江苏省沭阳县、宿豫县、甘肃省秦安县、榆中县、河北省丰宁县五个县的调研工作。调研方法主要是班级整群抽样,每县选择1所初中样本校、一所村级小学样本校。各调查小组在2004年6月15日—7月5日之间,分别对五个县进行了问卷调研工作。

三、农村留守儿童的基本情况及分析

此次调查选取三省五县为调查区域,各县样本量占总样本量的比例分别为:甘肃省秦安县11.3%、甘肃省榆中县11.8%、河北省丰宁县17.4%、江苏省宿豫县30.4%、江苏省沭阳县29.0%。

调查对象为农村义务教育阶段1—9年级在校生,年龄分布在7—18岁之间。其中留守儿童人数占总样本数47.7%,其中,男性留守儿童占留守儿童总数62.2%;被调查的学生中有44.1%住校,53.2%走读,留守儿童中住校学生超过一半(占54.5%)。

1. 父母在外打工情况分析:中小学在校学生中(以县为单位),父母双方至少有一方在外打工的,甘肃省秦安县为32.9%,父母双方均在外打工的为3.1%;父母双方至少有一方在外打工的,甘肃省榆中县为44.2%,父母双方均在外打工的为8.4%。父母双方至少有一方在外打工的,河北省丰宁县为31.5%,父母双方均在外打工的为5.0%。父母双方至少有一方在外打工的,江苏省宿豫县为24.7%,父母双方均在外打工的为18.6%;父母双方至少有一方在外打工的,江苏省沭阳县为31.3%,父母双方均在外打工的为27.3%。甘肃省、河北省、江苏省并不是劳动力输出大省,但从数据统计上显示,五个县中小学中单亲外出打工的孩子已占总样本数31.5%,双亲外出打工的孩子占总样本数16.2%,二者合计为47.7%。也就是说,在此次调研的三省五县中,留守儿童占适龄就学儿童数的47.7%。由此可见,农村留守儿童群体比已知数字要庞大得多。

2. 父母在外打工地域情况分析:数据分析显示,甘肃省榆中县农村留守儿童的父母在县城内打工的比例为50.6%,跨县、跨市打工为17.6%,跨省打工为5.7%;甘肃省秦安县农村留守儿童的父母在县城内打工的比例为18.1%,跨县、跨市打工为34.5%,跨省打工为20.7%;河北省丰宁县农村留守儿童的父母在县城内打工的比例为26.5%,跨县、跨市打工为35.9%,跨省打工为14.9%;江苏省宿豫县农村留守儿童的父母在县城内打工的比例为12.3%,跨县、跨市打工为33.0%,跨省打工为33.2%;江苏省沭阳县农村留守儿童的父母在县城内打工的比例为13.6%,跨县、跨市打工为49.2%,跨省打工为21.5%。从总体来看,五个县中小学中留守儿童父母县城内打工的人数占总样本数的20.3%,跨县、跨市打工人数占总样本数的37.6%,跨省打工人数占总样本数的21.6%。此外,甘肃省秦安县、甘肃省榆中县、河北省丰宁县分别有19.8%、13.1%、17.7%的留守儿童不知道自己的父母在什么地方打工。

3. 在外打工父母回家频度分析:与此相应,甘肃省榆中县在外打工的父母常年在外的占4.0%,一年回来一次的占5.7%,半年回来一次的占15.9%,每个月回来一次或几次的占60.8%;甘肃省秦安县在外打工的父母常年在外的占11.2%,一年回来一次的占33.6%,半年回来一次的占37.1%,每个月回来一次或几次的占12.1%;河北省丰宁县在外打工的父母常年在外的占2.2%,一年回来一次的占6.1%,半年回来一次的占41.4%,每个月回来一次或几次的占44.8%;江苏省宿豫县在外打工的父母常年在外的占10.1%,一年回来一次的占26.3%,半年回来一次的占26.8%,每个月回来一次或几次的占26.3%;江苏省沭阳县在外打工的父母常年在外的占4.0%,一年回来一次的占16.2%,半年回来一次的占44.5%,每个月回来一次或几次的占27.9%。从数据显示的情况来看,在外打工父母与子女的亲子关系维系松散。

4. 留守儿童的家庭生活环境情况分析:从五县的总体情况来看,有53.4%的留守儿童与妈妈生活在一起,有3.0%的留守儿童和爸爸生活在一起,有4.9%的留守儿童和外公外婆生活在一起,有27.3%的留守儿童和爷爷奶奶生活在一起,有4.1%留守儿童和其他亲戚生活在一起,有0.9%留守儿童寄养在别人家里。生活上的"单亲家庭"合计为56.4%,隔代抚养为32.2%,家庭缺失的情况较为严峻。

5. 留守儿童在学习和生活中寻求帮助的对象情况分析:在问卷调研中,我们对留守儿童学习和生活中寻求帮助的对象进行了分析。在学习上遇到了问题,留守儿童选择的第一倾诉对象是教师,比例为67.0%;第二为同伴,比例为24.1%;家人的比例为6.1%。生活中有了烦恼,留守儿童选择的第一倾诉对象为教师,比例为34.0%;第二倾诉对象为同伴,比例为33.9%。而家人的比例为28.8%。这样的结果与样本校中半数留守儿童住校相关。我们又对非住校留守儿童的数据进行了分析,发现在非住校留守儿童群体中,同伴的作用上升。在学习上遇到了问题,非住校留守儿童选择的第一倾诉对象是教师,比例为61.5%;第二倾诉对象为同伴,比例为26.6%;而家人的比例为8.1%。生活中有了烦恼,非住校留守儿童选择的第一倾诉对象为同伴,比例为39.7%;第二倾诉对象为家人,比例为36.8%;选择老师的比例为19.2%。

在学习上遇到了问题,非留守儿童选择的第一倾诉对象是教师,比例为52.0%;第二倾诉对象为同伴,比例为34.9%;家人的比例为9.7%。生活中有了烦恼,非留守儿童选择的第一倾诉对象为同伴,比例为44.5%;第二倾诉对象为家人,比例为36.1%;而教师的比例为14.3%。数据显示,留守儿童监护人对他们学习和生活等问题介入较少。

6. 留守儿童对父母外出打工的态度分析:通过数据分析结果,我们发现,各地留守儿童在表达是否希望父母外出打工的意愿时,表现出较高的成熟度。五县留守儿童希望父母出去打工的比例为39.6%,不希望父母出去打工的比例为44.7%,还有15.7%的留守儿童没有表达意见,其中甘肃省秦安县有20%的留守儿童没有表达意见。叙述希望父母出去打工的理由多为"我们家没有经济来源,生活贫穷,希望爸爸挣一些钱"、"能让家里过上好的生活"。在叙述不希望父母出去打工的理由时,"怕爸爸妈妈在外面会出事故"、"不想让他们(爸爸妈妈)那么辛苦"占主体,说明留守儿童对自身的家庭状况有较为清楚的认识,对父母出去打工的缘由能够给予理解。从另外一个角度来看,家庭的生活状况和父母在外工作的艰辛程度给留守儿童心里留下了较深的印记。

另外一个值得注意的现象是,留守儿童与非留守儿童在学习兴趣上没有显著差异(留守儿童中喜欢学习的比例为80.7%,非留守儿童中喜欢学习的比例为77.2%),在对自身学习成绩的认识上,留守儿童与非留守儿童也没有显著差异。

四、农村留守儿童成长、发展呈现的主要问题

在此次调研中,我们发现父母外出打工对留守儿童成长、发展确实存在一些负面影响。通过深入分析这些影响,儿童发展问题和家庭教育问题逐渐凸显出来。

1. 监护人对留守儿童学习介入过少导致的学习问题

一方面,那些父母在外的家庭,由于爷爷奶奶、外公外婆的文化水平较低,对孩子学习上的问题往往不能给予帮助;另一方面,父母一方在家的家庭,留在家里的父亲或母亲由于承担了全部的家务和田间工作,也没有时间去关注孩子的学习。因而,从数据分析结果来看,如果学习上有了问题,孩子向家人求助的比例最低。这同时也说明了另外一个问题,由于农村人口文化素质普遍偏低,与城市相比,父母对孩子学习上的辅导相对要少了很多。

2. 缺乏亲情抚慰导致的生活问题

父母在外打工对留守儿童生活的影响较为复杂。一方面,由于在外打工,经济较为宽裕,对留守儿童生活的支付能力较强,所以在生活(主要是物质生活)的满意程度上,留守儿童的满意度更高;但由于父母不在身边,留守儿童得到的关爱减少,所以半数留守儿童不希望父母在外打工。从年龄维度看,随着年龄的增长,留守儿童逐渐意识到家庭完整和

父母关怀的重要性,因此对生活的满意度逐步降低。

法国克里斯琴·施皮茨博士曾经这样忠告做父母的人:培养你们的孩子,多和孩子在一起,因为亲情的抚慰与关怀有助于孩子的成长。而留守儿童成长期间缺乏的恰恰是亲情的抚慰与关怀。这是我们应该引起充分重视的。

3. 缺乏完整的家庭教育导致的心理问题

在此次问卷调研中,一个重要的事实是留守儿童有了烦恼向家人倾诉的比例最低。中小学生正处于身心迅速发展的时期,对自身变化、人际交往等方面有着自己的理解与认识,与此相关的也面临一些烦恼与冲突。这时,他们需要有倾诉的渠道,也需要有人能够告诉他们怎样去正确地对待这些问题。一般而言,家人在这方面应该起到非常重要的引导作用。但由于父母在外,留在家里的其他亲属或父亲/母亲无暇顾及他们的情绪和情感变化,使得留守儿童缺少了起码的与父母交流的机会。这种情绪的长期积累,对于儿童心理的健康成长非常不利。

家庭教育是启蒙教育,也是影响人一生的至关重要的教育。良好的家庭教育氛围,有利于培养出身心都得到健康发展的下一代。在从婴幼儿期到儿童期、青春期的孩子的人格形成(其中特别是社会化)过程中,父母与子女间的关系是一个极其重要的构成因素。这种关系直接影响到孩子的行为、心理健康、人格与智力发展。因为父母在外,父母与子女之间的关系相对疏远,亲子关系发生了消极变化,这对留守儿童心理的健康成长也产生了诸多不利影响。另外,在缺乏父母关爱和正常家庭氛围的环境下成长起来的儿童,往往缺乏安全感,人际交往能力也较差。此次数据分析结果显示,留守儿童与同伴交流内心烦恼的比例要低于非留守儿童10%,而留守儿童半数住校,他们与同伴交往的时间更长,生活联系更紧密,但关系却更松散。另外,大多数留守儿童表现出对家庭经济、父母健康、安全的忧虑,从更深层次来看,这些都反映了留守儿童内心的压力。心理问题的形成是一个长期的过程,其解决也是一个长期的过程。一旦形成畸形心理,矫正就比正常教育难度更大。

五、问题形成原因分析

1. 从社会整体发展来看,农村劳动力大规模流动与城乡壁垒存在矛盾

2003年,我国农村流动人口已达到1.139亿,比2002年增加了8.8%,即增长了1000万农村流动人口。流动人口数量不断扩大,家庭化流动的趋势日益明显。但城乡二元结构使进城打工的农民工无法长期将子女带在身边给予照顾。原因在于城乡隔离的户籍制度以及与这种户籍制度相伴而生的子女免费或低收费入学、必须在原籍所在地中考、高考等制度形成的壁垒。农民工无法承担子女入学的高昂费用问题、在简陋的农民工子

弟学校入学而无法解决升学考试问题、各地教材的选用不同使得农民工群体的子女在转学后面临两地教育内容不能衔接的困境等问题，直接推动了留守儿童这一群体的产生。

2. 从家庭认识来看，在经济收入与子女教育之间取舍失衡

为了改善家庭生活，越来越多的农民离开了土地，到城市里务工谋生。他们希望自己的生活越来越好，也希望给下一代成长提供更充裕的经济支持。但在外出务工与子女就学、教育之间产生冲突时，他们往往选择前者。农业部2004年发布的数据显示：劳动力不外出的原因中"怕影响子女上学"仅占第一、第二选择的6.7%。这既有生活压力的原因，也有教育意识的原因。但不同原因导致的结果却是相同的，即：使儿童在不完整的家庭中成长，在流动——留守——流动的变动中长大。

3. 从家长自身来看，家长的教育能力与孩子教育需求之间形成落差

外出务工的家长整日忙于打工，没有时间与精力过问孩子的学习，对孩子的困惑、需求、交往、兴趣的关注就更少了，在家里的父亲或母亲忙于操持家务，对孩子的教育关注仅限于让孩子完成作业，家庭教育基本处于空白状态。正处于身心迅速发展时期的中小学生，对学习、生活、自身的变化有太多的问题需要解决，但家庭不能充分地给予他们以精神上的支持和知识上的解答。

4. 从学校教育来看，课程设置与儿童身心发展不相适应

由于家庭生活的不完整，留守儿童在心理发展上存在更多的困惑与问题，他们需要学校给予更多的帮助与疏导，需要通过教师的关怀、集体的温暖来弥补其亲子关系缺失对人格健全发展形成的消极影响。但由于教育理念、办学条件、师资力量等多方面的制约，农村学校很少开设专门的心理课程并配备专门的心理教师。也很少有组织、有计划地对学生进行心理教育、生存教育、安全教育和法制教育。这些教育内容不但对留守儿童是必要的，对生活在社会飞速变化，媒体迅猛发展的时代的所有儿童都是必要的。

六、对策与建议

不论是留守儿童教育，还是流动子女教育，它们都是当今农村劳动力转移过程中带来的问题，而且将是一个时期内长期存在的问题。由于这一人群正在扩大，问题愈益凸显，因此，我们必须从法律上、制度上整体地把这些问题纳入到社会经济发展总目标中加以解决。只有这样，才能够标本兼治，彻底解决留守儿童教育的问题。

1. 加快户籍制度改革，逐步消除城乡差距。

改革户籍制度的核心并不在于完全取消户籍管理制度，而是要逐步弱化乃至取消与户籍相联系的城乡隔离的各种制度，从而保障劳动力的合理流动。政府应制订和实施优惠政策和配套措施，使流入城市的农民享有与城市人口平等的权利和社会权益。同时，逐

步实现以户籍制度改革为中心,拆除就业、医疗、住房、教育等制度壁垒,彻底打破维系多年的城乡“二元经济体制”,引导农村富余劳动力在城乡间的有序流动。这是解决农村留守儿童的根本所在。

2. 加强社会组织的建设,加强社会力量帮助儿童的参与程度

社会组织是世界发达国家普遍具有的帮助机构,帮助儿童是其中重要的内容。而在我国,这类系统尚欠发达,类似NGO这样的组织的作用还不十分明显。随着我国的不断发展,社会工作制度的建立应提到政府的议事日程上来。政府部门应充分引导和发挥NGO组织的作用,加强协作,在帮助农村留守儿童的同时,对进城务工的农村家长进行引导和教育,强化农民工家长的家庭教育观念及其重要性,让农民工家长学会与孩子沟通、交流以及教育孩子的正确方式,发挥家长对孩子的独特的教育功能,引导孩子健康成长。

3. 建立农村社区儿童少年教育和监护体系

少年儿童的教育历来是家庭、学校与社会共同的责任。但是,就我国当前教育的现状来看,社会对少年儿童发展提供有效帮助的机构太少,尤其在广大的农村地区,由于基层很少甚至没有相关的少年儿童的社区教育组织,使得农村少年儿童的教育与成长发展在社区教育这一块尚处于空白之中。因此,解决农村留守儿童问题,需要家庭、学校和社会健全各自的教育功能,相互合作,促使孩子健康成长。

农村建立社区教育和监护体系,可以考虑由基层学区和共青团牵头,联合妇联、工会、村委会、学校,共同构建农村少年儿童健康发展的教育和监护体系。这些社区机构可由离退休教师、青年志愿者等人员构成。这对于保护农村少年儿童健康成长,帮助他们形成正确的生活态度,培育他们形成健康人格,提高其综合素质都会产生有利的影响。这是家庭、学校之外的另一种与孩子们建立的互动的关系,同时也起到了一种沟通家庭、学校与孩子们之间多维关系的桥梁作用。

4. 加强农村寄宿制学校的建设,切实有效地对留守儿童进行教育与管理

农村中小学普遍寄宿条件很差,甚至很多没有寄宿条件,这使得农村留守学生在家庭教育缺失的情况下,学校和教师的教育功能不能得到更有效的发挥。因此,政府应加大对农村寄宿制学校的建设力度,并不断完善其基础设施,要尽量为双亲在外地或亲友不能有效地提供完整成长环境的农村留守儿童提供住宿便利。让留守儿童在老师、同学群体中成长,以对缺失的家庭教育进行补偿。同时,学校要利用假期、春节家长回家的时机,召开留守儿童家长会,与家长交流,使学校内外对儿童的影响产生合力效应。

5. 在学校教育中增设相关课程

联合国教科文组织在其所编的《学会生存》一书中指出:“把一个人在体力、智力、情绪、伦理各方面的因素综合起来,使他成为一个完善的人,这就是对教育基本目的的一个广义的界说。几乎在所有的国家,在整个历史过程中,在哲学家和道德学家那里,在大多

数教育理论家和理想家那里，都可以找到这个教育理想。”我们在为所有儿童提供良好的知识教育的同时，我们也要关注他们的身心健康发展，尤其是对生活在特殊状态下的儿童，我们更要给予更多的关注。我们呼吁所有学校要开设针对青少年身心发展规律的心理课程，引导儿童走过人生发展的关键时期。学校要专设心理教育教师，让他们和其他任课教师一起共同对儿童的显性和隐性的心理压力进行疏导，帮助儿童健康、和谐地发展。

关注学校中被体罚的儿童

——隐性的处境不利儿童

陕西师范大学教育科学学院　兰继军

在教育中对学生进行体罚的行为由来已久，传统教育中片面强调教育者的权威，教育方法简单粗暴，容易导致滥用体罚的结果。进入二十一世纪，人类文明发展到了一个新的高度，但是体罚这种古老而落后的教育方法却仍然被少数教育者有意无意使用着。每当个别体罚行为发生时，总会有人以各种借口来推卸责任。但是当我们不时地从报刊上看到有关滥用体罚并导致严重后果的案例时，就不能再仅仅将"不准体罚学生"的口号挂在嘴上了。由于体罚事件层出不穷，我们不得不将这些受体罚的学生看作是隐性的处境不利儿童。这些频频发生的滥用体罚事件说明当前在教师的选拔、任用、管理中都存在许多问题。教师培养机构、教育管理部门都应对此现象予以高度重视。

一、体罚与教师滥用体罚现象

近年来，经常发生教师滥用体罚的事件，有时候同一期的报纸就报道了两起不同的体罚事件。研究人员对近几年有关报刊上刊登的体罚案例作了初步的、不完全统计，累积起来竟然有三十多起。这些仅仅是在近年来有关媒体上所刊载的教师体罚学生的部分案例，但通过对这些案例的分析，有助于人们了解当前学校教育中存在的一些不良现象，并汲取教训，以警示后来人。（见附录，所有案例按时间顺序，人物及情节均来自所摘报刊）

体罚是指以损伤人体、侮辱人格为手段的处罚方法。本研究主要分析教师对学生所采取的涉及身体的惩罚方式。《中华人民共和国未成年人保护法》第十五条规定："学校、幼儿园的教职员应当尊重未成年人的人格尊严，不得对未成年学生和儿童实施体罚、变相体罚或者其他侮辱人格尊严的行为。"但在现实环境下，体罚手段仍然被许多教师所采用，而且体罚方式呈多样化。通过对三十多起体罚案例的分析，可以看出当前学校教育中的体罚有以下特点：

（一）发生频率高

在文后附录的30多起体罚案例都发生在近三年，而且大都属于导致严重后果的事例。事实上没有被报道的体罚事件在平时大量发生着，甚至有人调查发现大部分农村教师都体罚过学生，该调查显示近80%的教师承认体罚过学生，只是程度不同而已；47%的教师则表示，如有必要，可适当或轻微地进行惩罚。这说明农村地区一部分教师素质有待于进一步提高。体罚事件特别是较严重的事件频频发生，说明相当多的教师对体罚现象认识不清，而且往往是属于在平时就习惯于体罚学生，只要是学生出现令教师不满意的情况，如上课迟到、搞小动作、讲话作业未按时完成、搞恶作剧、扰乱教学、打架骂人或小偷小摸，就给予体罚。因此无论从教师个人还是从体罚事件的总体上看，体罚现象的发生频率都是相当高的。

（二）体罚方式多

对体罚的简单理解也不外乎给予肉体的疼痛刺激或一些约束身体的强制性措施。但近年来出现的一些体罚案例，教师所采用的体罚手段则是非常规的、甚至是令人发指的，如用剪刀剪幼儿的手指、强迫幼儿用嘴舔地面、在学生脸上刻“贼”字、强迫学生用刀片刮脸皮、罚学生钻桌子、用胶带封嘴、强迫学生吃屎喝尿，可以说是五花八门，这些手段导致的不仅仅是儿童的身体伤害，而且对儿童的心理也会造成极大的影响。这类行为已经无法用师德水平低来简单描述，而应该追究其法律责任了。

（三）体罚造成身心伤害严重

由于体罚而导致严重后果的事件也日益增多，这有两方面的原因，一是教师根本没有意识到自己管教学生可能会带来的严重后果，二是一些教师已经养成了体罚学生的习惯，平时用轻微的体罚也没有导致过身体的伤害，因而对此并不在意，而一旦实施体罚时却有可能失控而带来意想不到的结果。例如扇学生耳光，不管体罚时教师处于何种动机，但这种举动本身就是危险的，所以在近年来出现的多起体罚纠纷中，扇耳光导致听力损伤的不在少数。还有一些看似很小的处罚，却导致被处罚学生的心理障碍，如失语症、精神分裂、抑郁、学校恐惧症等。如一位女生因写错了四个字，被老师罚抄3000遍，学生承受不了压力就服药自杀。

（四）体罚者不反省

另一种现象是体罚者在体罚事件发生后往往不能反省自己，有的竭力找出各种理由来为自己开脱，还有的甚至将责任都推到学生身上，也有的会用自己一贯认真工作，严格要求来辩解。但不论用什么样的托辞，都难以挽回被罚学生身体上和心理上的创伤。如一个幼儿教师在批评幼儿时强迫他们把地上的脚印舔干净，事后则宣称当时自己只是随口说了句而已。另一位教师让全班28名学生轮流扇一个没有完成作业的学生耳光，其理由是当他问该生没做作业该怎么办时，他让老师打他耳光，老师不肯，他自己说那让同学们打吧。一位据称是优秀的教师在学生脸上“刻”了个贼字，为了开脱自己，辩解为“描”、“画”而已。由此可见，在这些滥施体罚者眼里，只有自己永远是对的，始终认为自己是为了工作，为了管好学生，而回避对学生的伤害问题。

（五）体罚与惩罚不分，认为变相体罚不算体罚

之所以滥用体罚者对自己的行为振振有词，往往是由于他们主观上认为当学生出现了不好的行为时，惩罚是有效的，至于该怎么惩罚，心中并没有数。这样体罚因其实施方便，短时见效而成许多人选择的处罚手段。如有的老师与学生发生争执，嫌学生态度不好，就打了他耳光。事后许多教师发表的看法则认为现在学生难管理，适当体罚如果有效就可以选择，对打学生的教师抱有同情态度。这说明许多人分不清体罚与惩罚，只要学生有不好的行为就予以体罚。还有的教师虽没有直接采取暴力行为，但其惩罚措施实际上是变相的体罚，但校方和教师都不承认是体罚。如一位体育老师因学生不说实话就罚全班抄最长的一篇课文。

二、导致体罚的原因

导致教师滥用体罚的原因很多，根据具体的体罚事件进行分析可发现引起特定的体罚事件背后各自的起因。最主要的因素还是观念问题。近年来教育成为人们关注的热点问题之一，望子成龙和急于提高学校升学率的思想一直在作祟，一些教师和家长滥用体罚，以收一时之效，结果给孩子的身心都造成了极大的伤害。有时家长或教师主观上是希望孩子表现好，并且并没有意识到轻微的体罚竟会带来严重的后果。这表明传统教育思想仍然在一些人头脑中根深蒂固，片面强调教师和家长的权威，将儿童看作被动的客体，不能做到平等对待儿童。特别是当儿童表现出不良行为时，家长和教师急于使孩子转变，同时他们又认为体罚是最简便、最直接的方法。因而会不自觉地应用体罚。

（一）传统教育观念的影响

体罚是中国古代教育中经常采用的教育手段。从“教”字字源上的考证就可看到：“教字的意思就是手执棍子迫使青少年在经典的约束下行动。”（徐仲林，1999）在明代，国子监特设由监丞负责的“绳愆厅”，专司对学生的体罚。清代王誉昌《崇祯宫词》注：“有

犯老师,批本监提督责处,轻则学长以戒方打掌,重则罚跪于圣人前”。《儒林外史·七》载:“本该考居极等,姑且从宽,敢过戒饬来,照例责罚。”(蔡文,1999)这些记载都表明传统教育是很看重体罚方式的。这种传统教育思想和观念对当今社会的教育者仍然有一定影响,甚至一些家长也主动对教师讲:“孩子不服管教,该打就要打。”之类的话。因此当遇到师道尊严受到学生挑战时,一些教师就会拿起体罚的法宝来求得维护自身的尊严和地位。特别在西部地区,教育长期以来较为落后,教师和家长的素质不高,教育观念陈旧、教育方法落后,使得体罚这种本应禁止的行为却屡屡发生,并造成严重的后果。

(二)教师素质方面存在的问题

我国基础教育发展不平衡,还有许多基础薄弱的地区和学校,其教师队伍素质参差不齐,一些地区过多使用代理教师,这些教师缺乏专业训练,素质低,教育方法简单粗暴;特别是在西部欠发达地区,由于教师队伍建设落后于实际需要,在编教师的素质差距很大,甚至在一些地方私立学校蜂涌而起,人们将办学校看作是赚钱的途径,于是一些本不具备教师资格的人员诸如杀猪匠、石匠都当上了教师或是校长,这些人自己都没有上过几天学,连计算机和计算器都分不清,更谈不上有什么先进的教育思想和理念;甚至一些从事教育工作多年的教师,教育经验极为丰富,但受传统教育思想的影响,急于让学生掌握知识,忽视了学生是学习活动的主人,力图为学生包办一切,一旦看到学生表现不好而产生强烈的反差,就会难以自控出现体罚行为;还有一些地区和学校管理人员不能对人才合理使用,使优秀的教师流失严重,而在岗教师工作热情不高,缺乏敬业精神,对教学工作不感兴趣,自然人浮于事,遇到与学生的冲突时一味强调教师的权威,导致严重的后果。

(三)师德建设没有跟上形势的发展

近年来除了陆续发生了许多导致严重后果的体罚事例以外,还有一些教师公开做出诸如投票选小偷、投票选差生等这样严重影响儿童身心发展的举动。教师历来是受人们尊敬的职业,为人师表是每一个教师追求的境界,但一些教师受社会上一些不良思潮的影响,忽视了加强自己的师德修养,违背了教师职业的基本准则。当教师采用体罚的手段来管教学生时,就造成了师生之间的对立,使学生失去对教师的信任,也会给学生以暴对暴的误导。一些教师对学生带有偏见,随意给学生戴上“差生”的帽子,没有学会对学生行为的宽容,也很少表现出对学生的赞扬和鼓励,这样就造成了恶性循环。因此,很多时候并不是学生本身就差,而是教师对他们的期望值太低,对学生的进步视而不见,对学生的缺点则大加责罚。可见,当前应特别加强师德建设,将其贯穿于教师教育、资格认定和教师聘任、选拔及晋升等活动中,成为对教师进行评价的重要依据之一。

(四)教师的心理健康问题

受社会变革和教师工作环境等因素的影响,教师心理健康问题也日益突出,根据一项对中小学教师所进行的心理健康测试,31.5%的教师有轻度心理障碍,12.4%的教师有中度心理障碍,21%的教师已构成心理疾病。(郑国中,2002)由于教师被赋予了太多的职责,而其工作又较为繁重,工作强度大,耗费大量时间和精力而得到的回报或地位等却并不理想,这就容易诱发教师的心理障碍。因此,一部分教师之所以会做出超出常规的行为,只要对学生行为稍有不满意就滥施体罚,实际上是心理扭曲的表现。

(五)教师的工作压力

目前基础教育阶段对教师、教育质量的评价仍然受学生成绩和升学率制约,片面追求升学率,以应试作为教育的主要任务,无形中给师生都造成较重的负担和心理压力,当学生的愿望与教师的要求不一致时,教师就会从外部施加压力,如用体罚等不良方法。同时,教师工作往往是教学工量大,且要全天坐班、加班备课等,有的还要带班主任,在评定职称、认定教师资格、晋级等工作中要考核教师业绩,这使得相当多的教师产生了较大的工作压力,因而一部分教师只考虑如何完成工作任务,为了达到应试的标准对学生要求过严。此外,与别的行业相比,教师工作收入低,待遇也不高,甚至个别地区还存在拖欠教师工资现象。而教师往往又都有家庭负担,受市场经济下一些不良思潮的影响,导致一部分教师不能安心工作,更提不上如何履行教师职责。

(六)法律和制度方面的缺陷

目前我国法制建设仍较落后,很多人法制意识淡薄,使有关青少年保护的法规难以落实。很多教师或家长漠视学生的平等权利,压制他们的自主性,习惯于用打骂来管教学生。另一方面,行为主义者所倡导的行为管理技术受到一些教育者的关注,实践证明应用行为管理的策略,可以达到既控制学生行为,又不伤害学生身心健康的目的。一些发达国家还据此制定了相应的法规,如美国大多数州的法律是容忍体罚存在的,但对教师使用体罚规定了严格的法定程序:学生犯规——老师找一个见证人——命学生摆好姿势——老师持木板心平气和地打——填写书面报告——见证人签字——送交校长室存档。以上这些规定,旨在限制教师体罚学生的范围和程序,以免学生的身体受到严重伤害(郭翠菊,2001)。还有的则设置隔离室,把有严重行为问题的学生暂时从教学环境中分隔开来,当其行为稳定后则立即解除处罚。但我国仅仅严格禁止了体罚行为,但却没有提供法律规定来说明当学生行为违反规则应当予以处罚时教师该如何办。这样很多老师打了学生还会振振有辞,认为自己的行为是为了学生。

（七）部分学生有严重不良行为，而教师普遍缺乏正确处理行为问题的技巧

通过大量的体罚案例来看，一些教师面对少数学生的不良行为习惯，往往不知应如何正确处理，就有可能简单地以体罚方式来解决。这也成了一部分实施体罚者为自己开脱的借口。许多教师也因此感到困惑：如果学生有不良行为，又不能加以体罚，难道只能听之任之吗？出于这样的心态，一些教师不仅会选择体罚，而且错误地以为体罚可以有效地抑制住不良行为。

对于体罚现象，不能仅仅停留在表层上，要从更深层次认识其原因，这样才能有针对性地解决滥用体罚现象。

三、对体罚的理性分析

根据上述分析，学校教育中滥用体罚的现象仍然很严重，究竟应当如何看待体罚现象？如何才能消除教育中的体罚现象呢？首先不能孤立地看待滥施体罚的行为，要将消除体罚的行为和素质教育的实施、师德教育的开展、转变社会上的不合理成材观等活动结合起来。只有加强对教师师德素质的培养，促进教育者形成正确的教育观念，才能使体罚这种消极的管教方式被民主化的教育方法所取代。

（一）正确区分惩罚与体罚的概念

一些教师总是在抱怨"现在的学生这样调皮，不打不成才"、"我们也是为了学生好"、"不能这样做那样做，究竟该怎样管教学生"。这实际上体现了很多人对惩罚和体罚的概念不清，要么将两者划等号，学生一旦犯错误，就滥施体罚，以罚代管；要么投鼠忌器，害怕戴上"体罚学生"的帽子，不知如何管教学生。从行为主义角度来看，在教育中对学生的一些不良行为通过运用适当的惩罚手段，可以起到改进行为的作用。但是惩罚的使用要合理，不能简单地用体罚来代替惩罚。因为两者是不同的。体罚是野蛮的、落后的管理方法，教师滥用之，实际上是黔驴技穷的表现。它不仅违背了伦理道德的要求，也容易给儿童带来身心伤害。教师往往片面地理解了惩罚的含义，将其和体罚混为一谈，将体罚作为惩罚的同义词来处理。这就导致了体罚的滥用。为此应当禁止在教育中对学生实施体罚的行为，这也是《教师法》、《未成年人保护法》所明确规定了的。事实上要改变儿童的不良行为，可以采用很多种不同的方法，如示范、暂时隔离、行为控制、自我指导、合作学习、鼓励好的行为替代不良行为等，简单地运用体罚手段，仅仅能收到一时之效，从长远来看是丝毫没有益处的。区分了这两个概念，就可以使教师明确当学生有不良行为时，必须及时采取措施对其施加影响，从而减少或消除不良行为；这样就不会出现简单地以体罚和变

相体罚来代替惩罚的现象。

（二）从师德教育角度来看，要加强师德建设

《公民道德建设实施纲要》要求“要发挥教师为人师表的作用，把道德教育渗透到学校教育的各个环节。”教师从事教育工作的基本准则之一就是应当关心、爱护学生，而不应当将他们视为被动的客体。教育活动是针对人的活动，忽视或有意伤害受教育者的心灵，只能导致教育活动的失败。因此，在培养面向未来的教师进程中，首要任务是提高全体教师的素质，特别是在师德上提高要求，使他们能够正确对待自己的得失，在管理和教育学生时克制自己的不良情绪，不断提高自身修养和教育水平。在选拔和任用、考核教师时，应当将师德评价作为重要内容，从授予教师资格的环节做起，对在岗教师开展继续教育提高教师业务素质和思想水平。要有针对性地对教师开展热爱教育事业的思想教育，使他们保持积极的态度，避免在市场经济大潮的冲击下，过份追求经济利益，忽视或放松对自己的要求。

（三）以创新精神，切实落实素质教育

学校管理者和教育研究部门应当重视对品行差的学生的教育和研究，向广大教师提供比较可行的教育方法，使他们从关心一切学生的角度出发来正确对待学生的错误，这样他们就会少用或不用体罚而采用其他方法来管理和教育学生。对这类学生的放弃或过于严厉的管教，都会使他们形成逆反心理，严重的还会导致逃学、从事破坏性活动、敌视社会等行为。从素质教育角度来讲，只有全体学生（包括落后的学生）都进步了，才是成功的教育，否则只抓尖子生、只看升学率的做法，只能使少数学生获益，而另有一部分落后的学生成了牺牲品。另外要改革考试评价机制，改变那种靠“题海战术”、死记硬背等方式来约束学生学习的做法，彻底减轻学生负担，贯彻愉快教育精神，使学生轻松愉快的学习。随着基础教育新课程的实施，也要求教师尊重学生的自我感受和他们的情感体验，改变教师权威的思想观念，使学生在轻松愉快的心情下获得进步。

（四）学会赏识孩子

近年来，有教育者通过长期实践，总结出了系统的“赏识教育”理论。（周弘，2000）该理论认为儿童最初是通过不断得到赏识而进步的。许多教师最容易犯的错误就在于不能时时关注和发现儿童的进步，相反他们越来越多地批评学生的不足之处，而看不到他们的闪光点，这样孩子也就以为自己一无是处。久而久之，形成一种恶性循环，即儿童表现不好—教师批评体罚—儿童行为更差。由此可见，有些不良行为是教师的不当教育方式促成的，有时教师对学生惯用批评、指责、讥讽等方法，还有的经常采用变相体罚的方式，这

些态度和行为是对学生行为的消极反馈，只会导致学生的不良行为更加严重。为此要大力提高广大教师素质，使他们认识体罚的消极作用，掌握教育学生的正确方法。如北京朝阳区推出的《教师忌语四十条》就可有效地提醒教师多鼓励表扬学生，少用、禁用嘲笑、讥讽、责骂、体罚的方法来教育学生。

（五）关心教师的心理健康，减轻教师压力，帮助教师调整情绪状态

调查发现教师心理问题主要表现为抑郁、精神不振、焦虑、过分担心、不安感、无法入睡等。同时由于社会、工作、家庭等多方面因素影响，导致相当多的教师压力较大，调查发现有69%的教师感到压力大（郑国中，2002）。还有一些教师情绪状态不稳定，很容易产生急躁、冲动情绪。这几个因素导致教师不能很好地做到自我控制和自我调整，在处理学生问题时往往缺乏理智。因此各级部门要关注教师的心理健康状况，积极开展教师心理健康教育，建立教师心理健康档案，定期为教师进行心理健康测试，对存在心理问题的教师及时进行疏导，提高教师心理素质。学校、工会组织应多组织面向教师的文体活动，使其放松紧张的神经，减轻工作压力和焦虑感。

最后，还应当营造一个良好的社会环境，减少对教师和学生无形的压力。要使全社会形成正确的人才观，使各种传媒正确引导人们的舆论，并加强有关教育法规的宣传教育，唤起各界对待体罚现象的关注。从而为减少滥用体罚创设良好氛围。

当代教育改革客观上要求转变传统的教育方法，对体罚等落后的、有害儿童身心健康的做法应当坚决禁止，使所有儿童都能够健康地成长。大力开展教育创新，也要求教师积极探索教育学生的新方法，那些标新立异的体罚方式实际上都是受传统的教育观、学生观、教师观和人才观所制约的，应当坚决予以摒弃。

参考文献

1. 蔡文：《论体罚的历史根源及其危害》，《江西教育科研》，1999年第1期。
2. 徐仲林：《高等师范院校教育实习理论与实践》，西南师范大学出版社，1999年9月。
3. 郑国中：《“体罚”的背后——关注教师的心理健康》，《河北教育》，2002年第9期。
4. 郭翠菊：《中小学体罚的多维分析》，《河南教育》，2001年第2期。
5. 李树军《对学生体罚现象的归因分析》，《临沂师专学报》，1997年第5期。
6. 汪正洲：《体罚学生伤害事故引发的思考》，《教学与管理》，2002年第9期。
7. 郭宝桢：《体罚正误谈》，《教育艺术》，2002年第7期。
8. 贺晋秀：《中小学教师体罚学生现象透析》，《内蒙古师大学报》（哲学社会科学版），2001年第6期。
9. 黄路阳、黄金玲：《论体罚产生的原因和禁止措施》，《安康师专学报》，2001年第2期。

10. 李方强:《义务教育阶段体罚现象调查与原因分析》,《基础教育研究》,2002 年第 2 期。
11. 关世军、高玉兰:《中小学教师体罚学生行为的根源和矫治》,《现代教育科学》,2002 年第 6 期。
12. 刘杭玲、苏正旺:《中小学校体罚现象的调查与分析》,《中国教育学刊》,1997 年第 3 期。
13. 蒋波:《教师体罚学生的心理成因分析与对策》,《当代教育科学》,2003 年第 1 期。
14. 王洪成:《关于教师体罚学生行为的思考》,《教育探索》,2002 年第 3 期。
15. 贾晓红、张铁牛:《体罚和变相体罚学生现象评析》,《许昌师专学报》,2002 年第 1 期。
16. 许芹、魏国海:《教师体罚学生与教师素质》,《教书育人》,2001 年第 1 期。
17. 高呈宝、沈月君:《"语罚"猛于"体罚"》,《山东教育》,2001 年第 32 期。
18. 周弘.:《赏识你的孩子》,《四川少年儿童出版社》,2000 年。
19. 林正文:《儿童行为的塑造与矫正》,北京师范大学出版社,1998 年。

作者简介:兰继军(1972—),男,陕西延安人,陕西师范大学在读博士,陕西师范大学教育科学学院副教授,主要研究方向为特殊儿童心理与行为矫正。

左利儿童的特殊需要与平等政策思考

北京师范大学特殊教育系　钱志亮

左利是指在日常生活、学习和劳动中惯用左手。① 各民族对左利的宽容程度不同。西方国家强调个人权利,用手自由,左利就多一些。东方国家注重群体的协调,左利自小多被纠正,至少在吃饭和写字这两件主要用手的事情上,大多数都"改造"了,左利就显得少一些。

一、左 利 概 述

有研究表明:1 岁以内仅少数儿童开始形成左右利手;2 岁前后是左右手机能迅速分化、利手形成的关键年龄;到 3 岁,多数儿童的利手就基本巩固了。父母利手对子女利手的形成确实有影响:父母全右利,子女左手率最低;父母全左利,子女左手率最高。父母一方是左利,子女的左手率就介于上述两者之间。② 北爱尔兰研究人员的一项最新研究表明,其实人们成人后以哪只手为利手是在胎儿时期就决定了的,胎儿发育的第 10 周,胎儿选择其身体的一侧以适应子宫,使得这一侧发育略快,从而形成了左、右利手的雏形。超声波技术发现 92% 的胎儿吮吸他们的右手指,这一比例与成人利手的比例接近(89% 的成人写字和扔东西是用右手的)。

关于左利的评定标准,西方国家目前采用的方法有 Annett 的利手问卷(Annett's Hand Prefrence Questionnaire,1970)和 Oldfield 的爱丁堡利手调查表(Edinburgh Handiness Inventory ,1971)。③ 我国学者参考了这两种方法,根据我国具体情况,并在天津(1979)试点的基础上加以改进,制定了中国人的利手分类标准。所采用的测试项目为 10 个:1. 执

① 朱长超著,《挖掘大脑中的财富》,科学普及出版社,2000 年第 1 版。

② 李鸣杲,李心天,《儿童利手形成的实验研究》,《心理科学通讯》,1984 年第 2 期。

③ http://lefty. nease. net 左利世界网站。

笔,2. 执筷,3. 掷东西,4. 刷牙,5. 执剪刀,6. 划火柴,7. 穿针,8. 握钉锤,9. 握球拍,10. 洗脸。据此利手可细分为六种:强右利(9—10 分)、右利(7—8 分)、混合利偏右(6 分或 5 分中含右手写字)、混合利偏左(6 分或 5 分中含左手写字)、左利(7—8 分)、强左利(9—10 分)。有时可粗分为三大类:右利(包括强右利)、混合利、左利(包手强左利)。

一般资料显示,左利在各个国家、各个民族都占有稳定的比例,两位美国研究人员对 32 个国家的 1 1000 名成年人进行调查,让受试者回答用哪一只手写字,并以此作为划分左利的标准。如果以写字用哪只手来区分,平均有 10% 的人是左利。不过这个比例在不同的国家存在着比较大的差异,例如,加拿大是 13%,墨西哥是 2. 5%,而日本学生中的左利比例仅有 0. 7%。中国二十世纪 80 年代对 18593 人的调查结果表明,右利者占 91. 51%,混合利者为 8. 26%,左利者仅为 0. 23%。

从儿童的发育过程可以看到手的运动随大脑功能的发育而发展,手的使用也随大脑功能的一侧化而逐渐偏向一侧。7 个月以前的婴儿没有利手的倾向,1 岁以内婴儿用左、右手抓物的机率几乎均等。女婴右手率略高于男婴。随年龄的增长,右手率也逐渐增长,2 到 3 岁激增至 79. 2%,以后则缓慢增长,至 7 岁为 85. 1%。左手率随年龄增长相应下降。

在某些地区或群体,左利的比例可能特别高或低。左利的分布具有家族性,有些家族的左利明显高于一般家庭。

另一个特点是,女性左利的比例远远低于男性。有些统计资料显示,在同一种群中,女性左利的比例约为男性的一半到三分之二。

二、左 利 的 特 点

人类的大脑由大脑纵裂分成左、右两个大脑半球,其分工不同。左半球支配右半身的活动,右半球则支配左半身的活动。大多数人的左半脑主要完成语言的、逻辑的、分析的、代数的、思考认识和行为,具有处理语言、进行抽象思维、逻辑推理、数字运算及分析等功能;而右半脑则主要负责直观的、综合的、几何的、绘图的思考和行为,主司节奏、想象、总体形象、空间概念、音乐等感性直观思维。① 大脑两半球经胼胝体,即连接两半球的横向神经纤维相连。胼胝体负责大脑两半球之间的神经信息传导。左利的胼胝体更发达,左右脑交互控制对侧肢体,左利多用左肢,右半脑接受的刺激相对多一些,使左利带有右脑思维的倾向。所以相对而言,左利的知觉、空间感和把握全局的能力都可能更强一些。胼胝体发达,也使左利动作上相对更敏捷。这一切在许多卓越的左利身上得到

① 张浩著,《右脑潜能开发术》,中国纺织出版社,2000 年第 1 版。

充分体现。

因为大脑皮层上的手部代表区非常大,因而手的活动对大脑功能的开发利用有着极为重要的作用。左利因为多用左手,所以刺激了左利的右脑比较发达,或者说是由于右脑为优势半脑而惯用左手。因此左利的空间感较好,知觉较强。也正因为右半脑主管节奏、音乐、色彩、空间及左侧肢体活动,所以相对而言,左利的节奏感强、空间平衡能力好、对色彩更敏感。这可以解释为什么音乐家、画家、运动员中左利多的原因。

也同样因为右脑掌管情绪、想象、知觉功能,所以左利情绪较易激动、兴奋,对外部的感官刺激反应更强烈。不过,左利情绪也易于波动、不稳定。左利本性惯用左手,但在现实生活中常被迫使用右手。这迫使左右脑都受到相应的刺激,反而使左利的左右脑发育更为均衡。

对于每一个具体的人,左右半脑的发育速度和水平都是不同的,这导致大脑左右两半球偏性功能专门化发展的差异。结果,有的人在使用大脑时偏重于左半脑,有的人使用大脑时偏重于使用右半脑。就是说人的右脑或左脑有一侧比较发达,这种情况称为“侧性化”,即大脑的一边(左脑或右脑)发达了,特殊、专门化了。这一比较发达的一侧称为优势半脑。大脑侧性化能使人在某个领域中发挥特殊的才能,也容易使人在某个领域建立优秀的业绩。左脑侧性化造就科学巨匠,右脑侧性化则可能产生天才艺术家。

左利的特质也许与人的大脑结构、与大脑左右脑分工有关。大脑皮层上的手部代表区非常重要,因而手的活动对大脑的功能开发有巨大的作用。在解释左利杰出人才众多的原因时,有人认为这是由于通常右利手的人大脑仅左半球功能较发达,右半球开发利用较少。左利则不然,左利的右脑相对得到更为充分的开发和利用,这就极大提高了整个大脑的工作效率,并且唯独左利们才有可能将左半脑的抽象思维与右半脑的形象思维功能合二为一。有更强的形象思维和洞察全局的能力,更富知觉,更有创意,这可能是左利的偏得。由于这种种原因,使得相当比例的左利智力较高,再有机会和个人努力,那么多杰出的左利出现在历史上就毫不奇怪了。

三、左利的优势

首先,想象力强。左利思考问题会使用不同于右利手人的方式,而比后者更能取得好的效果。因为左利手人的右脑较发达,而右脑又是掌管形象思维的,所以左利手人在书写或作画以前,脑海里大多已经形成完整的图像,而且为了便于记忆,会把那些难以记忆的零碎资料组成一页图画。右利在这方面明显比左利差。

其次,数学、视觉透视、与空间能力较强。这个优势为左利在数学和建筑领域发展提供了重要条件。

运动的反应能力强。研究显示,左利在运动中的快速反应和正确的空间判断上比右手人强。这一现象在网球、足球、高尔夫球等运动中尤为突出。在运动方面左利还有个优势,就是容易换手接招,必要时可以换成右手挥拍或挥棒,而大部分右手人不仅无法做到这一点,连接对方打来的球都费力。

其实,以上的这些关于左利优势的提法都是由于左利手者较右利者右脑功能发达的缘故。所以除了上面所列的这些以外,在需要发挥右脑功能的事情上,左利都是应该比较有优势的。

通常右利手的人大脑仅左半球的功能较发达,右半球的功能开发利用较少;而右撇子的右脑得到充分的开发利用,这就能极大地提高其整个大脑的工作效率,并且由于左利在生活中又不得不为适应环境而使用右手做一些事情,所以唯独左利们才有可能将大脑左半球的抽象思维功能与右半球的形象思维功能合二为一。有的研究发现,信息从大脑通过中枢神经系统传递到左侧比传递到右侧快。

由于以上的原因,使得相当比例的左利的英才较多,历史上有很多享誉世界的人物是左利:

政治界:占有少数的左手人常常是右手人的统治者,凯撒大帝和亚历山大大帝就是左利,而在美国,左利占总人数只有十分之一,却在总统总数中占了三分之一,例如老布什和克林顿就是左利。多年来,英国人一直处于“左撇子”的统治之下。如英国王室,维多利亚女王、伊丽莎白女王、查尔斯王子、小威廉王子都是左利,还有众多王室成员也是左利;历史上左利政治家还有拿破仑、甘地、丘吉尔、巴顿、卡斯特罗、本·拉登……①

美术界:达芬奇、拉斐尔、米开朗基罗、毕加索……;

音乐界:贝多芬、巴赫、莫扎特、流行音乐人鲍勃·迪伦、披头士成员之一保罗·麦卡特尼……;

科技和发明界:富兰克林、牛顿、爱因斯坦、居里夫人;……

企业界:有微软的比尔·盖茨、汽车大王亨利·福特、传媒大王福布斯、任天堂电子游戏产业缔造者宫本茂……;

演艺界:卓别林、嘉宝、马丽莲·梦露、张国立、陈宝国、赵本山……;

文学界:歌德、海涅、马克·吐温……

四、左利的劣势

现代医学研究证明,左利由于大脑右半球占支配地位,而大脑右半球又侧重于情感、

① http://www.left-handersday.com 国际左利日网站。

直觉和艺术,故易遭受情感挫折,可引起恐惧、抑郁、精神分裂等症,更易患自身免疫性疾病,如糖尿病、溃疡性结肠炎,风湿性关节炎、重症肌无力等;对抗精神抑郁、抗组胺药、镇静药易引起脑电图不同常人的改变;左利者还易发生朗读困难。

有人通过研究指出,左利的自杀企图也比常人高出3倍,其寿命似乎比右撇子也短一些,并容易酿成伤亡事故。有学者曾为此作过研究,在调查的189名大学生中,发现各种各样的受伤,左撇子与右撇子的发生率不同:运动受伤中,左撇子较右撇子高出20%;因工作或劳动受伤,左撇子较右撇子约高25%;家庭发生的各种意外伤害,左撇子高于右撇子49%;由工具操作不善而引起的损伤,左撇子的发生率要比右撇子高5%;驾驶汽车所发生的意外交通事故,左撇子比右撇子竟然多85%。①

蒙彼利埃(法国南部城市)大学的两名研究人员夏洛特·法乌利博士和米歇尔·雷蒙德博士还发现左撇子本性更好斗,直接与社会暴力程度挂钩。他们对世界上8个土著社会的杀人率进行了比较,这些杀人行为中既包括谋杀也包括执行死刑,而这些土著人中既有北极的因纽特人,也有亚马孙的雅那马莫印第安人。他们发现,杀人行为越多的部族里,左撇子的人就越多,反过来说,左撇子的数量多,促使杀人行为的增加。法乌利博士说:"我们发现,在一个特定的群体里,暴力程度与左撇子的数量之间有着直接的相互关系。"

另外,还有相关研究利手和精神疾患的关系的报告:在神经症、癫痫、病态人格、精神病、酗酒和情绪障碍病例中,左利手的比例较高(Lishman,1976;Fleminger,1977;P. J. Taylor,1982)。我国1981年利手调查的数字也说明了这一点:在1252例精神分裂症中左利率超过正常人的三倍至十多倍。②

由上面的资料可以看出,左利的劣势主要在情绪控制和意外事故方面。在我看来,也是由于右脑主管情绪的原因,导致左利的情绪比较敏感,如果不能善加调节就易引发精神疾患。至于意外事故发生率较高,主要是因为左利生活在一个以右利手人为主导的世界,左利手有诸多不便,出事率高也在所难免了。

世界卫生组织的有关研究证明,左利患老年痴呆的危险亦较高,有研究报道说,同性恋在左利群体中更普遍一些,比例要翻一番。

左利不仅是在社会生活中会遇到很多不便,同时在社会上还会受到偏见。

"左撇子"本身就带有贬义,为什么没有"右撇子"之说?可见"左撇子"本义就代表的是一个弱势群体。另外,在各民族的语言中,也可显现对左利的偏见。英文文字"right",有正确的意思,而表示左的单词"sinister"却有笨拙、邪恶的意思。法国人称动作

---

① 龙山,《不要强迫孩子改"左撇子"》,《独生子女》,2002年第7期。

② 李心天,《中国人的左右利手分布》,《心理学报》,1983年第3期。

不灵活的人为“gauche”,意思是左撇子。在德国,叫一个人“linkisch”意思是左撇子,一个怪人。① 甚至在圣经中都有歧视左利的内容。②

五、左利要不要纠正

我们的社会有一种强烈的要求划一的传统,左利作为“异类”承受被迫改变的巨大压力,许多父母在用尽心思,绞尽脑汁,胡罗卜大棒一起上,要板过来孩子用左手的习惯。“我用左手得劲儿,右手却不听使唤,既写不好字,也拿不好筷子。为什么偏偏不能使用左手呢?”对于左利孩子的这种疑问和意见,家长是可以理解的,但往往难以给小小年纪的孩子一个合适的解释。那么,左利该不该强行纠正呢?

(一)不主张纠正的理由

许多医学心理学家认为,左利孩子不宜强行纠正。从生理上说,左利不是病,完全是一种正常的发育情况。人类大脑左右半球分工不同,左脑主管语言、逻辑、书写及右侧肢体运动,而右脑主管色彩、空间感、节奏和左侧肢体运动。在频繁使用语言的过程中,人的左脑得到更多刺激,使左脑相对发达于右脑。左利天生右脑为优势大脑,左侧肢体的活动又使右脑得到锻炼,促成大脑左右半球同样发达。若强迫左利改用右手,使孩子已经建立的大脑优势半球从右侧改为左侧,常常造成原有的语言中枢混乱,最常见的症状是出现口吃现象,阅读困难、智力发育迟滞,也有的孩子唱歌走调,发音不准,导致左右脑功能失调,大脑整体功能受到严重伤害,阻碍孩子创造力的发展,甚至神经质。绝大部分左利手儿童在纠正为右利时都出现了问题。

打骂是强行纠正左利最常见的方法,严重的还要捆绑体罚。左利孩子总是在担心“又要挨打挨骂了”,他们对使用左手似乎有一种罪恶感,每逢受到指责时,就像作了什么坏事被发现似的,吓得心惊胆战。使孩子的挫折感、罪恶感、劣等感郁积在胸,势必影响心理健康发育。那些心理更敏感的孩子,对于外界对他们天然的不可抗拒的用手倾向的挑剔指责迷惑不解,变得不那么自信,处理问题优郁不决,严重的可能产生走投无路的绝望感。这一切对儿童人格和智能的健康发展都是十分不利的。

对于强迫左利改用右手这种现象,美国哈弗医学院作过一项试验和调查,强迫孩子改用右手的成功率仅有5%,其余95%的孩子在心理上产生的阴影能影响其一生。

---

① 资料来源:http://lefty. nease. net/ 左撇子世界网站。

② Hugh Aldersey-williams, Left in the lurch. New Statesman. (London, England: 1996) v128, No. 4451, Ag 30 1999. p34—5.

（二）主张纠正的理由

中文中“左”也多是“相反”、“劣”的意思。“意见相左”就是意见相反，“旁门左道”意思是歪门邪道，“左见”即偏见，“左计”则是失算；“左嗓子”若不是发表了反政府言论，至少也是说了领导不愿听的话，或者唱歌跑调几百里；“左迁”，那肯定官职降的不止一级！

中文是象形文字，“右”字上为“手”，下为“口”，表示一只手靠近嘴边，取意用右手吃饭。民以食为天，右手还是在作最重要的工作。而“左”字上为手，下为工，“工”意为相助，即左手是相助右手工作，左手处于一种辅助、从属的地位。

当然，今天在各种文字中，“左撇子”一词中这种贬意的意思已不那么明显，只是从字源上可依稀看到历史上对左利的歧视。

毕竟我们生活在一个以右撇子为主的社会中，大多数的设施、各种规则多是主要考虑右利的需要制定的，左利不得不面对更多不便甚至危险。

左利无需纠正的理论在中国未必通行。与西方文化中左利英才辈出的现实不同，回顾几千年的中国历史，圣贤英才千千万万，但几乎找不到左利者！其实质主要是由于文化差异。西方文字是字母拼凑组合的文字，通过前缀、后缀、词根等组合而成，属于逻辑文字；汉字演化由自图画，属于典型的象形文字。逻辑文字主要贮存于左脑，象形文字贮存于右脑；汉字的认写主要由右脑处理，而语言的中枢在左脑，这样左右脑协调运作，“左右开弓”、“左右逢源”，左右半球分工协调，促进个体大脑功能的发展，同时文字贮存在右脑也为左脑的语言、运算、推理等腾出足够空间。而中国文化中的左利失去了这一优势。

中国交通规则实行右侧通行规则，要求行人靠右。右利成人右手牵孩子行走时正好将孩子保护在里侧，更为安全；同时成人右手控制的是孩子的左手，腾出右手自由活动，利于孩子的右利；否则既不安全又引导孩子左利。

中国传统文化中左手称作“反手”，用“造反之手”显然与中国君主的政治统治“相左”，所以民间就有强迫左利孩子改用右手的传统。

古今中外，物品一般都遵循右利设计原则：剪刀、菜刀、钢琴、汽车、键盘、镰刀、手电钻、锯、锄草机、起瓶器、高尔夫球杆、时钟、手表等。

服装的配件也是为右撇子设计的，牛仔裤的单兜在右边，T恤的单兜却在左边，都是为了右手掏起来方便。

要是去当兵，也许更糟糕。步枪射击时弹壳都是从右侧跳弹，左眼瞄准左手扣扳机可是更易受伤。

再瞧瞧公用电话，话筒总是挂在左边，投币或插卡口在右边，便于边打电话边记录。

小小的照相机也为右手族想的挺周到，按扭总是在右侧。左手去按按扭，那取景窗总容易被挡住。

比较幸运的也许是电脑程序录入员，微软总裁盖茨是左手族，鼠标可以左手使用。然而屏幕上的小箭头永远固执的指向左上方，这是右手族的习惯，向你宣示着你仍然在右手占统治地位的世界中。

……

六、左利儿童教育对策

（一）尊重儿童选择使用左手的权利

要坚信，惯用左手绝不是什么不正常的“疾病”，完全是一种正常的生理现象。左撇子使用左手就象右撇子使用右手一样，都是个人的选择权利。

为什么人们有时会觉得左利有点笨呢？关键在于我们常用的工具都是为右手设计的，左利用起来颇不方便，自然显得笨拙一些了。若不信，右手族可用左手拿剪刀剪东西试试。

尊重使用左手的权利，对左利不歧视。在任何情况下，家长和教师都不能用“没出息”、“笨”、“怪物”等词来评说左利孩子。在各项活动中，特别是在一些集体活动和体育运动中，要对左利孩子和一般孩子一视同仁，给予同样的参与机会。现代科学已经证实，左利相对于右利手来说有很多优势，如果善加引导，会有更大的发展前途。左利们应该对自己充满信心，家人也应该为自己的孩子是左利而感到高兴，并努力创造一个宽松民主的家庭环境，让孩子们健康快乐地成长。

父母和子女惯用手不同，这是许多家庭常见的情况，这时家长在教育孩子时尤其要讲究方法。父母在教育与自己惯用手不同的孩子时，要尊重孩子，以孩子为主。不仅惯用右手的父母在教惯用左手的孩子时常因用手习惯不同而产生矛盾，以大欺小，斥责孩子，惯用左手的父母教惯用右手的孩子时也常以自己为准，嫌孩子不按家长的做。此时家长的正确作法是让孩子按自己的做。

（二）积极引导孩子右利①

毕竟孩子未来生活的社会是右利社会，更何况左利的孩子练习右手，可以促进大脑功能开发。

2 岁前家长有意识地给东西到孩子右侧，让孩子用右手接。因为孩子存在“懒得跨越中线原则”，你给到哪边，哪边方便就哪边接，不会有意识地都用右手接。

---

① 资料来源：http://www.k12.com.cn/parents/expert 中国中小学教育教学网钱志亮在线咨询《学习偏科太蹊跷，过度保护脑失调》。

家长在教孩子手工、用剪刀、折纸,示范系鞋带、扣扣子等活动时,一定在孩子的身后"手把手"地正像进行辅导,千万不能面对面地镜像辅导。

家长牵孩子手时用右手牵住孩子左手,这样使得其左手被控制起来,使用概率降低,迫使其不得不使用右手,形成右利。

孩子再大一些,一开始就训练孩子右手用勺和筷子。拍球时要求只用右手拍,也只用右手接球、抛球,逐步形成右手优势。

在游戏和运动中引导孩子多用右手。摆积木,要求只用右手,摆成功给奖励。捡火柴,要求只用右手,一根一根捡,装进火柴盒。跳皮筋,要求只用右脚。让孩子在欢乐中形成新的优势手。

5—6岁间家长可再次引导,把孩子的右手兜缝上,左手塞兜里以限制左手的活动。

让孩子写字坚持用右手,初期不要急于求成,有一点进步多加鼓励。也可以从画画开始,训练孩子多用右手。画画比写字,用笔更随意一些,学起来容易,也更容易引起孩子兴趣。画画用右手顺当一些了,再引导用右手写字,孩子更易接受。

不过在任何情况下都应该采用诱导的方法,不强迫、不强求,因势利导,循序渐进,而不得打骂、讽刺、体罚和施加暴力,防止产生不良后果。

3. 让左利的孩子学会适应右利社会的规则

在现实生活中,为了适应右撇子主流社会,左利往往都不得不作一些改变,遵守社会的统一规则。其实左利在生活中有很强的自适应能力,在实践中逐步适应右手世界的设施和规则,融入主流社会。这种改变是正常的、合理的,是一个社会低成本运行的需要。正是由于左利有很强的适应性,才使大多数左利在一个以右撇子为主的社会中没有感到严重的不适应,保持了整个社会的和谐。

然而,这种改变不应是一种被动的屈从和改造,而是保持左利特性的一种适应。中国有句成语叫"左右逢源",也许人们已经认识到,左者能右,则能应付一切困难局面。左利可能也早就为自己制造了合用的工具和武器,要不然怎能"左右开弓"? 在一个以右撇子为主的社会中,左利只有发挥自己的长处,又积极的适应主流社会,才能更有作为,而不至于处处"左右为难"。

(三)满足左利儿童的特殊需要

左利儿童在生活上和学习上都有一些特殊的需求,家长和学校应尽可能为左利孩子准备必要的左手用品。西方国家中,家里为左利成员准备适当的左手用具,包括餐具、文具和工具。① 这显示一个家庭内的互相尊重,也利于子女独立人格的发展。有的学校里

① 资料来源:http://www.anythingleft-handed.co.uk/ 英国左手用品大全网。

也常备有适于左手的学习用具和体育用品，使左利学生和一般学生一样方便使用。特别在幼儿园和小学教育中，手工课为左利孩子配备左手用剪刀已成通例，左手用剪刀也是五金商店的常规商品。

汉字的结构和笔顺都是基于右手方便设计的，左利儿童在学习上有一些特殊需要，家长要予以注意。比如孩子用左手写字，家长要注意孩子的坐姿及光线。让孩子坐得靠桌子右边一点，使左手有更大的活动空间。纸张向右倾斜约35度，握笔要握在离笔尖2—3厘米处，这样左手不遮挡所写的字，并可防止弄污纸张，写字速度会快些，字体也较端正。初学写字，避免使用太硬及太尖的铅笔，以防止穿透纸张和方便推进。左利学用钢笔时，可预先将笔尖磨出一定角度，适于左手使用。

写作业时右侧采光，避免笔尖处于阴影状态之中，损伤视力。

组织各种左利活动小组，交流学习经验。各年级左利学生在一起观摩写字对低年级学生特别有帮助，高年级写字好的学生介绍写字经验，为大家表演书法，对于摸索中的低年级学生极具启发。

举行讲座、报告会，让左利自己找材料，说说什么是左利，左利有什么长处有什么短处，有哪些左利伟大人物，教师回答学生提出的关于左利的各种问题。学生最关心的是，我为什么是左利，我有什么和别人不一样？通过这种活动让左利学生了解左利是一种正常的生理现象，左利要发挥自身的长处，就有可能成为杰出的人物。单个家长，有时觉得教育左利子女是很困难的事，学校通过组织左利孩子家长的联谊活动，交流教育左利孩子的经验。①

培养左利运动技能。不少学校有意识的挑选和培养左利垒球、乒乓球运动员，往往取得意想不到的效果。组织左利运动会和左撇子与右撇子对抗赛，也是有趣的活动。

展示左利才艺，举办左利儿童画展、手工展，展览中在明显位置标明左手创作。

告诉左利儿童，左利不具备优势的职业有行政管理、机械制造、健康服务、教育和家庭主妇。左利具有优势的职业有艺术、音乐、运动和信息技术。

赴宴时，左利者不妨观察一下，在适当时机入席。如是方桌，选择在桌子的一个左侧角的位置坐下；如是圆桌，选择上菜口左侧坐下，有更大空间，举筷碰杯，与谁也不冲突。

学校的课桌常两个并在一起，左利尽可和同桌商量，自己坐左边，中间一大块空间，大家都方便。②

大多数安全防护规范和交通规则都是主要考虑右利手人的情况制定的，工具的设计

---

① 资料来源：http://www.leftytom.com 日本左利网。

② 资料来源：http://www.linkshaenderseite.de/ 欧洲左利俱乐部网站（德国）。

也主要考虑右手的需要,在同样的条件下左利往往面临更大的危险。左利要有更强的自我保护意识,例如在使用电动工具时,所有开关对左利来说都是反向的,就要格外小心,避免忙乱中拧错方向,造成事故。

到一些"忌左"的国家旅行,左利一定要管住自己的左手。即使是那些被改造得平常多用右手的左利,也要格外小心,不要一不留神关键时刻伸出左手。不少异域乡俗,用左手拿食物、递钱、指点别人都是大逆不道的。随乡入俗,左利还是小心为佳。①

把笔筒、文件夹、电话放在办公桌的左侧,取用方便,提高工作效率。打印机和电脑并排放置时,打印机放在左侧,放纸取纸都顺手。②

参考文献

1. 龙山,《不要强迫孩子改"左撇子"》,《独生子女》,2002 年第 7 期。
2. 李鸣杲,李心天,《儿童利手形成的实验研究》,《心理科学通讯》,1984 年第 2 期。
3. 李心天,《中国人的左右利手分布》,《心理学报》,1983 年第 3 期。
4. 沈德立主编,《脑功能开发的理论与实践》,教育科学出版社,2001 年第 1 版。
5. 张浩著,《右脑潜能开发术》,中国纺织出版社,2000 年第 1 版。
6. 朱长超著,《挖掘大脑中的财富》,科学普及出版社,2000 年第 1 版。
7. Nancy Shute, Life for lefties: from annoying to downright risky. Smithsonian. v25, December, 1994. p130—4.
8. Tamra, B. Orr. Being a Lefty Is All Right! Current Health 2 . v28, No. 2, 2001. P12—13.
9. Walter, F. McKeever. A new family handedness sample with findings consistent with X-linked transmission. The British Journal of Psychology . V91, pt1F 2000. P21—39.
10. HUGH ALDERSEY-WILLIAMS, Left in the lurch. New Statesman . (London, England: 1996) v128, No. 4451 , Ag 30 1999. p34—5.

作者简介:钱志亮,1967 年 2 月生于江苏海安,博士学历,副教授,北京师范大学特殊教育系副主任。

---

① http://www.lefty.co.nz 新西兰左利网。

② http://www.indiana.edu 美国印第安纳大学左利网。

跋

——教育科研应对特殊教育事业做出更大贡献

中央教育科学研究所　朱小蔓

中央教科所于 2004 年 12 月 3 日值国际残疾人日到来之际在北京参与组织和举办了以维护和促进特殊儿童教育与康复权利为主题的“第二届中国特殊教育与康复论坛”。这次论坛旨在倡导人道主义,贯彻和落实法律法规,维护和促进特殊儿童的教育与康复权利。这是一项十分有意义的活动。全国人大常委会许嘉璐副委员长应邀担任论坛名誉主席,亲自出席开幕式,并且做了一个内容充实、富有感情、令在场听众十分感动的重要讲话。教育部陈小娅副部长、民政部李立国副部长、中国教育学会顾明远会长、中国残联程凯副理事长的到会及重要讲话使大家进一步了解到这些年来从国家政策层面为特殊儿童受教育及康复做了哪些重要的工作,增进了对特殊教育事业崇高价值的理解。开幕式之后的各位专家报告个个精彩、个个有份量,从不同的视角、不同的专业背景共同地表达对特殊需要儿童的真切关爱与对特教事业的深刻理解,让我们获得了在认知上和情感上极大的满足。

我作为论坛发起和主办单位之一——中央教育科学研究所所长,对到会报告的高层领导和重要专家由衷地表示感谢,对积极参与并联合举办、承办以及协办这次论坛的中国残疾人康复协会、中国教育学会等机构、个人和国际组织,对与会的各位热心社会公益、关爱弱势群体的朋友们深表敬意。大家在那一特定的时空里不分职位高低、年龄性别和不同职业背景的同感共受是极为宝贵的。我相信论坛能够凝聚更多的抱有同样认识和信念的同仁,形成一股更为强大的维护特殊儿童教育与康复权利的力量。论坛给大家一个集思广益,分别从法律法规、政府行为、康复与社会保障、教育制度与学校管理等多个角度讨论、思考、研讨中国特殊儿童教育与康复权利方面存在的问题与发展进阶的机会。所以它是一个围绕特教事业进行理论研究、实践研究与政策研究,为共同的目标相互学习、密切合作的综合性的行为研究活动。会议吸引了不少新闻界朋友,这使论坛得以向社会传递重要的信息及理念,进一步提高全社会对特殊儿童教育权利的认识,促进全社会关心和支持这样一项为特殊儿童带来阳光和温暖的事业。后来的事实证明,本届论坛的效果是十分积极的。时隔一个多月,许嘉璐副委员长已数次关心、建议成立专门的中国特殊教育与康复研究机构,并表示愿意为此奔走呼吁、付出努力。汇丰银行已同意资助将本届论坛报告文集的出版。藉此机会,应陈云英研究员诚邀,我再赘述数言。

一、今天,特殊教育已不仅仅是人类教育事业的组成部分,而且也是人类整体文明进步在教育活动及教育思想中崭新的和重要的反映。长期以来,在相当多人的、甚至在教育学人的理解中,特殊教育只是区别于普通教育的一个类型,特殊教育学也只是教育学科群中的一个二级的、分支的学科。但是,人类特殊教育的二百年历史发展至今已使其从最初的设立盲童、聋童教育机构,到一百年来陆续发展到对智力落后、精神障碍、肢体残疾、学习障碍等儿童的教育,20世纪60年代以后进入一个全新实践、认识和界说的时代。伴随《儿童权利宣言》、《儿童权利公约》的发表,更因为宗迪恩全民教育思想的传播,国际社会公认儿童四项基本权利——生存权、发展权、受保护权、参与权应当得到切实维护,并通过维护和促进其受教育的权利,帮助他们自强、自立,成为现代文明社会文明平等的一员。这其中,人们对"康复"、"正常化"与"接纳"都有了拓展或刷新的理解。从1993—1994启用"全纳性教育"(Inclusive Education),标志着人类对教育的全民性(人人有受教育权)、教育的公平性(减少社会排斥)、教育的多样化(尊重学习者的独特与差异)的认同和追求。所以,"全纳性教育"概念的提出和使用是具有划时代意义的。它所体现的比以往更为广阔而深邃的人道主义思想对人类教育思想和实践、对学校教育的形态及改革,一定会日益深入地产生影响。

二、中国的特殊教育事业由于人口众多的缘故,对中国人、对中国人的家庭幸福、甚至对世界都具有特别重要的意义。根据1987年全国残疾人抽样调查的结果推算,到2000年中国共有听力残疾、智力残疾、肢体残疾、视力残疾、精神残疾和综合残疾等六类残疾人约6000万人,占全国总人口的4.9%,在中国家庭中有残疾人的家庭占18.11%。这些年我国特殊教育办学规模不断扩大,接受残疾儿童的情况不断进步,但到2000年底,除智力残疾儿童少年接受教育入学率为81.9%外,视力残疾、听力语言残疾儿童入学率分别为54%、72.9%,均未达标(九五规划达标率为80%)①。数据显示特殊教育的发展任重道远。党的十六大提出中华民族伟大复兴和建设小康社会的中国社会发展蓝图,十六届三中、四中全会又进一步提出以人为本的科学发展观和建设和谐社会的重要治国纲领。在这个大的时代背景下,义务教育的完全普及和均衡发展,其中包括残疾儿童少年接受义务教育的比率提高都正在成为中国社会发展进步全局十分迫切的任务。有调查分析认为造成未完成"九·五"指标的重要原因是:对特殊教育认识不够、特殊教育经费不足、师资素

---

① 陈云英:《中国特殊教育学基础》,教育科学出版社,2004年12月。

质偏低、法规政策不健全以及残疾儿童少年家庭经济困难等五个方面。其实,究其根本还是认识不够。对于一个现代化后发国家,经济用于支撑教育的财力本来就不足,如何把残疾儿童少年接受义务教育当作“普九”工作的硬任务花大力气去做首先是要政府行为做出安排的。而特殊教育专业学界和从业人员则对建议政府、呼吁社会、推动公众舆论负有特别重要的责任。现在,比起其它种类的教育,对特殊教育的关注、呼声与措施都还显得薄弱。

三、中国的特殊教育事业如何走适合国情的自己的道路,这又是一个需要在政策和实践层面摸索创造的事。可以引为自豪和感到欣慰的是中央教科所作为国家级教育科学研究所在国内最早成立特殊教育研究机构,拥有自己的专家队伍。其中,陈云英研究员是我国第一位专攻特殊教育学的博士。以她为首,参与了著名的《萨拉曼卡宣言》和2001年北京宣言的起草。在中央教科所,率先办起国内唯一的专业核心刊物《中国特殊教育》,并率先开通“中国特殊需要在线”网站。我们用这些平台,支持和联结着全国不同机构特殊教育工作的开展,为特殊教育事业做出了重要而独特的贡献。陈云英研究员,留学美国,既受到严格的专业训练,同时,也受美国发展特殊教育教训的启发,希望中国避免美国已经走过的弯路。她提出在普通学校开展特殊教育,打破办特殊学校的单一办学形式,开展在普通小学设特殊教育班、在普通班接受残疾学生就学以及将已经办起来的特殊学校办成特殊教育的教研中心,为特殊班和普通班的教师提供教学咨询等技术性服务。这些设想很快得到我国的决策领导和全国特殊教育界的支持。

1989年起,我国正式启动残疾儿童随班就读试验,在国家层面制定政策上、在培训教师更新教育思想上、在普通教育中掌握特殊教育的基本原则和方法方面,不断取得新的经验。中央教科所的华国栋研究员、王书荃和彭霞光副研究员等一批科研人员,与陈云英研究员一起推动着加快残疾儿童入学普及的中国化模式的形成。

“九·五”、“十·五”期间,陈云英研究员为首又承担了多项重要的国家级和联合国教科文组织的课题和项目,如贫困地区发展特殊教育研究、特殊教育学校信息通讯技术应用研究、学校效能研究等。其中于2002年启动的全国培智学校新课程方案研制工作已经取得重要进展,必将对全国特殊教育学校新一轮课程改革及教育教学质量的提高产生积极作用。王文宝、赫尔实、刘在花、杨希洁、张冲等一批中青年科研人员正在迅速成长,为特殊教育科研队伍建设壮大了力量。

中国这一人口大国要做的教育事项的确太多,但是关爱弱势群体的工作恰如雪中送炭,直抵人的心灵。我们是社会主义国家,社会主义人道主义这一基本原则当召唤人们奉献一颗大爱之心。我希望中央教科所仍将继续涌现献身特殊教育研究专业人才和热心人士,以高水准的教育科研为建设中国化的特殊教育学、为探索中国特殊教育实践道路、推动中国特殊教育事业的发展做出新的、更大的贡献。

策划编辑:张文勇
责任编辑:钟　星
封面设计:肖　辉
版式设计:程凤琴

图书在版编目(CIP)数据

2004 中国特殊儿童教育权利报告/陈云英主编. -北京:人民出版社,2005.3
ISBN 7-01-004829-0

Ⅰ.2… Ⅱ.陈… Ⅲ.残疾人:少年儿童-特殊教育-研究报告-中国-2004
Ⅳ.G769.2

中国版本图书馆 CIP 数据核字(2005)第 014719 号

2004 中国特殊儿童教育权利报告

2004 ZHONGGUO TESHU ERTONG JIAOYU QUANLI BAOGAO

人民出版社 出版发行
(100706 北京朝阳门内大街 166 号)

北京瑞古冠中印刷厂印刷 新华书店经销

2005 年 3 月第 1 版 2005 年 3 月北京第 1 次印刷
开本:787 毫米×1092 毫米 1/16 印张:15.5
字数:306 千字 印数:0,001-8,000 册

ISBN 7-01-004829-0 定价:32.00 元

邮购地址 100706 北京朝阳门内大街 166 号
人民东方图书销售中心 电话 (010)65250042 65289539